日本の戦争を報道はどう伝えたか

戦争が仕組まれ惨劇を残すまで

羽原清雅
Habara Kiyomasa

日本の戦争を報道はどう伝えたか

——戦争が仕組まれ惨劇を残すまで

＊目次

第1章　終戦時の混迷・外地での出来事……5
第2章　個人としての戦争への思い……31
第3章　戦争犠牲者を「数」から考える……41
第4章　戦争は仕組まれる……57
第5章　戦争を仕掛ける大きな過ち……89
第6章　身近な戦争・他人事の戦争……123
第7章　ある兵士の二重の不幸……171
第8章　徴兵制（兵役）拒否を再考する……193
第9章　戦争遂行、メディアの責任……221

第10章　世界を動かせなかったヒロシマ・ナガサキの悲劇……279
第11章　70余年後に尾を引く「戦争」の残滓……321
第12章　「戦争は悪」を原点に……365
あとがき……378
資料……381

戦争というもの

本書を記すにあたって

戦時下に生まれ、戦後の貧窮のもとに育ち、しかし75年もの平和を享受した者として、「戦争」というものを考え続けざるを得なかった。キナくさい現状なので、ということだけではない。むしろ、いちどは書いておくべきだ、と思い立った。「戦争」を考えるということは、一人ひとりが生存するうえでの「責任」なのだ、と思う。散漫ながら、多くの角度から綴ってみた。

第1章　終戦時の混迷・外地での出来事

〈ある機密文書〉　ここに、終戦直後の昭和20（1945）年11月29日付の、「極秘」の赤印が押され、「部外秘」と印刷された文書がある。情報局企畫資料部資料課がまとめた『**蘇聯軍占領下に於ける邦人の状況―滿洲（内蒙を含む）、北鮮、樺太及千島―**』。茶色に日焼けし、紙自体も劣化した57ページのものだが、終戦直後の冊子ながら、ガリ版刷りではなく、活字印刷であることに、当時の重要性を感じる。なお、この文書は貴重な資料なので、巻末に全文を原文通り収録した。

ちなみに、この文書は、公開されたものとしては北海道立図書館に一部あるだけのようである。筆者はごく最近、父親が内務省関係者であったその子息から入手することができた。

表題にあるように、この4つの地域で、日ソ中立条約を破棄して進駐してきたソ連軍、そして日本軍のもとから解放された満洲国軍やその民衆、朝鮮の人たちが、軍事力に守られながらこれらの地に生活してきた日本人に加えた、残虐にして、非人間的な行為について、細かく記録されている。なお、「満洲」「北鮮」などの用語の表記はそのままにした。

単純に見れば、「ソ連はやはりけしからん」ということにもなるだろう。だが、翻って思えば、日本軍が中国大陸、あるいは現在のインドシナ半島、フィリピン、そして南方の諸島などに一方的に侵略して犯した罪状と併せて考えるべきではないか。

一方に立てば厳しく非難を浴びせることができるが、「三光作戦」「731部隊」「細菌爆弾」など史実として明らかにされた日本軍の行為、そうした残虐を許した側の国家の責任はどうなのか。当初日本がうたいあげた「八紘一宇」「五族協和」の名目のもとで行われた行為と、どれほどの違

<各地の被害状況>

具体的に、この文書に示された被害の状況を要約しよう。まずは総論から見ていこう。

外地に残留した邦人と復員軍人（概数）は、外務省管理局の調査によると、総数約270万人にのぼる、としている。

	残留邦人	復員軍人
関東州を含む満洲	123万	約70万
北鮮	25万	不明（約4万）
樺太	40万	約2万
千島	4千	約4万5千

いがあったのか。

双方に言い分はあるにしても、その被害は双方の国民に、同じように加害される現実に目を向けたい。

戦争の生み出すものは、それぞれに正当化しようとしても、相手側の「非」を責めるにしても、どっちもどっち、ということになる。

双方が言いつのる「正当な行為」を受けた受難者、被害者たちはどうなのか。泣き寝入り、で済まされるのか。怒り、恨み、憎しみ、反感を抱いても、それで済むというのか。

「戦争」は、攻撃する側も、侵略される側も、その時期はずれても、双方ともに傷つき、怨念を残すことになる。プラスは全くないことを知っておきたい。

それが、「戦争」というものなのではないか。

この地域は「其惨苦の度もっとも甚だし」く、それは

①ソ連軍の「急速なる進軍に依り終戦と相前後して戦場化」したこと、

②「終戦当時迄敗戦を信ずる者無かりし為退避の余裕

乏しく」、退避しても不用意、無秩序に行われたこと、さらに

③ソ連軍の「恣《ほしいまま》なる掠奪暴行が頻発」、さらにこれに便乗する満洲人、朝鮮人の「凶暴なる迫害も行われたる結果、邦人の大多数は多年粒々辛苦の末築き上たる財産乃至生活基盤を一朝にして剥奪」され、「厳寒の襲来を目前に控えて衣食住逼迫し、文字通り飢餓乃至凍死の危険に直面」したこと、と分析している。

この文書としては冷静な分析だったとしても、日本政府、そして軍部の責任には触れていない。

①ソ連の「対日参戦」は、すでに終戦半年前のヤルタ会談でスターリン、ルーズヴェルト、チャーチルの間で話がついていたことからすれば、これを外交的情報網によって補捉できず、外地からの引き揚げなどの方策すらなかったという問題が残る。

②についても、国家の幹部層に国際情勢の判断に危機感があれば、また国家として国民の生命財産を守るという使命感があれば、なんらかの手が打てたはずだ。

③は、植民地政策破綻の常であり、満洲に傀儡政権を設け、「五族協和」などの美辞麗句のもと、実は軍事力によって地元民の土地を奪うなどの施策をとった以上、その暴虐がきわめて理不尽だったとしても、その怨念が爆発しても不思議はなかっただろう。

これは、ソ連兵らの暴虐を容認するものではなく、「依ってくる背景」に触れるために述べておきたい。

この報告書の判断の根底には、日本側の正当性を説くあまりに、大陸進出以来の相手側に対する

仕打ちと、相手側の忍耐や蓄積された憤懣の感情に対して、想像力を欠いている。戦争というものは、強者の驕りが正当だとされるところに、多くの矛盾が生み出されることを如実に示している。文書に戻ろう。ソ連側は、終戦の半月後の9月1日から満洲・朝鮮国境の歩行を含む交通をすべて禁止、満鉄職員をはじめとして逃亡避難先から満洲への帰還・職場復帰を強制、また樺太では商工業者に5日以内の開業を命じた。

ソ連側は「当初より占領地邦人の内地引揚を考慮し居らず、寧ろ之を現地に定着せしめ、従来の生業に従事せしめん」としたようだ、という。

だが、「満鉄社員等一部就職者を除き概ね内地帰還を熱望」、「自暴自棄の流民と化し、日本民族として国民的節操すら喪失するの惧れ無きを保し難く、其の救出援護は正に焦眉の急となれり」としている。

以下、各地の状況である。

【満洲】　この地での受難状況は、2期に分けられている。

第1期は、ソ連参戦・終戦から9月上旬まで。ソ連軍の掠奪暴行が頻発、満洲軍や満洲人の騒擾が各地に発生、在留邦人の多くが金品財産を奪われ窮民化、地域によっては多数の死傷者が出た。

第2期は、9月中旬以降。ソ連の憲兵隊「ゲ・ペ・ウ」の監視が厳しくなり、治安は良好に向かったものの、食物などの配給が停止され、銀行預金の引き出しも厳しく制限されたため、財産を奪われ、所持金を使い切った邦人の大多数は生活費が枯渇、飢餓、凍死の危機におびえるに至った、とする。

＊満洲国政府は8月14日ころから機能を失い、首都新京（現長春）の満洲人街には青天白日旗が掲げられ、軍官学校、高射砲隊などで満洲軍の反乱が起き、政府要人はほとんど抑留された。

＊在満邦人事業は、その傘下会社の投資額20億円、貸付金も20億円だが、操業中企業は製鉄、西安炭礦、満洲自動車（奉天＝現瀋陽）の3社のみ。日本資産のうち、移動可能なものはソ連内に移送された、という。

＊ソ連兵の一般邦人への不法行為は、新京での婦女子暴行は9月初旬までの期間に1日平均30件。婦女子は男装・丸坊主になる。奉天にソ連軍司令官が来ても掠奪、発砲、強姦はあとを絶たず、8月19日にソ連挺部隊が入城し、日本軍が武装解除されると、満洲人が蜂起し、倉庫や大商店などを襲撃、街や駅で金品の強奪があり、ふたつの百貨店が全焼。ハルビンでは8月15日、満洲軍が反乱を起こし邦人の相当数が惨殺、また市内では反日デモが。11月現在の避難の邦人は約7万という。

＊北京に近い古北口には、ソ連軍約1万、外蒙騎馬部隊1千が殺到、邦人に死傷者。河北省の張家口では、8月19〜21日までに在留邦人約2万が引揚げを完了、中共（八路）軍は邦人の生命財産を保護した。

＊厚和（内モンゴルのフフホト）では8月16、17日に婦女子がまず引揚げ、男子も天津に引揚げ後に除隊。現モンゴル自治区の包頭では、婦女子、次いで居留民男子が引揚げを実施したが、第２次輸送列車以後不通となり、独身婦人、民間男子、官吏らは残存。

＊邦人引き上げの拠点港となった葫芦《コロ》島に近い錦州では、軍人、一般邦人も労役に従事。11月の避難邦人は約４万。旅順、大連は戦線から離れていて、治安は概して良好だが、食糧難に。中国に隣接する北朝鮮国境の安東（現丹東）の治安は大体良好で、食糧も相当あるよう。当初満洲から特殊会社関係の避難者約４万が集結、その後10万程度に増えた。

＊ソ連と北朝鮮に接する国境の琿春《グンシュン》は、三・一独立運動（１９１９年）のあと間島事件と言われる、日本軍による多数の虐殺のあったところだが、ソ連軍に包囲されて「一部脱出者を除き玉砕の覚悟を以て抗戦せる模様なり」としている。

［北鮮］　ソ連軍将兵の暴虐は満洲と同じようだが、「鮮人の対日感情は満人の夫《それ》より遥に悪く、蘇聯の威を借る赤化新政権（人民委員会）の領導下に、共産系の治安隊、赤衛隊等が跋扈跳梁《ばっこちょうりょう》し、邦人軍官民に対し報復的迫害乃至弾圧を加え居れり、而して一般鮮人中にも多年の屈辱を晴らすは此の時とばかりに悪辣なる邦人圧迫を敢てする者少からず」としている。邦人の生活は「急激に窮迫の度を加え」るなかで、最も悲惨なのは満洲からの引揚者と、北朝鮮各地から離脱してきた避難民

だった。

＊ソ連軍は8月24日に平壌入りし、9月初旬には北朝鮮一帯に進駐、日本軍の武装を解除し、日系知事、警察関係、上級官吏らを抑留するとともに、各地に人民委員会などの組織を設けた。ソ連は、重要工場の施設等を日本人将兵や一般邦人を使って解体、本国に機材等を輸送した。北朝鮮新政権（人民委員会）はソ連軍の指導の下に、行政権、司法権を駆使、ソ連の「ゲ・ペ・ウ」的存在の治安隊、赤衛隊は旧日本軍の軍衣袴を着用し、日本軍人とくに憲兵、警察官に対して報復的に暴行を加えた。

＊ソ連軍の掠奪暴行は進駐当初が最も激しく、各地で集団暴行があり、鉄原（38度線に近い現韓国側）の警察演武場に在留婦女子全員を集めて凌辱、上級司令官が禁じても夜間に連行された婦女子は相当数にのぼった。男子の強制労働や、日本窒素産業、朝鮮電業などの邦人企業の接収、共産分子の乗っ取った各地の労組による「莫大なる退職手当乃至生活保証金」の要求、などが相次いだ。

＊満洲引揚者たちは着のみ着のままで強制労働に従事、「飢餓と寒気と過の為に毎日数十人宛死亡し居る模様」。医薬はほとんど皆無で、「罹病せば死を待つの外無し」という。

＊満洲引揚げ邦人は現在（11月時点）約15万。家財道具、身の回りの品はほとんど携行しておらず、しかも避難途中にソ連兵や朝鮮、満洲人に「再三金品を奪掠強要せられたる結果、所持品特に衣服

寝具等に窮乏し居り」、さらに「集団収容所の邦人婦女子中十六歳以上六十歳迄の者が毎日交代割当にて慰安婦として要求せられ居る趣なり」「之等婦人の八割は性病に罹り、二割は妊娠し居る由なり」と記されている。

＊男女ともに強制労働を課せられ、地方では農家の手伝い、都会では便所、電車の清掃など「最下級労務に服せしめられ」、日給は1円50銭〜1円70銭ほどで「物価騰貴の折柄殆ど何の足しにもならず」だった。所持金は全部新政権に没収され、1日2円ないし3円が支給され、平壌では独身者5百円、家族持ちは人数に拘わらず1千円（期間は不明）が交付されたが、1人1ヵ月の生活費は百円が必要で、厳寒期にはその倍は必要なのだという。

＊北朝鮮最北の、とくに咸鏡北道の在住邦人は、ソ連軍が進撃すると、会寧や茂山、白岩などの山岳地帯に逃げたが、食糧難から約10万のうち8、9万の人が初秋以来徒歩で南下、9月10日現在で日本海に面した興南（現咸興）に着いたのは約3千、清津、城津、元山などにも相当数が逐次到着している模様、としている。そのほとんどが途上で「一物を余さず掠奪に遭ひ、飢餓と寒気とに苦しみ居れり」という。

＊平壌には8月24日に、ソ連軍が進駐。9月7日から16歳から60歳までの男子をトラックに乗せて、連日どこかへ連れ去った、という。

＊元山には8月18日、戦艦3隻が入港した。ここの在留邦人は本来2万3千だが、北方からの避難民で10月下旬現在では3万3千。食糧の配給は当初2合だったが、その後不確実になって、一般邦人は1日1合程度の高粱の雑炊を2回に分けて食べる状況、とされる。邦人の住宅はソ連軍、朝鮮の指導階級に相次いで接収される。燃料は暖房どころか、日々の炊飯にも事欠く状態。10月23日の脱出者によると、飢餓と寒気で毎日20人が亡くなるという。

＊興南では、邦人2、3万が集結。9月20日までは配給があったが、その後前途の見通しがないので、1日1合で食い延ばしているという。

【樺太】 8月22日以降、いったんは平穏になる。24日以降、内地との交通は停止、ラジオ受信機は没収、内地との通信連絡は27日以降途絶した。9月26日から、①商工業は5日以内に開業、②労務勤労者は即刻現職に復帰、③馬鈴薯は収穫のうえ、ソ連軍と民需に4割ずつ、2割は種イモとし、収穫未了分はソ連の国有にされた。

＊ソ連軍は8月15日の終戦後も、この地では爆撃と進撃を続け、22日の停戦協定で一応平静になった。24日以降は内地との交通は停止、ラジオ受信機も全部没収されて、27日以降は内地との通信連絡は不能になった。ソ連側は、従前の行政機構を踏襲、武装解除された第88師団の将兵は何ヵ所かに監禁、おおむねは労役に従事させられた。警部補以上の警察官は拘禁、8月下旬には、日本軍将

兵が2隻の船で「何れへか輸送」された。

＊8月20日ころに、勾禁された一般邦人は28日ころから逐次釈放された。樺太庁から11月分までの米が配給され、ソ連側は朝鮮の羅津から約16万石の米が輸入されるとして、1人1日2合8勺として46年6月までは不安はないと思われたが、「単なる口約なるを以て前途楽観し難し」とした。ソ連軍兵員が増強されると、寝具や衣類が欠乏、一般民衆から調達、「蘇聯軍は其の生活程度極めて低き為」、当初は強制買い上げだったが、所持金がなくなると金品の強奪事件が増えていった。婦女子への暴行は白昼でも発生した。

＊内地への連絡船が途絶する前に引揚げた者は7万5千（北海道5万、内地2万5千）だった。在留邦人40万、復員軍人約2万だったので、帰還はごくわずかにとどまった。

＊樺太の中心都市であった豊原（現ユジノサハリンスク）へのソ連軍は約1万。

＊大泊には9月初旬の時点で駆逐艦4、特務艦7、潜水艦4、輸送船6隻が入港、邦人男子のほとんどが港湾荷役に従事。大泊の目抜き街では9月22日に2日間にわたる大火に見舞われた。

＊真岡には8月20日にソ連軍が上陸、日本軍は一斉砲火で対応したが、砲爆撃を受けて市街の半分

を焼失、一般邦人8百人が犠牲になった。

［千島］ ソ連軍は8月28日に択捉島、9月1日に色丹、国後両島に上陸し、歯舞諸島の志発《しぼつ》島などにも若干の将兵を駐屯させた。ソ連軍司令官が全千島のソ連領化を宣言したのは9月15日。その際の布告によると、①水産、林業、牧畜等は従来通り ②国民学校はソ連軍司令官の命令により許可 ③通行は午前6時~午後7時まで ④6カイリ以上の沖合漁業は禁止 ⑤警察機関、日本制式村役場は廃止、などとなった。また、色丹島などにあった混成第4旅団などは9月10日にいずれかに輸送されたようだ。

＊ソ連軍は、日本軍の保有した食糧などを一般邦人に配給、主食配給量は十分で、漁労などの協力労働の男子には1日5合、洗濯、炊事などに協力の女子には1日3合の配給があった。

＊ソ連側は、国民学校でロシア語教育をはじめ、一般住民には日用会話用語の印刷物を配布、ロシア語の普及に努めている、という。

＊ソ連軍の軍規は厳しく、邦人の生命財産に異状はなく、婦女子の凌辱事件もほとんど「絶無」だ、としている。

〈政府等の対応〉 文書では以上のような各地の状況を記す一方、「結語」として各地での交渉の実態を述べている。この点も要約したい。

邦人の状況は、「比較的状況良好なる千島を除き」、「塗炭の惨苦の底に沈淪」「其の救護又は援護は刻下の急務なる処、此等諸地域を完全に閉鎖し在留邦人の現地定着企図し居るかの如き蘇聯側態度に鑑るも此措置は極めて至難にして、外務省始め関係当局屡次の努力にも拘らず未だ何等事態の改善を見ざる次第」との認識を示している。

あえて言うなら、いったん始まった戦闘の結末は、双方ともに相手から受けた苦難を、同じように憎悪の念を抱いて報復しようとするだけではなく、飢餓など生命の危機から逃れるために集団で犯罪的行為に走ることになり、通常ではない心理状態に追い込まれて、「人間」のあるべき姿からはみ出す方向に向かわざるを得ない。戦争当事国のいずれもが、である。

そうした事例は、あらゆる戦争の結末が示しておりながら、国家を操る権力はその方向を避けることなく、同じ轍を踏みだして悲惨な結果を国民にもたらす。

「戦争」というものが繰り返されるのは、戦争は個々の人間性の放棄につながるのだ、という「畏《おそ》れ」を忘れ、歴史に学ばず、その方向を選ぶ国家権力を許容してしまう国民・市民・大衆の意思、社会的感情に大きな責任が問われる。

対立する勢力の「非」を指摘して、もっともらしく「圧力」「武力」の妥当であることを強調し、その危機感をあおることで軍事力を増備し、攻撃性を高め、扇動される大衆にその正当性を訴え、憎しみと排除の感覚を植え付けていく、そのようなことがいつも繰り返されている。それが、戦争の姿だろう。

【東京】 外務省はどのように動いたのか。9月初旬、在京の瑞典《スウェーデン》公使館を通じて駐日ソ連大使館に邦人保護を申し入れたが、同大使館は「国交断絶」を理由に取り合わず、連合軍最高司令部付ソ連代表も「其の権限無し」として拒否した。

また、ソ連は「日本降伏の結果日本の利益保護問題は根拠を失ひたる」旨の回答、スウェーデンはこの問題の処理は終了、と伝えてきた。

＊連合軍最高司令部には、満洲の中心である新京との無線連絡、在留邦人の必需品購入の資金や、満洲朝鮮の列車運行と石炭の入手などを申し入れたが、この文書ではその結果に触れていない。また、大連や北朝鮮への配船については、決定次第実施との回答を得たが、38度線以北への軍人、官吏の旅行をソ連側が同意しない、と通告された。

＊終戦連絡中央事務局は10月27日になって、最高司令部にソ連占領下の邦人の惨状を伝えたが、11月1日に米国の関係部局に送付した、との回答があった、という（すでに、終戦から2ヵ月半が過ぎていたのだ）。

＊瑞西《スイス》赤十字国際委員会に邦人保護を申し入れたが、ソ連とは従来連携はなく、むしろ米英側を動

かすように、と「消極的態度を示した」。

＊以前対日関係の良かった南京の何応欽《カオウキン》総司令部に邦人救済方を要請、交通の便のある都市、港湾に邦人を集め善処するよう、東北行営主任に打電した、という（終戦後、蒋介石は軍部を握る何応欽を警戒、間もなく罷免した）。

＊京城（現ソウル）駐在の外務省亀山参事官は9月17日、ソ連総領事、米軍司令部に対して、平壌に行き邦人救済についてソ連軍司令官等と会見したい旨要請したが、10月になってソ連軍司令官よりこれを認めないとの回答があった、と東京の連合軍から連絡を受けた。その後、亀山は米軍当局から帰国を命じられた。また、朝鮮軍の参謀長らも平壌入り、ソ連軍との交渉を求めたが、ソ連側は交渉不可能、とした。

＊このようにソ連側は38度線以北との交通通信を遮断したので、「邦人の内地引揚は目下全く見透し付かざる状態」。このため邦人救護は「各地日本人世話会の相互扶助乃至自衛行動に専ら委ねられ居る観」「日本人世話会は何等の背景も有せず極めて無力」「充分なる成果は到底期待し得ざるもの」としている。

＊京城日本人世話会満洲班が演劇団などを編成して北側に潜入、11月8日までに約6千人を救出、

米軍から機帆船32隻使用の許可を得て「救出を策せんと計画中」と記しながらも、「如何なる程度に成功し、何時迄持続し得るやに付ては多大の疑問」としている。

外務省等の在外邦人の救済の努力には、それなりに相当の苦慮、苦労があっただろう。また、戦争の勝敗が決まれば、その後の戦勝国の扱いが極めて冷たいものだったこともわかる。

人道的な配慮とは、平時においてこそ言えるにしても、戦乱中やその直後には、戦争相手国の将兵に対してはもちろん、民衆に対しても身内の殺害、家庭の分散解体、財産の収奪などの怨念が蘇って、言葉通りの「配慮」などは不可能なのだ。戦争の渦中では、相手国とその国民への憎悪、蔑視、配慮の拒否などの感情が国家的なプロパガンダによって培養、蓄積され、その仕返しのときがやっとわが手に戻って来た、という報復の思いがごく一般的に沸き起こるのだろう。

在留邦人にはきわめて不幸な事態だが、侵略を始めたころの日本政府と軍部は、朝鮮半島で、中国大陸で、また南海の諸島で、どんな悪行を働いただろうか。掠奪、暴行、殺戮、強奪など日本の軍人や帰還者たちが多くの証言を残しているではないか。祖父母らの惨状を記憶にとどめる朝鮮半島や中国、あるいは南方諸国の人々が、時に反日の感情をあらわにするのも、国籍を替えて日本が被害側になれば、同じことが言えるだろう。

戦争の愚は、いつの時代でもそのようなものなのだ。しかし、人間は時代とともに、おのれの側も、相手の側も、歴史に学ぶことなく、そのような愚を忘れて、自分側の正しさばかりを信じ込んで、再度の戦争に向かう。勝てばいいのではなく、勝っても負けても、被害や傷跡は双方に残るのだ。

〈主要帰還者の証言〉　この文書の後半では、各地から逃げ戻ることのできた人々が、さらに生々しい残虐の実情を具体的に語っている。内蒙、熱河、北朝鮮、元山などからの証言を要約して紹介したい。

［内蒙］～蒙古聯合自治政府顧問・蒙古通信社社長　神吉正一氏～

＊8月17日にソ連機が北京の北方の、万里の長城に近い張家口（現河北省）を銃撃、翌日は3機が爆撃。地上から八路軍の軍使が内蒙明け渡しを求めてきたが、根本軍司令官は、蒋介石の重慶軍との交渉には応じるが、八路軍とはソ連を通じての申し入れなら応じる、と回答。19日、軍司令部が引き揚げ命令を出したことで、20日には軍部のトラック40台で引き揚げた。掠奪などはない。

＊包頭（現モンゴル自治区）では、婦女子、居留民男子、軍の順で張家口に引き揚げたが、2回目の列車は輸送不能に。

［熱河］～熱河省興隆県（現河北省承徳市）　古田副長談～

＊8月19日、古田以下２６７人は一個大隊（1千人くらいか）の護衛を受けてトラックに分乗、興隆を出発するが、泥濘でトラックは不能、荷物を棄てて60余歳の老婆、妊婦、子供らも徒歩で1日平均7里を歩き、10日間で北京へ。途中子供３人死去。

＊行軍中の情報として、①岸谷亮一郎省次長は夫人、令嬢とともに服毒自殺　②皆川富之丞警務庁長以下が殺害された。北京への途中、この殺害経過の封書を入手、これによると、唐山付近で行動中の挺身一心隊3千に対し奉天（現瀋陽）に向かうよう、皆川が命じたところ、部下はこれに従わず、満洲軍の一隊長が皆川を射殺。これに呼応した満洲軍は「日軍二百五十名を悉く惨殺せり」。

［同］～凛平県　坂本総務科長談～

＊8月13日に初めてソ連参戦を知り、14日婦女子を通化、安東方面に引き揚げさせたが、20日にソ連軍が侵入。満洲人の同僚により脱走に成功、数日間満洲人宅に隠れた。副県長ら日系官吏は拉致。2、3日後に来たソ連兵は満洲人婦女に暴行、満洲人を扇動して官庁、会社を襲撃、また掠奪に遭った満洲人がまた掠奪を仕返すなどして拡大した。八路軍に示唆された満洲人暴徒は特務警察関係者、警察隊員、満洲人幹部らを殺害、惨殺は広範に及んだ。

＊承徳では、数千の日本人が家を追われ、泥濘と雨中の寒気に死の寸前を彷徨。また、古北口では、ソ連軍約1万、ほかに蒙古軍、女子騎馬隊約1千が殺到、日本人、満洲軍が殺害され「死体散在す」。

［北鮮　①］～山内信一氏手記（10月17日）～

＊臨江から平壌に脱出、9月3日まで駅構内の貨車に宿泊。日本軍の武器で武装した朝鮮人保安隊、赤衛軍に荷物、おもに軍需品を掠奪された。ソ連兵に日本人女子2人が強姦され、外出禁止に。男

子は見つけ次第拉致。

＊大同江の船頭によると、満洲からの邦人は男女別々に抑留、16歳～60歳までの男子は労役のため連行、「女子は毎夜ソ連兵来たり、二十時より翌朝八時頃迄連行、暴行を加えありて之が為、「自殺者続出しあり又特殊慰安婦に使用の目的にて毎日60名を飛行機にて移動せしめありとのことにて暗然…涙を禁ずるを得ず」。

＊9月10日、「ソ連兵二名何者にか殺害」され、大同江付近や市内外の警戒が厳重となり、脱出不可能に。ソ連の対日態度はますます険悪に。16時ころ、山内（この手記の人物）の旅館にソ連兵2人の臨検があり、8人が屋根上に隠れ、拉致を免れた。

＊翌日、一行5名で朝鮮人に変装、朝鮮軍属の案内で大同江橋を渡り、平壌を脱出、徒歩で京城（現ソウル）へ。開城に向かう途中、追剝に2回遭い、金銭、衣服を盗られ、6人組の追剝に裸にされ、ボロの衣類をもらう。夜は宿の主人に脅され、80円を出す。

＊9月16日、京城に近い土城には「米軍進駐しあり、星条旗を見て初めて安心す」。19日に京城に到着。山下参謀夫人によると「関東軍女子軍属南下の途中十七名強姦され十四名惨殺され三名は辛ふじて死を免れ」たという。10月1日に釜山発、仙崎（山口県）に上陸。

〔同 ②〕～某氏記（10月上旬の北朝鮮事情）～

＊人民委員会と労組は共産党員で組織し、ソ連軍の意図のもとに行動。保安隊は朝鮮人で組織し、旧日本軍の軍衣袴、軍刀、銃を用いた。「ゲ・ペ・ウ」的存在。乱暴で、市民はソ連軍よりも憎悪視した。ソ連軍には「乱暴で程度の低い訳の分らず屋」との感じ、と記す。

＊食糧配給は、朝鮮人には高粱《こうりゃん》2合数勺、内地（日本）人には当初2勺減だったが、のち間歇的に若干。市場の白米販売は、日本人は敗戦したのに自粛の態度が見えず、購買力旺盛で物価が騰貴するとして、10月から外出と買い出し禁止に。栄養不良で、幼児らの「死亡者続出」。毎日の食事は1日2回で、高粱の雑炊1日1合程度だが、今後の見通しなく「食ひ残しつゝある」。

＊避難民は寺院、遊郭、料理屋などで集団生活。9月中旬から避難民の流入禁止になったが、南下の人びとの潜行流入が多い。日本人世話会により、布団や金銭の提供があったが、「焼石に水」。9月中旬から、ソ連押収物の本国への移送荷役、資材搬出、神社破壊、清掃などの強制労働の通達があり、その従事者には「一日『三合三勺』の穀類特配有り」。

＊避難民収容所に暴行、掠奪に来る者が多く、ソ連軍憲兵もいる。「時計、万年筆は悉く掠奪す、婦女子に対する暴行は甚だしく夜間泥酔せる『ソ』兵入り来り適当の婦女子を物色し拉し去る」。抵抗すると自動小銃で威嚇射撃をするので、夫や親たちもどうにもできない。激しく抵抗した婦女

子は「足に釘を打付けて暴行せりとか聞く」。
＊保安隊による軍人、とくに憲兵、警察官の検挙は厳しく、夜更に避難民収容所に来て、男を全部一カ所に集め、蹴る、擲る、軍刀で峰打ちするなどの拷問を数時間も加えた。
＊元山地区の避難民は約7千、城津、咸興、清津地区にも多数集結し、労働に服す。北方ほど「暴行の程度酷なり」という。
＊港湾都市の元山（現北朝鮮江原道）在住の日本人は自家を人民委、労組、労働党の幹部らに没収、立ち退かされ、家財道具の売買は禁止、不動産は一切差し押さえられ、南下への脱出もできず、状況の好転を待ち焦がれている。

〔同　③〕～鈴木治助氏記（8月26日～10月28日）～

＊安東では、『ソ』軍進駐に備へ、日本人会より十万円を出さしめ又満人十五名、日本人芸者十五名を以て接待役として不時の事故に備へ」た。
＊9月6日、ソ連軍の「戦車隊、守備隊の掠奪頻繁にして、男女共裸にしたる後金品、被服を押収す。就中《なかんずく》、腕時計に対する執着心強し」。

＊9月7日、「ゲ・ペ・ウ」将校が来て女性を強要。いったん引き上げたが、再度来て男たちを一室に監禁、看護婦2人を連行、1人は逃げたが、もうひとりは3人に強姦。

＊朝鮮人の「日本人に対する反感は想像以上にして、今迄の屈従感を晴すは此の秋《とき》なる熾烈強固なる敵愾心に燃え、赤軍の暴状と共に鮮人の暴行は邦人をして悲哀の涙に暮れしむ」。

＊ソ連軍は「厳重なる掠奪、暴行厳禁の上級司令官布告に拘わらず酷烈なり」。「『ゲ・ペ・ウ』が慰安婦に対し二百円を渡し花柳界を解散せしめたる結果、一般人に対する強姦事件頻発」、ある女学校長は3年生の娘を眼前で、また旅館で60歳の女性までも暴行された、という。婦人は男装し、縁の下に隠した。駐在のソ連兵は3千だが、築城などはせずに工場の機械を搬出、家族連れの将校は飯釜、ミシンの類を運び、兵隊は腕一杯に腕時計を付けて威張り、ボロ服を脱ぎ日本将校の衣服を着けた。

＊あまりのひどさに「斯《かか》る非道の場所に座死せんよりは一歩にても故国に近き処にて死せんと一同意を決し」、「一同に青酸加里を分配し明日（10月8日）出発に決す」。

＊ソ連軍憲兵隊からやっと旅行券が交付され、沙里院（現北朝鮮黄海北道）を列車で出発、途中ソ連兵の威嚇射撃を受けて下車。女性を隠して、男性が飯炊きを強制された。さらに、朝鮮系共産党

を手先に女性を強要に来たので、時計4個、5百円を出して難を免れる。赤衛隊長に出発を交渉、2千円の寄付を要求されたが、車2台に女子供を乗せて出発。途中から、山に寝、大根と煎り米をかじり、見つからぬよう行動。14日に金郊山近くに到着したが、37、8里の難行軍で女性や子供は歩行できなくて、船に乗るのだが、「鮮人の強欲に合計六千三百五十円を投じ」て38度線に近い開城の手前に到着。開城で米国の隊長に依頼して、本願寺に入り日本人会による握り飯の分配を受ける。10月15日、貨車で京城着、1日2合の配給あり。26日、復員列車で出発し、釜山手前の駅で停まったので、各自1円を出し合い、機関車を運行。28日、出帆。６７００定員に八千七百の乗客。11月1日、仙崎到着。

【元山】～第51海軍航空廠書記（元山分工場勤務）山口惠三氏記～

＊10月22日まで元山の自家に抑留状態で、寒気に相当多量の薪炭が必要だが、日毎の炊飯に使った。食糧難と薪炭の入手不可能により、死者は1日20人を数えるほど。それで23日、朝鮮人に偽装、米ソ国境の38度線を突破、鎮海（現慶尚南道昌原市）の本廠に行き、陳情と報告をした（11月6日）。

＊ソ連軍の元山への進駐は8月18日夕、戦艦3隻が入港、22日に輸送船5隻、一部は鉄道で38度線に南下した。21日に海軍に武装解除の通告、翌日に小銃弾薬等の明け渡し、23日に軍人全員を航空隊に集結。9月1、2日には軍人は徒歩と汽車で北に異動させられ、漣浦の飛行場に集結抑留されたが、労役などの状況は不明。

＊軍、軍関係などの工場の機械、器具、材料などは、どんな微細なものも本国に輸送中で、この労役に多数の日本人が使役、その代償に少量の米が交付される。

＊元山在留や北方から脱してきた邦人は約３万３千のほとんどが抑留生活中。

＊朝鮮人は自由解放独立万歳を絶叫、町の各所に集団を組み、邦人は危険。邦人の家屋から金品を盗み、ソ連軍と共に家屋に侵入し貴重品、衣類、金員を強奪、ひいては強姦に及ぶ。

＊裕福な家と見ると、日銀券と鮮銀券の交換を持ちかけつつ、その家の金員を物色、その夜に５、６人で強盗に押し入ったり、電気の検査と称して60ワット以上の電球は違反だとして金員を徴したり、「多種多様な方法を以て詐偽、窃盗、強盗等赤軍又鮮人よりの被害は次ぎ次ぎと免がれ得ざる次第」という。かつての各工場幹部らは、朝鮮の従業員から金員を強要され、「朝鮮人を嬲り苦しめたとの故を以て」留置場に入れ、「鉄拳の報復手段及恐喝に民警隊を連行して邦人家屋に押入る状態」。

【北鮮　④】

◇～関東軍報道部付属　宇田浅次氏談～

＊北朝鮮に入る満洲からの避難者約15万、従来の在留者約60万で、大陸戦災者救護委員会の11月８日までの救出は約６千人。餓え、寒さ、過労で日に数十名が死亡。安東では11月８日までに約３百

人が死亡。

＊集団収容中の邦人で「16～60歳までの女子は毎日交代割当にて慰安婦として要求」。「之等婦人の80％は性病に罹り20％は妊娠しあり」。

＊強制労働は稲刈り、便所掃除、電車の清掃など。日給は1円50銭で、高物価で「如何ともし難し」。「正規中共軍は概ね軍紀厳正なるものゝ如し」。

◇～沼田林業　近村氏談～

＊9月14日の収容　敦化（中国延辺の近く）の飛行場　8千名（家族）、2万名（日本軍）パルプ工場　3千名（家族）暴行拉致で女子32名自殺す。小学校7百名（家族）

◇～小杉技手（10月25日　於平壌）～

＊収容所　若松小、華頂寺、第一中、賑町料理店、在（近郊の意か）計1万5千名

＊疎開者の所持金は全部没収、1日2円の計算で10円くらいまとめて交付。疎開本部より独身者5百円、家族持ち（人数を問わず）1千円を交付。1ヵ月生活費百円は必要。寒冷期は2百円必要。玄米6キロ21円、みそ1貫10円、醤油1斤5円、塩1斤4円

＊配給は雑穀混入の米（6割混入）7歳以上3百グラム、7歳以下2百グラム。労組に加入し「平壌労働組合」の腕章をつけて出動。男女とも主に清掃人夫で1円70銭、婦女子は主に電車除夫で2円50銭

＊6百名中50名死亡。男子20名は拉致帰還せず。女子1名強姦、順安では3名。

◇～憲兵伍長　今野勝博氏報告～

＊8月13日五叉溝を出発、17日ハマコウダ着、9月7日（日本）降伏を知る、その間ソロンで戦車3百台と交戦、参（謀）長は戦死、9月24～27日新京から奉天、安東へ、10月10日安東―義州―白馬―宣川―石根―南川―開城―京城（到着時不明）

・・・・・・・・・・・・

以上が終戦直後に、政府機関によってまとめられた極秘文書の概要である。

まず、戦争がもたらす「結果」から、戦争というものを考えたい。以降では、立場を変えつつ、戦争というものを小さく身近に、あるいは総体として大きく、見ていきたい。

第2章　個人としての戦争への思い

この章では、今回はきわめて個人的な戦争前後の体験を書きたい。

第1章で紹介した命がけの戦争体験に比べて、私的なことであり、きわめてささやかな経験なので、書いたものかどうか迷った。ただ、戦争下の体験や思いは一人ひとり、それぞれの環境や年齢によって異なるものであり、小学生前後の幼い世代にも、それなりの「戦争禍」が及んでいた、という証言があってもいいか、と思い直した。

筆者は昭和13（1938）年9月、東京・新宿に生まれ、育った。終戦の同20年4月、国民学校1年生となり、8月に終戦を迎えている。以下、記憶するままに具体的に記していきたい。


〈戦前〉

・献納　6歳ころだっただろうか、近くの小学校校庭に、乳母車や門扉、鍋釜などの金属類が雑然と大きな山状に積み上げられ、すごいなあ、と感じた記憶が鮮明に残る。各家庭が献納したものだ。町内会を通じて、それぞれに知らせが届いたのだろう。いま思えば、物資のなくなった敗戦に近づくなかでの、あがきに思える。ただ、その協力が国家への忠誠だったと考えると、決して強制による行為ではなく、最後まで戦おう、戦地で命をかける兵士たちへの国民の支援と感謝の表明だったのだろう。戦争には、そうした国民の一体性を生み出すものがある。

・召集　同じころ、召集令状を受けた大学生の異母兄が、我が家に軍服姿で現れ、長刀を抜いて見せてくれた。ゲートルというものに興味を持ったら、防空頭巾とともに、母が作ってくれた。今でいうなら「カッコいい！」雄姿だった印象がある。さいわい、彼は外地に出ることはなく、戦後は高校教師として長寿を全うした。

・軍歌　町内から、出征兵士が出ることがあり、日の丸の小旗を振る割烹着姿の女性や年寄りたちに送られる様子を見た。にぎやかで明るかった。「勝ってくるぞと勇ましく」「ちぎれるほどに振った旗」「海行かば水漬く屍、山行かば……」「月月火水木金金」「エンジンの音轟々と」などの軍歌は、意味もわからずに戦後になっても歌うことができた。悲壮感というか、高揚感というか、戦争というものを美化し、誘い込む魔力があった。

・縁故疎開　空襲が次第に増えていく終戦の1年余前の昭和19年、相模湾のある神奈川県二宮町の農家を頼って、姉と2人だけで縁故疎開した。海浜の大きな松を根から掘り起こし、松根油をとるために木を燃やしていた。越冬用に落葉を掻き、サツマイモを穴に埋めた。苗代を作った。当初は、豚も1頭いた。海に行き、魚の水揚げを見た。いろりの鉄鍋には、魚が煮込まれ、納屋のカマスには地元産の小粒のミカンがあり、食べ放題だった。トイレの紙は新聞紙で、びっくりした。

戦争をよそに、なんとなくのどかな農村の風景があった。都会生活にはない、農業の自然の営みを体験できたことは、今も忘れられない。

・戦争の遺産　この地に、戦争がらみの、ふたつの文芸作品が生まれている。

ひとつは、二宮町に疎開して、父を米軍の機銃掃射で失った高木敏子（１９３２－）が書いた戦争体験記『ガラスのうさぎ』（１９７７年金の星社）。ブームになった感動の書だ。いま、二宮駅前に平和祈念の像が建つ。彼女の疎開先の家がごく近かったことを、のちに知った。

もうひとつは、山川方夫（１９３０－65）の『夏の葬列』（１９６２年）。日本画家だった父親の別荘がこの二宮にあり、その付近で機銃掃射を受けた少女とその後を題材とした。優れた小編で、心に残る。二宮沖の相模湾は、海から陸地を攻撃する米軍の格好の場所。長じて沖縄戦の状況を知り、戦闘が激化していたら、この地で死んでいたか、と思った。

山川は34歳の若さで、二宮駅そばの横断歩道で交通事故に遭い、亡くなっている。

・学童疎開　疎開先の二宮町を離れ、実家に戻って近くの小学校に入学。と同時に、学校ぐるみで学童疎開に出された。行先は栃木市の圓通寺で、地元の小学校へ。寺では毎晩、布団の縫い目にはびこるシラミ取りが日課。クレゾールの入った小瓶に丹念に入れる。

空腹続きで、順番に米粒の密集度の高いオコゲを弁当に詰めてもらうのが楽しみなのに、ある日これを上級生に盗まれた。学校には、兵隊らが詰めており、朝昼晩と大釜にコメを炊き、みそ汁を作っていて、その匂いがたまらない。これが、子ども心に軍隊を嫌うひとつの理由になった。４年生がひとり、東京まで歩いて脱走した。みな、とにかく親が恋しかった。

ボール紙にガーゼを張り付けたようなランドセルを背負ったが、疎開児そろって走って登校の途中、おはぐろトンボの飛び交うあぜ道で、肩のベルト部分がちぎれて教科書などが散った。泣くしかなかった。

当時も、いじめはないわけではなかった。大柄な大将格の6年生が、ややのろまな感じの5年生くらいの男子に、ドンブリについだ水を無理やり飲ませているのだ。みな、見ているだけ。6年生の姉も、なにも言わず、止めようとしなかった。

先年、この寺を訪ね、伽藍や居間、庭園の池などを見せてもらったが、ほとんど変わっておらず、75年の歳月を超えて、当時のシラミ取りなどの悪夢が、少し懐かしくよみがえった。

〈戦後〉

・カラの遺骨箱　終戦から間もなく、母の実弟（筆者の叔父）の遺骨というものが届けられた。詳しくはわからないが、中はなにもなかった、という。この叔父は、豊島師範在学中に「アカ」呼ばわりされて召集、旧満洲の牡丹江で死んだ、とされる。

小学校教師だった母は、この死によるだけではなく、日ごろから「戦争はだめ！」「何もかも壊してしまう」と言い続けていたことが心に残る。

・帰京　疎開先の栃木市から戻ったのは9月初めだった。押し合い圧し合いの東武線で浅草につくと、いわゆる浮浪児の群れ。大きく広がる焼け跡。風呂屋の焼け跡では、鉛管から水が飛び散っていた。さすがに、もう焼死体などはなかった。

なんと、筆者は栄養失調と診断された。卵や牛乳など、めったに手に入らない。なぜか、カボチャの花を10以上も、ミソをつけて食べるのが日課にされた。さらにレントゲンの結果、肺結核の疑いがあると言われたが、器械の写りが悪く、黒ずんでいたためだ、とわかり、両親はやたらに喜んでいた。

・住　疎開先から戻ると、自宅はすでに、B29の空襲による延焼防止のために強制撤去されていた。家なし、である。そのため、一時は小学校の裁縫室を間仕切りし、2、3の家族が同居した。住むところが見つかるだけ、運が良かった。フクシマの原発事故のとき、郷里を棄てさせられた人たちの途方に暮れる姿を見て、思い出した。3階の部屋から、真っ暗な学校の廊下を通って、1階のトイレに行く。停電が連日のように多く、懐中電灯などはなくて、この暗さと心細さは忘れがたい。とにかくまだ1年生なのだ。

　気の毒に思った母親の知人が親切に、部屋を貸してくれた。炊事は野外、食事は壊れかかった小屋。うるさくしないように、ときつく抑えられた。その後、さらに2ヵ所を転々とした。

・食　とにかく食べ物がない。父親に連れられ、まだ畑の目立つ小岩あたりの農家に出かけて母の着物と、イモなどと交換してもらう。小さなリュックサックに詰めた。挨拶する親が卑屈に見えた。

　焼け跡にカボチャを植える。姉がコヨリに日付を書き、取り入れ時を見守る。水っぽいカボチャが毎食のように出され、押し入れには何十個も積まれていた。カボチャは今も食べたくない。食用になるアカザなど、道端の雑草も取った。

ブリキを張った手製のパン焼き器で、フスマ入りのパンを焼く。米の配給は乏しく、腐りかかったイワシがバケツ一杯配給されるのだが、臭くて口に入らない。たまに入手できた玄米をビール瓶に入れて、棒で突くのが子どもらの仕事だった。

・衣　皆が着た切りスズメの状態だった。風呂も、冬場はドラム缶を活用したもの、夏は蚊の襲来におびえながらの行水だ。姉も同じだった。洗濯だけは何とかしてくれていたようで、いたずら盛りで汚しがちだったが、叱られなかった。部厚な毛布を加工したオーバーを着せられ、いやでたまらなかったが、親の気遣いにそんなことは言えなかった。

青洟を垂らす子どもが多く、拭いた袖の光ったのも目に付いた。

・学校　疎開から戻ると、入学した学校は空爆を受けて、跡形もなかった。しばらくすると、その校庭の跡地に、掘っ立て小屋の被災者住宅が建ち、学校が復活するまでには10年以上かかることになった。筆者は、1年生の2学期から焼け残った近くの小学校に転校し、そこを卒業した。その校舎には一時、都立4中（現戸山高校）が間借りしていた。

雨が降ると、欠席する子どもが増えた。子沢山の時代だし、傘は貴重品でもあって、末っ子にまで傘が用意できなかったのだ。

また、給食などは当然なく、昼時になると「うちで食べてくる」と言って、校庭で遊ぶ子も何人かいた。弁当が持てず、我慢していた。親が最もつらかっただろう。脱脂粉乳のミルクがユニセフから届くのはもっとあとのことだった。

終戦から3、4年経つと、疎開や外地から東京に戻る人々が増え続けて、教室は5、60人も詰め込まれ、前の席は白墨の粉が舞い、通路が取れないので机やいすを踏んで自席につくなど、昨今の30〜35人以下の教室など夢のようだった。

そのために、午前午後の二部に分けた授業も行われた。居間の広い家庭に数人ずつ集まって勉強し、そのあとで学校に行って授業を受けるのだ。

やせた子が多かった。勉強を強いるゆとりなど親になく、遊ぶばかり。叱られながらも、電車のレールに釘を敷いてつぶし、それを地面に刺し合った。焼けた風呂屋のタイルをはがして、収集した。ビー玉やメンコの普及は、しばらく後だった。

女子医大、旧陸軍病院の解剖室の窓ガラスが壊れ、覗くと水槽に浮かぶ遺体が何体も見えるので、怖さ半分で出かけて行った。飯田橋駅そばの濠に、するめの足を結んだ糸を垂らしてザリガニをとった。

学校のプールが使えるようになるのは数年後だったが、夏休みに泳ぐと、必ずトラホームや結膜炎になり、連日の眼医者通いではクラスの仲間とぶつかることが多かった。治って泳ぐとまた眼医者行きとなり、ひと夏にいくらも泳げず、上達のチャンスのない時代でもあった。

・・・・・・・・・・・・

戦時下で、戦闘に参加させられた人々、内地で苦労に苛まれた人たち、そして命を奪われた多くの犠牲者からすれば、たいした経験ではない。そのことは承知している。それでも、子どもにして、これだけの苦労をさせられた戦争というものを、今の若い世代に知っておいてもらいたい、と思う。

今もクラスメートが集まると、「みんな貧しく、それぞれの貧しさがわかっていたので、仲が良かった。いじめもなかったし、勉強や成績などは二の次だったなあ」とよく話す。戦争のくれたメリット、というのではない。無駄な戦争をせずに、互いの生命と存在を理解し、尊重しあえば、苦境の中にも「平和」はあるし、努力次第で実現可能だ、ということである。

第3章 戦争犠牲者を「数」から考える

第二次世界大戦以後75年にわたって、日本が参加した戦争は皆無だった。戦前に比べると、様変わりの経験だった、と言えよう。なぜ、そのような変化の大きい環境になったのか、はいろいろ考えなければなるまい。

　そのことに触れる前に、明治維新以降の、日本が関わった戦争の犠牲者について見ていきたい。戦争による物質的な損害は別として、人間の生命が「日本の兵士の死」を中心に語られがちだが、「相手国の兵士の死」、「双方の民間・非戦闘員の犠牲者」などの数値、記録はきわめて少なく、また、数的にも把握されていないこともあって、正面から取り上げられていない。戦争の規模が大きくなればなるほど、そうした「死」の数は把握されなくなっている。

　また、戦争の招く死の波紋というものは、死者だけにとどまらない。死者の身辺、周辺の人々にもたらされる影響も、もっと考えなければならない。

　働き手を失うことによる生活上の影響にとどまらず、精神的な悲しみなどを含めたら、きわめて大きく、深いものがある。

　しかし、それは死に追い込まれたそれぞれの家族・家庭ごとに個別に分散されたり、遺族らを軍人、戦場、あるいは恩給の団体別の扱いだったり、地域単位の遺骨問題、戦災補償、強制疎開などのようにグルーピングした対応策の扱いになりがちで、必ずしもトータルとしての「戦争の反省」に結びついていない。

　戦争のもたらす「苦」「悲」「窮」が再び繰り返されてはならない、という反省が生かされていな

①日清戦争　<1894年8月−95年4月>

日本：　死者　1万3,824人　（戦傷　3,973人）

内訳	戦死·戦傷死	1,567人
	病死	1万2,081人
	変死	176人

清国：　死者　3万5,000人（正確には不明）

<防衛ハンドブック（朝雲新聞社）、ウィキペディアによる>

· 日本軍の動員24万のうち、72%に当たる17万余人が海外に派兵。
· 戦争終了の下関条約で日本に割譲された台湾で、清国兵士や台湾人が蜂起した「乙未（いつび）戦争」も含めると、脚気の患者は4万余で、朝鮮、清、台湾も含め1割が死んでいる。コレラや腸チフスの伝染病、消化器疾患、赤痢、マラリアなどによる死者も多かった。広義の「戦死」は、異常な環境による病死など大量な死を含む。

い。戦争に持ち込む為政者、権力者の意識に、そうした思いがなく、政治・外交の基軸にも、兵士やその家族たちが抱えることになる苦しみへの思いがない。

　このような立場から、戦禍としての「死」「軍事費」の状況を過去の戦争のなかに見ていきたい。

　日中、太平洋戦争の頃の数字はさまざまで、わかりにくいので、列挙した。戦闘地の拡散、敗残・撤退などによる遺体や不明者の掌握不能、軍部や政府の機能低下、大本営の戦勝アピールのためのデータ改ざん、あるいは兵士の死への敬意ある対応の不徹底などが原因だろう。

　日清、日露の頃の戦死者氏名、員数などは郷土史などに残ることがあるが、戦争規模の拡大、大量殺戮兵器の普及などで、次第に死者が増加して記録の整理に手が回らなくなったか。

②日露戦争　＜1904年2月−05年10月＞

日本:　死者　11万5,621人（負傷　15万3,584人）

内訳	戦死·戦傷死	8万8,429人
	病死	2万7,192人

ロシア:戦没者　4万2,628人（負傷　14万6,032人）

内訳	戦死	2万5,331人
	戦傷死	6,127人
	病死	1万1,170人

＜人間自然科学研究所などの資料、ウィキペディアによる＞

・日本の動員は約30万人、ロシアの動員は50万人と言われる。これをもとに考えると、日本の戦没率は約30%、10人に3人が死んでいる。
・この戦争で、約25万の脚気の患者が出て、病死のほとんどは脚気が原因と見られた。当時、陸軍の兵食は白米、海軍は麦飯で、脚気の原因をめぐって陸軍軍医総監の森鷗外と、海軍軍医の高木兼寛との間で論議のあったことはよく知られている。
・この戦争に勝った日本は、自信をつけ、国際的にも発言力を増し、また軍事力の重要さを学び、戦争による〝醍醐味〟を感じ取った。国民もまた、時の権力者の施策を許容、評価して追随の姿勢を強める。
・軍事力が国益を増し、日本の底力が国際的に認められ、その発言に誇りを抱く。次第に過大な自信を持ち、弱い立場の後進的な国や民族を蔑視し、帝国主義諸国に並ぶ植民地政策の推進が望ましいものと信じるようになる。「井の中の蛙大海を知らず」の、新興成金の体質が身についてくる。
・日本は多大な血を流して「王道」を進んだのだ、といった危険で、信じられやすい風潮に染まっていく。一歩踏みとどまって考えようとせず、権力になびきがちな衆愚性が育っていく。狭隘な島国、資源小国、人口過密な日本の条件を踏まえることなく、狭い過信のなかで危険な第一歩を踏み出した、と言えよう。

③第一次世界大戦　＜1914年8月−18年11月＞

連合国犠牲者：　514万3,000人

（露170万、仏135万、英90万、伊65万、米11万、ルーマニア33万、セルビア4万、日本300など）

同盟国犠牲者：　338万6,000人

（独177万、オーストリア･ハンガリー120万、トルコ32万、ブルガリア8万など）

計　　852万9,000人

＜人間自然科学研究所などの資料、ウィキペディアによる＞

・日本は当初の中立の立場から、ドイツに宣戦布告をして参戦。中国･青島の戦闘、ドイツの握る南洋諸島への進出、地中海派遣などもあったが、概して護衛･輸送･救助など補助的な参戦だったため、総じて犠牲者は少なかった。ただ、動員兵力は80万と多かった。

・青島でのドイツ人捕虜4,700人を、徳島、広島、千葉などに収容していた。

・日本にとってのこの大戦参加は、日中戦争、対米戦争に進むひとつの布石になった。戦勝に酔う日本の戦略は、国民的支持を得たが、結果的に大きなマイナスを招いた。戦争というものが、新たな戦争を生む。第一次大戦での賠償に苦しんだドイツが、ヒトラーの台頭を許し、第二次大戦を日本などとともに仕掛けることになった事例が典型的だ。戦争から派生する、次の戦争拡大の火ダネ、あるいは他国に与える怒り、自国の権益拡大への欲望と誤った施策、などの一端を挙げておこう。

①対華21ヵ条（大戦初期の15年1月）という横暴な対中要求をしたこと

②ドイツの握っていた山東省や南洋の権益の継承、関東州租借や南満州鉄道権益の期限延長など、 武力行使による誤った国益確保の道に進んだこと

③朝鮮の三･一独立運動、中国の五･四運動（19年）など国際動向に不理解だったこと

④ロシア革命（17年）に便乗して、シベリア出兵（18年）を決定したこと

⑤大戦景気で財閥や新興「成金」層には戦争利益を与えたが、多くの国民が戦後の恐慌に苦しんだこと

④ 日中戦争、太平洋戦争の日本軍人・軍属の死没者、負傷者

死没者

（1937−41年日中戦争）　陸海軍とも　18万5,647人

（1942−48年日中、太平洋戦争）　同　155万5,308人

（陸軍　114万0,429人／海軍　41万4,879人）

負傷者

（上記と同じ）　陸海軍とも　32万5,806人

（同）　同　30万9,402人

（陸軍　29万5,247人／海軍　1万4,155人）

<総務庁「日本長期統計総覧」による>

・第１次、第２次大戦という地球規模の戦乱の拡大で、とにかく膨大な死者を生み出した。

・2003 年のイラク戦争あたりから機械化による近代戦争に変貌し、直接的な戦闘から遠距離からの敵対国攻撃が可能となり、大国が仕掛けて弱小国の被害が増大する傾向になった。同時に、相手国への無差別攻撃により、多数の民間人を殺害することにもなった。

⑤日中戦争から太平洋戦争へ
〈1931−1937−1941−1945=15年戦争〉

＊日中戦争　1931.9.18〈昭和6年〉柳条湖事件〈瀋陽〉➡
満州事変➡満州国樹立
1937.7.7〈昭和12年〉　盧溝橋事件〈北京〉➡
日中戦争

＊仏印侵出　1940.9〈昭和15年〉　仏領インドシナ北部
〈ハノイ=旧トンキン〉に武力進駐
1941.7　〈昭和16年〉　　同　　　　南部
〈ホーチミン市=旧サイゴン〉に武力進駐
――米英蘭が資産凍結・石油、くず鉄全面禁輸措置

＊太平洋戦争　1941.12.8〈昭和16年〉真珠湾攻撃―45.8.15〈昭和20年〉終戦（戦闘　3年9ヵ月・45ヵ月）

第1期　勝利期　1941.12―42.5〈6ヵ月〉
（10月東條英機内閣）真珠湾攻撃・マレー沖海戦・インドネシア・ジャワ、ビルマなど占領ニューギニア、ガダルカナル島に進出

第2期　挫折期　1942.6―12〈6ヵ月〉
前半はビルマ制圧、米領比コレヒドール島ミンダナオ島占領、シドニー攻撃、6月ミッドウェー海戦で大敗、8月ガダルカナル島で連合軍本格的反攻開始、12月ニューギニアで全滅

第3期　崩壊期　1943.1―12〈12ヵ月〉
2月ガダルカナル島撤退の一方、オーストラリアに空襲、4月山本五十六連合艦隊司令長官がブーゲンビル島上空で戦死、5月アッツ島全滅【玉砕】、7月キスカ島撤収（9月イタリア降伏）、各地の海戦、航空戦で苦戦

第4期　壊滅期　1944.1−45.2〈14ヵ月〉
3月インパール作戦を開始し7月不調で中止、7月サイパン島玉砕、6月マリアナ沖海戦で西太平洋の制海権と制空権失う。（7月東條内閣総辞職）、8月テニアン島、グアム島、ペリリュー島玉砕、10月レイテ沖海戦、ルソン島、硫黄島の戦いともに大敗

第5期　降伏期　1945.3−8〈5ヵ月〉
3月東京、名古屋、大阪、神戸など大空襲、4−6月沖縄戦（4月小磯国昭から鈴木貫太郎内閣に、ヒトラー自殺）、5月横浜、　台北、6月静岡、7月横手、千葉、仙台、宇都宮、函館、北海道、小樽、平塚、青森、富山など大空襲、8月広島、長崎に原爆、8月14日終戦の詔、15日玉音放送、9月2日降伏文書調印（太平洋戦争の法的終結）

⑥ 第二次世界大戦　<1939年9月～45年9月>

枢軸国犠牲者:　870万人

(日本230万、独422万、オーストリア25万、伊30万、他163万)

市民死者　453万人(日本80万、独267万、オーストリア93万、伊13万)
　計　　**1,323万人**(オーストリア93万にはユダヤ系市民65万を含む)

連合国犠牲者:　1,913万人

(ソ連1,360万、中国350万、ポーランド12万、ユーゴ50万、仏20万、英14万、米29万、その他78万)

市民死者　2,447万人(ソ連700万、中国971万、ポーランド591万、ユーゴ121万、仏40万、英24万)
　計　　**4,360万人**(ポーランド591万にはユダヤ系市民270万を含む)

アジア諸国犠牲者:　912万5,000人

(朝鮮20万、台湾3万、フィリピン111万、ベトナム200万、ビルマ15万、マレーシア・シンガポール10万、インドネシア400万、インド150万、豪2万3,000、ニュージーランド1万2,000)

総　計:　6,595万5,000人

<人間自然科学研究所、ウイキペディアによる>

・第一次世界大戦に敗け、巨額な戦後補償などで苦境に立ったドイツは、再起のためにヒトラーの台頭を許し、ファシズムへの道をすすんだ。
・ドイツはオーストリアを併合したあと、ポーランドを侵略して米英などと対戦を構えた。さらに、このあとフランス、ソ連にも侵入、ユダヤ人大量虐殺に及んだ。軍事同盟を組んだイタリアはエチオピア侵略、アルバニア併合など、日本は中国大陸、南北仏印へ進み、太平洋戦争に至った。
・その犠牲者が上記の数字である。

⑦ 第二次世界大戦　死者と行方不明者数（推定）

枢軸国:　673万1,706人

（日本256万、独325万、伊38万、オーストリア22万など）

連合国:　1,009万8,052人

（ソ連611万、中国150万、ポーランド55万、米54万、英40万、ユーゴ30万、仏24万、蘭23万など）

総　計:　1,682万9,758人

（負傷2,669万人＝枢軸国825万、連合国1,844万）

<Collier's Encyclopedia 1963年による>

- 第二次世界大戦の特徴は、兵器の開発が進み、戦闘員だけではなく、一般の民間人を巻き込んで多数の犠牲者を出すことになった点だ。
- 戦闘員、民間人の死は、その5倍、10倍の周囲人々をも悲惨と苦痛の中に巻き込む。
- 戦闘員の死者数はおおよそつかめるが、民間人についてはごく大雑把な数しか示されていない。これは諸国共通である。

⑧ 第二次世界大戦の、日本人の地域別戦没者概数

硫黄島	2万1,900
沖縄	18万6,500
中部太平洋	24万7,000
フィリピン	51万8,000
タイ、マレーシアなど	2万1,000
ミャンマー	13万7,000
インド	3万0,000
北ボルネオ	1万2,000
インドネシア	3万1,400
西イリアン	5万3,000
東部ニューギニア	12万7,600
ビスマルク、ソロモン諸島	11万8,700
中国東北部（ノモンハン含む）	24万5,400
中国本土	46万5,700
アリューシャン（樺太、千島も）	2万4,400
ロシア（旧ソ連、モンゴルを含む）	5万4,400
その他（韓国、北朝鮮、台湾、ベトナム、 ラオス、カンボジアなど）	10万7,800

合計　240万1,800人

<厚労省統計、及び『海外戦没者の戦後史』浜井和史による>（吉川弘文館）

⑨ 戦前の日本の軍事費の増大
<1868年明治維新後から1945年終戦まで>

年代	国家財政に占める軍事費比率		事項
		平均	
①1868-75	12.8～18.6%	14.6%	徴兵制導入、地租改正で現物貢納から金納へ<73>
②1876-77	38.4～41.1	39.8	熊本神風連、福岡秋月乱など廃刀令、秩禄処分、地租改正不満 一揆や暴動〈76〉西南戦争、西郷隆盛自刃〈77〉
③1878-93	16.8～31.5	24.5	琉球処分〈79〉軍人勅諭、朝鮮壬午軍乱〈82〉 加波山･秩父 事件など騒擾、朝鮮甲申事変〈84〉 帝国憲法公布、初の経済恐慌〈89〉初の衆院選と帝国議会、 教育勅語〈90〉大津事件〈91〉
④1894-95	69.4～65.6	67.5	朝鮮東学党乱、朝鮮出兵、日清戦争〈94〉下関講和条約、 三国干渉で遼東半島還付、閔妃暗殺〈95〉
⑤96-1903	29.9～51.3	44.1	朝鮮親露派クーデター〈96〉清国戊戌政変〈98〉 義和団事件で派兵、北清事変、金融恐慌〈00〉 日英同盟〈02〉
⑥1904-05	81.9～82.3	82.1	日露戦争〈04、5〉日比谷焼打事件、韓国統監府設置〈05〉
⑦1906-13	32.6～54.4	36.4	南満州鉄道開業〈07〉伊藤博文暗殺〈09〉韓国併合〈10〉 幸徳秋水死刑、清辛亥革命〈11〉明治天皇没〈12〉
⑧1914-18	35.6～51.9	42.5	第一次世界大戦、青島占領〈14〉対華21ヵ条要求〈15〉 ロシア革命〈17〉シベリア出兵宣言、米騒動、大戦終結〈18〉
⑨1919-23	34.2～65.1	51.2	三･一運動、五･四運動、ベルサイユ条約調印〈19〉尼港事件、 戦後恐慌〈20〉原敬暗殺、ワシントン条約締結、日英同盟廃棄 〈21〉海軍軍縮成立〈22〉関東大震災、東京に戒厳令<23>
⑩1924-30	27.7～29.6	28.6	治安維持法･普選法公布〈25〉大正天皇没<26> 金融恐慌、山東出兵〈27〉初の普選、三･一五事件、 張作霖爆殺〈28〉 世界恐慌<29>ロンドン海軍軍縮条約、 統帥権干犯問題<30>
⑪1931-36	31.2～47.6	40.8	満州事変とその前後に右翼軍人の3月、10月事件=未遂〈31〉 第一次上海事変、満州建国と前後に井上準之助、團琢磨射殺、 犬養毅射殺の五･一五事件〈32〉国際連盟脱退〈33〉 斎藤実、高橋是清殺害の二･二六事件、日独防共協定〈36〉
⑫1937-45	69.5～85.3	75.8	盧溝橋事件を機に日中戦争、第二次上海事変、日独伊防共協定〈37〉 国家総動員法、東亜新秩序〈38〉第二次世界大戦〈39〉 大政 翼賛会発足〈40〉 日本軍南部仏印に進駐、真珠湾攻撃で太平洋戦争開始〈41〉 <大蔵省決算書、などによる>

⑩ 各戦争の軍事費総額

西南戦争	4171万3000円
日清戦争	2億3240万4000円
北清事変	4360万2000円
日露戦争	18億2629万円
第一次大戦·シベリア出兵	15億5368万7000円
山東出兵	6827万4000円
満州事変	18億8338万4000円
日中·太平洋戦争	2036億3634万1000円

<総務庁「日本長期統計総覧」による>

⑪ 世界の主な戦争及び大規模武力紛争による犠牲者数

戦争・紛争	年代	死者数	非戦闘員犠牲者の比率
南北戦争（アメリカ）	1861～65	82万	24%
第一次大戦	1914～18	2600万	50%
第二次大戦	1939～45	5354万	60%
中国国共内戦	1946～50	100万	50%
朝鮮動乱	1950～53	300万	50%
ベトナム戦争（米国介入）	1960～75	235万	58%
ビアフラ内戦（ナイジェリア）	1967～70	200万	50%
カンボジア内戦	1970～89	122万	69%
バングラデシュ分離独立	1971	100万	50%
アフガン内戦（ソ連介入）	1978～92	150万	67%
モザンビーク内戦	1981～94	105万	95%
スーダン内戦	1984～	150万	97%

<レスター・R・ブラウン『地球白書1999-2000』による>

・これらの数字は必ずしも的確ではない。たとえば、朝鮮戦争の犠牲者は韓国約240万<うち軍98万>、北朝鮮約292万<うち軍92万>、国連軍約15万、中国約90万<うち軍18万>などの数字もある（人間自然科学研究所）。

・戦争は、国家、民族、宗教といった立場からの強い自己主張に始まる。政治や外交に当たる者たちがもし、「人類の生存」という視点を多少とも持ったら、戦争という手段を考えるときに、多少の躊躇も感じるのではないか。

・死者を「数」から見ていると、この「死」の周辺には何倍、何十倍もの哀しみの集積がある。なぜ死ぬことになったのか。なぜ戦闘員でもない市井の人々が犠牲になるのか。なぜ攻められ、侵略された側の人々が犠牲になったのか。

そこに浮かんでくるのは、やはり人間としての尊厳を黙殺する「国家」の存在である。「国家」は国民の生命財産を守るものだ、という。だが、ほんとうにそうなのか。

・徴兵制度を設け、家族のため、国家国民のために戦おう、という。安全保障のため、専守防衛のため、と言い、法律によって無制限に戦域を拡大する。国民の税金である国家予算の７割、８割を軍事に消費する。

・「国家」はほんとうに「個人」を守るものなのか。数字に見えてくる虚しさから、もう一度「国家」、そして国家の名目で差配してくる権力というものを見直さなくていいのだろうか。「国家」と「個人」と、どちらが大切なのか。「国家」を生かすために兵士は死に、「国家」がごく普通の庶民たちを守るどころか、戦争被害者にする。

・国民の税金が、戦争のために70～80％も使われた。戦争という生産性を伴わないことに巨額のカネが投入され、日常の生活向上に結びつく投資は失われる。それでも、戦闘に使われる一時的、消耗的な兵器や弾丸などの生産がもたらす「景気」の恩恵を受ける軍需企業や財閥は、権力者の周辺にあって戦争を支持する。だが戦後になると、各種の生産活動は規模、需要が縮小して、つねに恐慌を招く歴史に学んでいない。いわば、戦争は刹那的である。

第4章　戦争は仕組まれる

戦争に至るには、その前段の「準備段階」がある。

社会的低迷、景気の不調、産業界の期待と挑発、世論の不満、敵対関係の設定と嫌悪的イメージの増殖、国際的な緊張関係、権力者の驕りと狭隘な思考、為政者の軍事費増強の姿勢、迎合右翼勢力や一部知識階層の跳梁、野党勢力の内部的混迷、さらに和平努力の軽視と対決姿勢の先行など。

為政者たちは、戦争の「大義名分」を考える。その方向が示されると、時流に乗る作家や学者、芸能界など著名人の一部が支持の論を述べる。メディアは客観の域を超えて、愛国の論調を書きたて、事態を長期化させ、戦争の本質を見えなくさせる。戦争を機に稼ぐ機会を得ようと、企業集団や不純な団体が権力の背後で動く。権力者は法制化ばかりでなく、陰に陽に言論に圧力をかける。経済も世論の流れも、いったん方向性が固まると、容易には止めることはできない。

ひとたび戦闘ともなれば「勝つこと」しかなく、勝てばその「成功」「戦利」を喜び、大半の国民のあいだに熱狂を生む。ポピュリズムはますます高まっていく。

そこには、軍人軍属、まして民間の戦争犠牲者が発生することへの思いはほとんどない。戦争の残すマイナスには目がとどかない。死者が出ても、礼賛の儀礼によって遺家族の悲しみを惑わす。

そこにあるのは、「国家」であって、「人間」の存在はない。ポピュリズムの変わり身は激しく、責任を問うことのできない潮流であるところに難しさがある。

そして、戦後には必ず恐慌が襲う。急激に膨張した軍事的需要を中心とする経済規模は、終戦によって縮減せざるを得ない。生産の低迷、失業、生活苦、また政治運営への不満などが生じてくると、ふたたび戦争による復調へ、との期待を生む。産業界は、消耗しやすく、経済効率の高い砲弾、戦闘機材、艦船、戦闘機などの軍需と、その波及効果による景気回復を念じて、為政者への工作に走り、軍需的な戦争への環境整備に努める。

若干の反対論は、大勢の世論にかき消され、また官憲の圧迫によって消されていく。戦争礼賛の風潮が強まると、収益を求めるメディアは迎合し、次第に狭隘な愛国心を煽り出す。為政者は国家の情報統制、異論弾圧の法令や統制装置を強めると、メディアも追従せざるを得ず、おのれの首をおのれで絞めることになる。

ポピュリズムが反省するのは、敗残し、多くの犠牲を払ったあと。だが、それもいつしか忘れられて、若返った為政者とともに昔の道を歩き始める。

この繰り返しが、日清戦争、日露戦争、第一次世界大戦、日中戦争、そして第二次世界大戦を生んだ。ブレーキはかからず、多くの犠牲者を出す。国民の生命・財産を守るという、いわゆる国家の使命に大きく反する統治を繰り返してきた。これが、戦前の長い時代を覆ってきた日本の現実だった。

単なる教科書的な簡単な整理で恐縮ながら、もう一度、戦争の歴史的実相を振り返り、若い世代に伝えることができれば、と思いつつなので、ご海容を。

〔日清戦争〕　１８９４～95年

＊江華島事件と日本の軍略　日本側が江華島事件（１８７５・明治8年）を仕掛けたのかどうかは

とにかくとして、これが朝鮮への第一歩の争いだった。
日本が朝鮮海域で海軍の演習や海路測量を進めたことが挑発にもなって、朝鮮側が砲撃の挙に出て、日本は結果的に朝鮮の開国、3港開港による通商貿易の開始、一方的で不平等な領事裁判権の規定などを手にしている（日朝修好条規）。この江華島事件を機に、日本は朝鮮の独立を認め、代わりにそれまでの清国を宗主国とする関係を否認。このことは宗主権を握ってきた清国と対立することでもあった。

85年の天津条約では、日清両軍の撤退、出兵時には互いに事前通告をすることになった。

ここで、日本の対朝鮮、対清国の取り組みを整理しておこう。

明治新政府は、すでに戦争経験を持っていた。台湾で54人の琉球の漂流漁民が殺害され、日本側は出兵して清国から約77万円の賠償金を取り付けていた（74・同7年）。翌年には、琉球の清国への朝貢を禁じ、琉球処分につなげている。ここで、戦争によるメリットを覚えるとともに、朝鮮の宗主国である清のもろさを感じただろう。

底流には「征韓論」があった。これは明治期早々、強国論に立つ西郷隆盛、板垣退助らが主導するが、結果的に殖産興業による富国論の推進を主張する大久保利通らに敗れて、反主流派の西郷は下野（73・同6年）して、反明治新政府に立てつく西南戦争（77・同10年）につながっていく。

しかし、この征韓論の底流は消えず、いわばいつ発動するかの違いだけで、いずれは朝鮮への進出を、という思いは新政府内の主流派にも生きていたのだろう。今も人気を誇る西郷だが、政治行動については冷静に見なければなるまい。

１９７８（明治11）年の参謀本部設置とともに初代本部長になる山縣有朋は、「清国脅威論」を唱えており（80・同13年）、根底には脅威の存在を開戦の契機とする考えを持っていた。

藩閥政府に反対する自由党総理の板垣退助も、もとは西郷らとともに征韓論を主張しており、「東洋の大勢上より我国の形勢を鑑みれば、軍備拡張は万已むを得ざるなり。したがって国庫の支出を要する事も、また万已むを得ざるなり」として軍備拡張、増税新税による軍拡予算を認めた。政府自体も、それまでの行政費削減、地租軽減の政策を棄てて、積極財政に転換している。

明治新政府の軍事的な取り組みを見ると、徴兵令を決め（73・同６年）、軍人勅諭をつくり（82・同15年）、３度の改正を経て国民皆兵制度を確立していた（89・同22年）。この89年は、大日本帝国憲法の公布の年で、「天皇は陸海軍を統帥す」とする天皇主権の体制を整えるものだった。

憲法の公布に先立って、山縣有朋首相は帝国議会の施政方針演説で、国家独立自衛の道として、第１に「主権線」の守護、第２に「利益線」の保護、と発言した（88・同21年）。つまり、主権線は国内を守ることで、利益線は他国である朝鮮の保護を意味する。

当時、列強諸国の清国侵略の帝国主義が強まろうとしていた。また、ロシアは満洲から朝鮮半島への南下を狙っていた。そこで、清国を宗主国とする鎖国状態の朝鮮を、日本も保護にあたることが必要、との見方が生まれ、「利益線」という発想が台頭した。本音は朝鮮を確保して利益を得よう、ということである。この指針が、朝鮮をめぐる「日清戦争」の大義名分になった、と言えよう。

＊朝鮮混迷の弱みと日清戦争　日清両国対立の舞台となったその朝鮮では、身内の権力闘争が続き、

そこに助力を期待する清国、ロシア、日本という外国への傾斜が絡んでいた。国政では壬午《じんご》事変（82・同25年）、甲申《こうしん》事変（84年）、甲午《こうご》農民戦争（東学党の乱／94年）と混迷が続いた。

この反侵略・反封建の東学党の乱は各地に波及、朝鮮政府はこの鎮圧のために清国に出兵を要請、そこで日本も日本居留民の保護を名目に、直ちに24万の兵を派遣した。

両軍は当然、にらみ合いとなる。7月には豊島沖《ほうとうおき》の海戦が始まり、海軍は制海権を握り、陸軍は平壌を占領、さらに鴨緑江を渡って遼東半島を制圧、95年には山東半島の威海衛《いかいえい》を攻撃して、清国の北洋艦隊を全滅させた。

日本の予想以上の勝利ではあったが、開戦の決定に至るまでには、懸念を持つ明治天皇、当初慎重の伊藤博文首相らに対して、外相の陸奥宗光が民衆の反乱の鎮圧、内訌変乱の将来的な予防、を主張して対清国開戦論を説いていた。日本にとって、この初めての大きな戦争に十分な勝算は持てなかったのだろう。

また、開戦前に、政府が韓国の日本公使館に命じたのは「曲《まちがい》ヲ我ニ負ハザル限リハ　イカナル手段ニテモトリ　開戦ノ口実ヲ作ルベシ」というものだった。「開戦の口実」、つまり戦争の大義名分は作るものであり、これはその後の日中戦争などの仕掛けにもつながっていった。日本の戦争は当初からこうした黒い影を帯びていたのだった。

＊下関条約と三国干渉　95年3月、日本が勝利して下関で全権の李鴻章と講和条約を調印、朝鮮の独立を清国が認め、日本は清国から遼東半島、台湾、澎湖諸島を割譲させ、巨額の賠償金を手にした。

だが、露独仏3国は遼東半島の返還を日本に要求、まだ力の弱い日本はこの要求を受諾せざるを得なくなる。いわゆる「三国干渉」である。

日清戦争後、親ロシアの閔妃《ミンピ》が日本を排して政権を奪還すると、日本公使三浦梧楼の扇動により、日本人壮士らが閔妃を殺害する（95・同28年）。三浦は罪を問われるどころか、その後、政界に隠然とした発言力を持つ。

当時のこととはいえ、国際的には許されない覇道が横行することになった。

＊陶酔のあとに　日清戦争は2億2千万円の戦費に対して、清国から得た賠償金は約3億6千万円。戦争は儲かるばかりか、揚子江沿岸の重慶、蘇州などを開港させ、台湾や澎湖諸島を割譲させて植民地を持つ大国になった。巨額の資金はまず、陸海軍の拡張（陸軍師団の7から14への倍増、海軍の戦艦4、巡洋艦6の建設計画）、臨時軍事費に繰り入れられる。官営の八幡製鐵所の建設、鉄道の敷設や電信電話の普及、日本勧業銀行など金融機能の整備、金本位制の確立（97・同30年）といった殖産興業や、帝国大・高専・実業学校・高女など教育環境の整備、さらに台湾、朝鮮という植民地経営などに使われた。この限りでは、戦争商売、捨てたものではない。

日本の資本主義を成立させ、近代化の促進剤になったことは間違いないが、戦争国家に進む土壌を拓く大きな契機になった側面を見落としたくない。

そして、なによりも明治維新から30年足らずで、国際的な地位を確保した意義も大きかった。

だが、そうした国民的な高揚のなか、下関条約で手に入れた大陸の遼東半島を、ロシアを中心とするドイツ、フランスの三国干渉によって返還させられる事態は、戦勝に酔った国民を激高させることになった。ロシア許すまじ、として「臥薪嘗胆」が合い言葉になり、これがその後の対ロシア関係の底流となり、10年後の日露戦争につながっていく。

＊戦争の経済的側面　この戦争までの日本の財政に占める軍事費の割合は30〜40％前後だったが、戦争勃発の１８９４年度の軍事費は69％、翌年度は65％を占めた。

また、戦後の１９００年から翌年にかけて、相次ぐ企業の勃興と株価の高騰の反動によって企業の倒産、銀行の休業が発生、主要産業の紡績業で操業短縮などを招いた。ちなみに、官営八幡製鐵所の操業開始はそんな不況期の１９０１・明治34年だった。

戦争に要したのは戦争継続期間10ヵ月で約2億2千万円だったが、その負担は先行き長く負い続けなければならない。戦争はそういうものだ。その事情は、戦争のない昨今でも、国際緊張を喧伝することによって軍事関係予算が膨らんでいく状況となんら変わっていない。近年の予算編成でも、その影響は一般の教育、福祉、学術研究などの予算の削減にしわ寄せされている事実を考えればわかりやすいだろう。

戦後は、軍備の増強と工業化の設備の拡大が進められた。97年にはそれまでの銀本位制から、清国の賠償金を準備金として金本位制の採用に切り替えられる。円の国際的価値を安定させ、外資の導入を図るためで、これにより戦後経営の財源を確保していくことになった。

＊藩閥政治と政党の関係　明治憲法制定（１８８９年２月発布）直後で、立憲政治未定着の時期の政治状況はわかりにくいので、その流れを簡潔に触れておきたい。日清戦争に至る前夜の状況である。

　立憲前の政治は、薩摩・長州を中心とする閣僚、官僚が実権を握る藩閥政治が続いていた。90年、最初の衆院選が行われ、自由党、立憲改進党といった反藩閥をうたう「民党」が台頭、政府寄りの「吏党」は少数派だった。すでに憲法制定直後には、黒田清隆首相、伊藤博文枢密院議長は、政府は政党の動向に制約されることなく、いわば黙殺というべき「超然主義」の政治姿勢をとった。

　このためひところは、藩閥政府が軍事力増強の予算案を出しても、民力休養・政費削減をいう「民党」が多数を占める帝国議会では反対や否決が多く、その打開策として一部議員を切り崩したり、衆院解散に訴えたり、天皇の詔書によって予算を成立させたりしていた。

　とはいえ、政党の存在が大きくなると、超然主義では対応しにくくなり、戦争直前の93年ころから変化が始まっていった。山縣有朋らは反政党の姿勢を続けたが、伊藤博文らは政党と妥協して議会を動かす方向に向かい、反政府的だった自由党なども官僚の必要性を感じ、また財界関係の期待に添うべき事情もあって、妥協的な姿勢に変わっていった。

　日清戦争後に政府は、軍事増強などの税収増を求めて地租増徴案を出すが、地主層を基盤とする旧自由党が母体の新憲政党はこれを受け入れた。さらに98年には短期間ながら、初の政党内閣として大隈重信、板垣退助の、いわゆる「隈板内閣」が登場している。

＊好戦世論の喚起　為政者が戦争の旗を振っても、それだけでは世論はついてこない。ひとつは「大義名分」という説得性だが、もうひとつは戦争機運を高めるための知識階層によるプロパガンダが必要になる。

キリスト教指導者の内村鑑三は、この戦争を欧州列強に対抗するための「義戦」として正当性を主張した。もっとも、彼は日露戦争では、開戦に反対して非戦論に転じている。

国民新聞の徳富蘇峰は海外膨張論を説いた。また、若い泉鏡花も「予備兵」などを執筆して盛り立てた。福沢諭吉は「文野の戦争」として文明対野蛮の闘いとし、朝鮮、清国への蔑視を誘った。新聞は「支那人の迷妄」「満洲人の無智」などと書いた。この著名人らによる正当化の論理が、国民各層を戦争の容認に持ち込む説得力になる。

大衆には、川上音二郎の壮士芝居が大人気で、戦争機運を高めることになった。

戦争熱が高まると、民間に私設の義勇軍結成の動きも出て、ヤクザまでが志願する始末。義捐金や物品の献納の動きも高まった。

「死んでもラッパを離しませんでした」で、戦前の小学校の修身の教科書にまで載った木口小平をはじめ、勇猛な兵士や将官の礼賛が続く。勝利や凱旋のイベントが政財界や新聞社などの手でこぞって行われる。子どもの遊びも戦争ごっこ一色、サーベル、ラッパ、鉄砲などが大人気で、絵本や雑誌も派手に取り上げる。軍歌も大いにうたわれた。

戦争の犠牲になった兵士たちは靖国神社に祀られ、各地に巨大な鎮魂の記念碑が建てられ、本人や家族の悲しみをよそに、あるいはそうした感情を押し殺すかのように、戦争による死を讃えあげた。

「戦争は最大の教育なり」と新聞が書いたように、教科書などは正義の戦争の宣伝、勇敢な軍人の礼賛、国家への奉仕・忠勇の大切さを取り上げた。これは、貧富の格差などを超えた国民の一体感を醸成することに役立ち、また偉大な天皇の存在、忠君愛国の思考を徹底させることになった。

なお、藤村道生の『日清戦争』（1973・岩波新書）では、この戦争について「以後五〇年にわたる日本帝国主義の中国侵略戦争の発端をなすものであり、一九四五年の日本帝国主義敗北にいたる日中五〇年戦争の第一次戦として位置づけられるべきである」と締めくくっている。

〔義和団の乱＝北清事変〕1900年

＊義和団の乱と北清事変　日清戦争と日露戦争の10年の間に、北清事変がある（1900・明治33年）。日本が帝国主義に染まり、他国に侵出していく大きなステップの戦争、と言えよう。

ドイツの進出が激しくなった山東省では、拳法を扱う宗教性の強い秘密結社・義和団が列強帝国主義に反発、「扶清滅洋」のスローガンを掲げて武装蜂起し、華北一帯に進出、ついには北京にまで攻め上った。鉄道の破壊、キリスト教会の破壊、信者らの殺害など、次第にその取り組みは拡大していった。

中国民衆の立場に立って考えれば、列強の横暴な侵略に手も出せず、内面にこもった怒りが義和団の蜂起によって爆発、見境のない行動に走らせた、と言えよう。民族や宗教の誇りは、時に想像もつかない暴動や虐殺などに駆り立てるが、そのことの非と合わせて、武力など優位に立つ者の、相手への想像力が働かないこともまた責められなければならないだろう。戦争根絶には、強者が偏狭にとどまることなく、包容力ある判断力が求められるのだ。

日清戦争以来、急激に力を落とした清国・西太后は、この義和団のエネルギーに頼ることで列強諸国に対して宣戦布告を出す。国内問題のはずが、対外的な挑戦との印象を与え、戦線をさらに広げることになった。

＊日本帝国主義の成立　この内乱状態の鎮圧に乗り出したのが、英米仏露独伊墺の欧米七列強と日本の八ヵ国連合だった。アジア唯一の日本は、ロシアを警戒する英国の要請によって、総勢7万2千の兵力のうち、3割を占める2万2千の軍隊を派遣した。

日本国内では、イギリスと組むか（日英同盟）、ロシアと組むか（日露協商）の両論があった。日清戦争後のロシアとはまずは平穏な関係にあったという選択肢だったが、イギリスは露仏の接近を警戒し、反ロシア感情の強い日本に接近してきたこともあり、日本はイギリスとの関係強化を選んだのだった。世界制覇を目指すイギリスは、東アジアでの軍事力を日本に期待し、朝鮮や大陸に目を向ける日本の狙いとも合致したのだ。これが、このあとの日英同盟の締結となり（02年）、「アジアの憲兵」と言われたように日本の国際社会のデビューに役立ち、日本の帝国主義を成立させることにもなった。

＊「眠れる獅子」が「生ける屍」に　日清戦争に敗れた清国は、国内改革に迫られる一方、列強諸国からはやりたい放題の仕打ちを受ける。帝国主義の列強による中国の分割、である。辛亥革命による清国滅亡の10余年前である。

アヘン戦争（１８４０～42年）、ペリー来日（53年）、アロー号事件（56～60年）、インド・セポイの反乱（57～59年）、そして太平天国の乱（51～64年）と、産業革命を経た欧米先進国では、産業の販路を広げ、国富を確保しようと、遅れたアジアへの進出の機運が高まるばかりだった。その行動は、後進諸国への蔑視、軍事力による脅迫、無軌道な侵略など、傍若無人の帝国主義思考そのものだった。

英国、ロシアよりも中国進出の遅れたドイツは１８９７年11月、同国の宣教師２人が殺害されたのを機に、膠州湾を占拠、99年間の租借地とし、山東省一帯に権益を広げていった。

列強の侵攻について続ける。

ドイツの膠州湾租借を知ったロシアは、清国に対して「安全保障」を条件に旅順、大連の25年間の租借を飲ませた。

ロシアは１８９６年、日清戦争の対日賠償金の借款供与をフランスとともに受け入れ、代わりに露清密約を結び、満洲の権益を握ることになる。この際、下関条約締結に臨んだのは、清国の閣僚に当たる欽差大臣の李鴻章。彼はロシア側から50万ルーブルの賄賂をもらった、とされている。戦争の裏側の悪事、はこのようなところでも見受けられたのだ。

イギリスは、ロシアの租借に怒るが、98年に自らも山東省東部の港・威海衛を租借する。イギリスはアヘン戦争のあと、香港対岸の九龍を租借し、揚子江一帯の権益を手に入れていた。フランスも同年、広州湾の租借に成功、広東、広西、雲南の各省に影響力を持ち、さらにフランス兵殺害を機に租借地や利権を伸ばしている。

中国はズタズタの扱いを受けたのだ。そこに、被害者の怒りが渦巻いても不思議はない。戦争の発端として、軍部等の手で事件をでっち上げて、偽りの戦乱の契機を作り上げる。さらに正当化するための大義名分を設定する。イラク戦争時の発端、そしてアメリカに追随した日本などの諸国の対応を思い出したい。

このことを忘れてはなるまい。

〔日露戦争〕 1904～05年

＊憎しみがベースに　日清戦争、北清事変の際にも、背後に満洲、朝鮮半島に向けて不凍港を求めるロシアの存在があった。この戦勝によって朝鮮半島の支配権をほぼ手にした日本は、さらに中国大陸への進出が課題だった。ロシアとの利害関係を見ると、日本としては、三国干渉によって遼東半島返還を受け入れざるを得なかったことが怨念となり、「ロシア憎し！」「いつかは！」の思いが国内に充満していた。そのことが、この戦争の背景にあった。

さらに、日本は自らの戦力を過大に自負するようになり、敗因は清国自体のもろさであることを十分に分析できていなかった。

それでも日本は戦勝後、ロシアに対して強気の気構えが濃厚で、陸海軍の装備を強化し続けた。日露戦争に臨む「大義名分」を立てる以前に、戦争に持ち込む状況がすでに備わっていた、と言えるだろう。

＊戦争歓迎の機運　日本国内は次第に戦争を歓迎する好戦ムードが盛り上がっていった。その大きな支柱になったのが、戸水寛人、寺尾亨、小野塚喜平次東大教授ら7名の法学博士による、桂太郎首相への建議書だった（03年6月）。韓国を確保し、満洲をロシアに引き渡すな、開戦も辞さない、という強硬な態度表明だった。著名な人物の主張は、ロシア憎しの風潮を大いに刺激し、こうした論議を大義名分にして戦争を受け入れるムードが高まっていった。
当時、満洲をロシアが、朝鮮を日本が、というロシアと妥協する満韓交換論、ロシアの動向を警戒するイギリスと組むロシア牽制策などが出ていたが、すでに前年に日英同盟ができており、ロシアへの対決機運があおられる風土もできていた。

当時の大衆紙「万朝報」は当初開戦反対の論陣を張ったが、社主黒岩涙香の転向により、幸徳秋水、堺利彦が退社して「平民新聞」を興した。日清戦争を支持した内村鑑三も、このころは戦争反対を主張して黒岩のもとにあったが、幸徳らとともに退社している。

若い石川啄木は開戦の直後、「(この戦争は) 戦のための戦ではない。正義の為、文明の為、平和の為、終局の理想の為に戦ふのである」と書いた。一方で、与謝野晶子の著名な「君死にたまふこと勿《なか》れ」と出征した弟を思う厭戦歌に対して、詩歌人で随筆家の大町桂月は「国家観念を蔑視した危険なる思想の発露なり」と論争を挑んだ。

激戦の旅順を1万5千の兵士の死によって陥落させた乃木希典は、2人の子の戦死に遭い、悲しみの一方で長く讃えられることになった。広瀬武夫中佐の死も、悲劇よりは英雄としての礼賛になった。

真下飛泉の、「ここはお国を何百里……」の「戦友」をはじめ、「出征」「征露の歌」などの軍歌が風靡し、戦後には少将にまで昇進した櫻井忠温の戦争の記録『肉弾』（06年英文新誌社）がベストセラーとなった。

いずれにせよ、好戦の論理が広まり、情的に戦争を歓迎するムードが高められる環境が出来上がっていった。戦争は、自国を正当化するばかりで、相手を知り、相手の立場に思いを致す風潮が乏しいところに生じやすいものだ、ということを示している。

＊右翼の台頭　ここで触れておきたいのは、右翼団体の存在。この台頭が、日本の戦争の背後にあって、政財界や軍部に対して少なからぬ発言権を握り、また大陸などで暗躍、あるいは不穏な情報源にもなり、その後も隠然とした一大勢力を作ってきた事実を見落としてはなるまい。とくに第二次世界大戦では、活発になる。

まずは「玄洋社」。もともと政治に関心のある集団で、当初は国会開設運動に参加した征韓論の士族らが集結、その一部が民権運動から離れ、国家主義の団体を結成した（１８８１年）。平岡浩太郎のもとに、のちリーダーとなる頭山満らが皇室尊重・国家重視・対外強硬論の立場で活動、玄洋社員が条約改正問題で大隈外相を襲撃（89年）、衆院選での政府の大干渉に動き（92年）、日清、日露戦争では強硬策を主張、政府や軍部などを批判しつつも、裏の世界では協力していた。

その頭山らの活動の中で生まれた内田良平率いる「黒龍会」（１９０１年）などは、日露戦争時に対露強硬論を、戦後は朝鮮の併合を主張して、大陸浪人を抱えて軍部に接近していった。「大陸浪人」とは、中国国内の混乱に乗じて、侵略の先兵、密偵などになり、情報収集、地方状況の調査などに走り、政治家、軍部、財閥などから資金援助を受ける見返りに、集めた情報を提供し、政治工作や利権あさりなどに動いた面々を言う。また、国内で盛り上がる社会主義活動や労働運動を攻撃する一方、ファシズム台頭の波に乗って満蒙問題、海軍軍縮などで政府や軍部の姿勢が生ぬるいとして攻撃、戦争に向けて動くなどした。戦後も、そうした言動で稼いだ不透明なカネを握る児玉誉士夫らが、政界等に強い影響力を持ったことは記憶に新しい。

日露戦争では、国家主義の立場をとる「対露同志会」が開戦を叫び、その会長には近衛篤麿、相談役に頭山らがいた。ロシアとの講和が所期の期待に応えていない、として反対し、大衆を煽って日比谷焼打ち事件などに動いた。

こうした右翼集団は児玉誉士夫らの事例に示されるように、第二次大戦後も生き残り、ヤクザと見まごう一面を持ちながらも、政界ばかりか一般の団体などにも入り込んで、それなりの影響をもたらしている。

＊ロシアの存在　強大国のロシアには、急速に台頭してきた日本について、単なる小国としてしか目に映らなかっただろう。ロシアはすでに満洲における支配を強めており、つぎに進出を狙う朝鮮（１８９７年に大韓帝国となる）に立ちはだかった小国日本の存在は不快だったに違いない。

　ちなみに、当時のロシアのニコライ二世には、日本との微妙な関わりがあった。１８９１年に皇太子として来日した際に、大津市で警官津田三蔵に襲撃され、負傷したのだ。ただ、このことが日露の緊張した関係に影響があったかどうかはわからない。

　また、戦争のさなかの１９０５年1月、ロシアでは労働者や民衆の不満、反抗の高まりから血の日曜日事件が起き、最初の革命を招いた。このときは国会開設などで鎮圧したものの、第一次大戦中の17年のロシア革命では、ついに帝政ロシア（ロマノフ王朝）は崩壊、当のニコライ二世は虐殺されている。そして、革命勢力内での争闘を経てレーニンを首班とするソビエト政権が登場する。そうした混乱のなかでの日露戦争から第一次大戦だった。

　戦争に至るまでに、日露間で和平的な交渉も行われたが、03年7月ころから思わしい進展は望めなくなっていた。翌04年2月には、外交関係は断絶。ほぼ同時に、日本陸軍は戦争の道を選び、朝鮮・仁川から上陸しソウル（京城）から旅順に向かう。

　戦闘については、ごく簡単に触れるだけとするが、①旅順陥落（05年1月）②奉天（瀋陽）会戦（同年3月）③日本海海戦（同年5月）、などを経て、予想外にも日本の勝利となり、日本国内は燃え上がり、国際的にも日本が注目されるようになった。ロシアは、折からの国内の動乱鎮圧に軍隊の力をそがれたことが指摘されている。

＊米国ポーツマスでの講和　終戦後の05年9月、アメリカ大統領セオドア・ルーズベルトの仲介によって、米ポーツマス軍港で日露間の講和条約が締結された。ルーズベルトは、ラテン・アメリカにはモンロー主義をとったが、アジアでは門戸開放政策を打ち出すとともに、ロシアの満洲占領に反対して日本を支援していた。

　和平交渉は難航、日本全権の小村寿太郎（桂内閣）は、自国にこれ以上戦争を継続する力はないと見て、結局賠償請求などの要求をやめ、①朝鮮での日本の優越権を認める　②関東州（旅順、大連など遼東半島の南端部）の租借地、南満洲鉄道（長春―旅順間）などの割譲　③南樺太の譲渡　④沿海州の漁業権の日本人への提供、などで講和の条件をまとめた。

　17億円の戦費は6年分の国家予算に相当し、しかも増税、内債9億円と外債8億円という苦しい財政事情を抱えていたのだが、日本海海戦などで勝って興奮に酔う民衆は、政府の説明を聞く耳を持たなかった。日本側の譲歩は弱腰だ、として納得せず、期待はずれの賠償の結果に不満が爆発。とくに右翼的な国家主義団体などは講和反対の運動を起こし、日比谷公園で開かれた講和反対の集会に集まった民衆が、政府寄りの国民新聞社をはじめ、内務大臣公邸、多くの警察や交番などに放火、戒厳令が出る騒動となり、各地にも波及した。

＊深刻な恐慌到来と進む資本主義化　この戦争の継続期間は19ヵ月。その戦費は18～20億円。公債と一時借入金78％、増税10％などで賄ったが、公債のうち外国債が56％を占めた。未償還の国債は開戦前の03年末の6億3千万円が、戦後の05年末には18億7千万円に膨れ上がっていた。

１８８６～95年の10年間の実質成長率は年平均で４・３％だったが、１８９６～１９０３年では年平均１・２％に鈍化している（杉山伸也『日本経済史』２０１２岩波書店）。

そのような経済状況にもかかわらず、戦後にはロシアを仮想敵国とする帝国国防方針が決められ、陸軍は日露戦争時の４個師団増設に加えて２個師団を設け、計19師団25万人体制を、海軍は戦艦８、装甲巡洋艦８の「８８艦隊」の拡張に進む（１９０７・明治40年）。民間では、巨額の投資の必要な鉄道の国有化、電話事業の拡充などの運輸通信面に力を入れた。

だが、１９０７・８年にはニューヨークの金融恐慌のあおりで内外の公債市価が低落、国内に金融パニックが生じて、積極財政が行き詰まるのだった。金融、産業界では倒産、休業が相次ぎ、慢性的な不況に陥った。だがその一方で、経営に苦しむ銀行、紡績、鉱業などの企業を吸収、合併するなどして財閥が膨張し、企業の大規模化、多角化、産業の寡占化が進んだ。

先の杉山の著述によると、財閥は１８８０年代後半の経済成長の時期に力をつけ始め、「財閥」という用語は１９００年前後に生まれたという。

先取りして触れれば、三井、三菱、住友、安田の四大財閥のほかに、第一次世界大戦によって急成長したものの、20年代の不況で破綻、縮小したのが古河、浅野、川崎（松方）、鈴木、藤田、大倉、久原などの中小財閥、地方では茂木（野田／醤油）、中野（新潟／石油）、伊藤（名古屋／呉服）、安川（福岡／鉱業）などだった。20年代の重化学工業化が進むなかで、急成長したのが日本産業、日本窒素、昭和電工、日本曹達、理化学研究所など、としている。

これらのなかには、その後も生き残り、存在を続けている企業も少なくない。財閥グループが戦争によって拡大して、今日に至っていることが示されている。

〔第一次世界大戦〕　1914～18年

＊ヨーロッパの国家対立　第一次世界大戦の引き金になったのは、オーストリアの皇太子夫妻が旅先のボスニアの首都サラエボで、セルビア人によって暗殺されたことからだった（１９１４・大正3年6月）。翌月、オーストリアはセルビアに宣戦布告し、さらに8月、ドイツがフランスに向けて、まずベルギーに侵入する。ロシアはバルカン半島からの後退を避けようと、セルビアに加担し、オーストリアに対峙する。

複雑な国際関係を整理しよう。このころ、植民地拡大をめぐる世界的な対立が進み、バルカン、中近東を中心に、先行するイギリスに挑戦するドイツが対立。ドイツはオーストリア、イタリア（のち離脱）と「三国同盟」を結び、イギリスはフランス、ロシアとの「三国協商」を設け、２極化が進んでいた。前者にはトルコ、ブルガリアが、後者には日本、ルーマニア、ギリシャが参戦して、初めての国際戦争が始まった。

結果として、イギリスなどの協商側が勝つが、全体で８５０万から1千万人の死者を出し、負傷者も2千万人にのぼった。戦費は4千億円ともいわれる。

また、第二次大戦でも触れるが、国際連盟の結成（１９２０年）、海軍軍縮条約（22年）などの戦乱への反省を生む一方、対ドイツの過大な賠償金負担などの事態はヒトラー、ナチズムの台頭、イタリアのムッソリーニなどファシズムの興隆を招く。その後、世界恐慌（29年）を引き起こし、さらなる世界的な混迷、困窮に拍車をかけることになった。

ひと言でいえば、第一次大戦の結末が各国の政治、経済状況に混乱をもたらし、第二次大戦勃発の土壌を培ったと言えるだろう。戦争は、後を引くものなのだ。

ちなみに、第一次大戦はヨーロッパ中心の戦いであったが、大国化途上にあった日本は形式としては日英同盟の関係から、実態としては中国侵出を強めたい狙いから、参戦に踏み切った。国際関係や国情の流れに、ブレーキの利かないのが戦争というものだった。

ここでは、この日本参戦の様相に限定して触れていきたい。

＊日本参戦の経緯

日本国内では、ヨーロッパ中心の戦争であり、日清、日露戦争時のような熱狂的な盛り上がりはなかった。だが、オーストリア、ドイツが参戦したあと、日本はいったん中立を宣言したが、すぐにドイツに参戦を伝えている。

この時の政権は第2次大隈内閣で、開戦を強く主張したのは外交畑の経験のある加藤高明外相だった。元老の山縣有朋は慎重論ながらも、対中国政策をどうするか、にこだわった。当時の中国は、辛亥《しんがい》革命（１９１１年）で清国が倒れ、各地に軍閥が割拠して内乱状態にあった。したがって、大陸侵出を狙う日本にとって、中国への取り組みは重大だった。日英同盟を結んでいた日本は、名目としては対ドイツに身構えるイギリスの要請もあっての参戦だったが、本音としては、先行したドイツに対抗して大陸侵出の契機をつかむ格好のチャンスでもあった。

9月には、日本軍はドイツが租借し、鉄道、鉱山の利権を持つ山東半島南部の膠州湾に上陸、その中心部の青島を抑える一方、ドイツが支配してきた南洋諸島に進出してパラオ、トラックの諸島やサイパン島などを入手する。

＊強引な対華21ヵ条要求　欧州の戦争を機に、中国大陸に乗り出したい日本は、混乱する中華民国の袁世凱総統に対して、①山東省でドイツが握っていた権益の引き渡しと期間延長　②南満洲、東部内蒙古の日本の優越性確保、など21ヵ条を強硬に要求し（15年1月）、受け入れさせる（同年5月）。これは、関東州租借と鉄道経営の期限が近づき、この延長を狙ったもので、きわめて強引な武力外交だった。このことは中国人の反日、抗日意識をさらに高め、その後の日本政府と軍部の横暴に対する怒りの源泉にもなっていった。

このころまでは、清国時代からの在日留学生は普通の大学、軍の学校などに多数学んでいたが、辛亥革命のころから激減、日本を知る彼らの多くが帰国して本国の革命運動などに参加、指揮を執ることになった。そこには、侵略する日本の実態を目の当たりにしての怒りがあった。周恩来もまた、そのひとりだった。

＊米騒動　大戦の終盤の1918年7月ごろから、富山県魚津の主婦らの蜂起に始まった米騒動は全国主要都市に広がった。参加者は70万以上にのぼり、数万の人が検挙されるという、異例なほ

どの大衆行動だった。追い詰められた怒りの、究極の表明だった。
これは、先に戦時経済について触れたように、戦時はインフレが進んで物価が高騰、米価は戦前の4倍にもなって、実質賃金は低下した。そこで、もともと豊かとはいえない主婦たちが、これ以上食べていけないとして抗議に立ち上がったものだ。江戸時代の百姓一揆になぞられよう。この事態に、陸軍出身の寺内正毅内閣は総辞職せざるを得なかった。

＊シベリア出兵　米騒動の発端は8月3日で、その前日に寺内首相はシベリア出兵を宣言している。

帝政ロシアでは先に触れたように、すでに1905年に第一次革命が発生、これは鎮圧したものの、反動的な政治に反発する労働者、農民らの闘争は続き、14年の第一次大戦突入を機にさらに高まっていった。ついにはニコライ2世を退位させ、17年11月にはレーニン首班のソビエト政権が樹立された。

この混乱の状況下に18年3月、日米英仏などの諸国がチェコスロバキア軍捕虜の救済名目でシベリア出兵に踏み切った。日本は当初、1万2千の派兵協定を結ぶが、3カ月後には協定に反して7万3千の兵力を送った。他国は20年6月までに撤退するが、日本は日ソ復交の22年まで居残り、北樺太からの撤兵は25年までの長きにわたった。

そればかりではなかった。日本軍はニコライエフスク（尼港）でパルチザン（ボルシェビキ一派）に包囲されて降伏、だが奇襲反撃に出た結果、兵士、居留民700人余が犠牲になった。その後、パルチザンは１３０人余の日本人捕虜や反革命派全員を殺害する。日本は25年の日ソ復交交渉で賠償請求をするが実らず、日本国内ではもともとあったシベリア出兵反対論に加えて、この泥沼化した犠牲によって一層の批判の声が上がった。

＊ベルサイユ条約とその波紋　ドイツ側の敗北によって、パリ講和会議が開かれた（１９１９年1月）。この講和の前提になったのは、アメリカ大統領ウィルソンが示した14ヵ条の原則で、軍備縮小、民族自決（植民地の公平な調整）、国際連盟の設立、秘密外交の禁止、公海の自由などで、その後の世界の動向に大きな影響を与えている。この原則が示されたのはまだ戦争のさなかで、講和会議の1年前のことであった。

　講和会議（同年6月）は、いわば帝国主義列強の要求を抑え、妥協を迫る舞台となり、またそれまで大国ながら孤立主義の立場をとっていたアメリカが国際舞台でのイニシアチブを握る契機にもなった。これを受けて、21（大正10）年から22年2月にかけてワシントン軍縮会議が開かれ、軍備の制限と中国問題が取り上げられ、①中国の門戸開放を進める九ヵ国条約　②太平洋での互いの権利尊重と紛争処理を決めた四ヵ国条約（日英米仏）　③戦艦の保有トン数の比率を米英5・日3・仏伊1・67とする海軍軍縮条約、などが決められた。

　戦争によって大きく発展した資本主義だが、１９２０年に戦後不況に陥ると、労働者の解雇、国内企業の縮小、また植民地依存を高め、社会不安を招くことになった。財閥は経営を守ろうと、陸海軍や政府に接近、軍需生産に期待をかける方向に向かった。

＊民族自決の三・一独立運動、五・四運動　第一のウィルソン大統領の提起や、ベルサイユ条約の「民族自決」などの流れは、国外にもかつてないほどの大きな刺激を与えた。

１９１９年、朝鮮では三・一独立運動が発生した。10年に朝鮮総督府の統治下に置かれて以来、朝鮮は日本官憲の厳しい監視のもとに置かれ、民衆の間には不満、反発が続いており、これに火をつけることになった。３月１日以降、全土で２００万が蜂起し、８千人の死者を出しながらも反日・独立に向けた動きが高揚した。

さらに中国でも、日本帝国主義反対の北京大学の数千の学生をはじめ全国的に民衆が蜂起、とくに15年の対華21ヵ条の要求に反発して、反日、抗日運動が高まっていった。

中国では、辛亥革命によって12年に清王朝が倒れ、孫文のあと、北洋財閥の袁世凱が大総統に就任、彼は５月に対華二十一ヵ条を受諾させられるが、翌年６月に病死する。後継は黎元洪、内閣総理は袁直系で日本側に近い段祺瑞。列強諸国は中国各地の軍閥と結んで進出、支配を強めており、こうした国内の混迷に不満が強まっていた。一方で、国内の民衆たちの怒りのイニシアチブをとっていたのが蒋介石の国民党軍と、毛沢東らの共産党軍で、この双方は衝突したり、手を結んだりしつつ、抗日運動を続けた。このあたりも後述したい。

＊戦後経済への影響　第一次大戦勃発時の日本経済は不況のどん底にあった。しかし、大戦開始とともに、連合国への軍需、日用物資、食糧などの輸出が急速に高まり、開戦翌年の15（大正４）年の輸出総額は７億８千万円、16年11億２７００万円、17年16億３０００万円、18年

19億６２００万円とうなぎ上りになっていった。経済全般の活性化は、大小多数の「成金」を登場させ、日露戦争の項で触れたように、財閥はさらに膨張して近代的工業国家に様変わりさせていくことになった。

戦時下の産業の疲弊はヨーロッパ全土に広がっていた。だが戦争が終わると、戦闘のため生産能力の落ちていた欧州各国は復調し始めて、戦争の波に乗って好調だった日本の輸出は逆に停滞、日本経済は大きく落ち込んだ。物価も14年の指数を１００として、17年１７９、18年２３０、19年２４８、20年２７３と、戦前の3倍近くに暴騰した。一部に戦争富裕層は生まれたが、一般の生活者の収入では生活の維持も追いつけない状態になった。これが、米騒動を引き起こす時代背景でもあった。

さらに、20年春には株式相場が大暴落、次いで米、綿糸、生糸などが恐慌状態となり、これが22年まで2年弱続くようになった。取り付け騒ぎの銀行１６９行、大手の会社や商店の破産２７５社など。また農業にも波及して、まゆ、米などの農産物の価格も暴落し、大地主や富農を巻き込んだ。小作農たちはもっと苦しい生活に追い込まれた。

戦争は儲かるものではなく、国家が舵取りを誤れば、そのツケは国民の命を奪い、生活の維持すらも困難に追い込む。そして、軍縮に不満の軍部、景気の復調を望む財閥、弱体化する政党政治などの諸要素が絡み合い、さらに不安定な方向に突き進んでいく。

＊労農運動など活発化　この戦争の時期に、一部の財閥は資本を蓄積し、他企業を吸収合併して独

占資本主義を強化、片や中小の企業は倒産や大手への吸収などに苦しめられた。

だが、このころから労働運動、農民運動、さらに社会主義運動などが活発化する。労働争議は１９２１年の２４６件５万８千人の参加が年々増えて、昭和に移る26年には４６９件６万７千人のストとなった。小作農民の争議も20年の４０８件が、翌年には１６８０件と４倍を超えて、その後も増え続け、参加者は10万人以上になった。もっとも、労組の組織率は６・５％以下という低さだった。

労働組合は、労使協調的な友愛会（１９１２年）が工場労働者の増加を受けて、日本労働総同盟（21年）となり、８時間労働制、労組結成の公認などを主張。また20年には第１回メーデーが開催された。日本農民組合も22年に生まれ、約１万人が参加。この年、未開放部落の全国水平社が結成された。さらに、女性の参政権を求め、男尊女卑の風潮を変えようとの婦人運動も高まっていった。平塚らいてうの青鞜社（11年）が新婦人協会（20年）となり、市川房江らの婦人参政権獲得期成同盟会（24年）などが結成され、女性の地位向上の動きが具体化していった。

１９１０年の大逆事件を機に抑圧され、息をひそめた社会主義者も堺利彦、山川均、大杉栄らを中心に日本社会主義者同盟（20年）、非合法の日本共産党（22年）などの組織が結成された。

こうした動きを刺激したのは、ベルサイユ条約で国際連盟の機関として国際労働機関（ＩＬＯ／19年）が生まれて８時間労働制、労組の結成の自由などが叫ばれたこと、戦時下で経済的な困窮の度が増して不満が堆積してきたこと、民主的な憲政擁護運動や普選運動などによる意識の高まりがあったこと、ロシア革命が成功したこと、中国や朝鮮で民族自決の動きが加速したこと、などがあげられよう。また、４年間にわたる戦時下で、社会全般に生活苦や、多くの犠牲者を出したことによる厭戦の気分が流れていたこともある。

戦争とその影響による政情不安定が、各方面での社会的なニーズを変え、社会のアンバランスを引き起こし、変化の必要を訴え始めさせたのだ。

＊吉野作造、美濃部達吉と大正デモクラシー　大戦前後に、大正期の民主主義の盛り上がりのけん引役となった二人の存在がある。ひとりは東大教授の美濃部達吉。『憲法講話』（12年・有斐閣）を刊行して天皇機関説を説き、議会主義、政党政治の理論的論拠を示した。ただ、この主張は満洲事変後の35年になって、ファシズム礼賛が盛り上がるなかで、天皇機関説は排撃され、貴族院議員辞任、著書発禁などの圧力を受けた。

また、広い範囲に影響をもたらし、インテリ層に民本主義を啓発したのが、東大教授で当時の論壇で活躍した吉野作造だった。憲政の本義、言論の自由、普通選挙を主張して大正デモクラシーの定着に寄与した。

だが、その後の関東大震災や戦争への加速の動きの中で、実際には埋没していった。

まさに大正時代は、国際的にも国内的にも民主主義の流れが加速するのだが、その潮流は続かず、一方で大陸進出などの軍事行動に拍車がかかり、結局はファシズムへの準備が進んでいく、いわば境目の時代でもあった。

＊政権交代とその周辺　冒頭でも簡単に触れたが、大戦前後の政治状況について整理しておこう。

明治維新以降の日本の政治は、薩長中心の藩閥、軍閥の強い発言力のもとに展開され、明治末期の１９０１年から大正の始まる１９１２年までは、桂太郎、西園寺公望の交代による計5代の政権が続いた。そして、大戦前の12年末から議会・政党を中心に据えた民主政治に切り替えるべきだとして、第一次憲政擁護運動がおこる。その後の政権について、ごく簡単に触れておく。

・第二次大隈重信内閣。１９１４（大正３）年の第一次大戦に参加したあと、翌年には対華21ヵ条の要求を突き付ける。

・16年10月から寺内正毅首相のもとで米騒動、シベリア出兵の事態に。

・18年９月の寺内内閣総辞職のあと、原敬首相が初の本格的政党内閣として登場。原内閣のもとで普通選挙を求める動きが高まり、大隈の憲政会などの政党を巻き込んだ。第一次大戦終結からベルサイユ条約締結、選挙権の拡張などを果たすが、朝鮮での３・１独立運動、中国での５・４運動、国内の社会運動には抑圧策をとり、シベリア出兵を継続。21（同10）年11月暗殺。

・後継の高橋是清首相のもとに海軍軍縮条約、９ヵ国条約が生まれる。軍備縮小と緊縮財政を進めようとするが、閣内不統一で半年余で総辞職。

・22年6月、加藤友三郎首相は海軍軍縮の実行、シベリア撤兵には成功するが、翌23年8月病没する。
・加藤とそのあとを継いだ、第2次山本権兵衛の両首相は海軍軍人出身。山本は加藤病没直後に発生した関東大震災（23・大正12年）に取り組むが、4カ月後の12月、摂政の裕仁・のちの昭和天皇を襲った難波大助による虎ノ門事件の責任を取り、翌1月に総辞職する。
・あとを継いだ清浦奎吾首相は貴族院と官僚中心の非立憲藩閥内閣で、第2次憲政擁護運動を迎える。5月の総選挙に敗れ、護憲三派の政権にとって代わられる。
・24年6月～26年1月の間、護憲三派連立の加藤高明首相が政権に就くが、25歳以上の男子なら納税額に関係なく選挙権を持つ普通選挙法が成立する一方、悪法の治安維持法を発布する。

この時期に注目されたのが第二次憲政擁護運動。加藤友三郎内閣時の22年、憲政、革新両党が憲政擁護大会を開き、24年には清浦内閣に憲政会、政友会、革新倶楽部が反対。政党内閣の確立をめざして普選実施・貴族院改革・行財政整理を主張してこの総選挙に大勝、加藤高明の護憲三派内閣を生み出した。

この時に具体化したのが「憲政の常道」の考え方。これは、衆院第一党の党首が内閣首班になり、その政権が失政・総辞職の場合には野党第一党の党首に政権の座を明け渡す。だが、首班の病気、死亡の場合には与党から後継首班が出、元老が内閣首班を推薦する、という仕組み。

＊兵器の発展・死者の激増　飛行機の完成は１９０３年、第一次大戦から登場したが、まだ空中戦展開の技量に達せず、日本の利用度は偵察、爆撃程度。飛行船は、ドイツが第一次大戦から「ツェッペリン」がパリ、ロンドンを空爆したが、被弾するとガスが爆発するなど、実戦向きではなかった。小型の潜水艇は日露戦争の際に輸入して利用したが、本格的な潜水艦の利用は各国とも第一次大戦から。

　戦車の歴史も古いが、本格化するのは第一次大戦から。火炎放射器、毒ガスもドイツが早く開発、第一次大戦から出現した。長距離砲、ロケット弾も第一次大戦末期にドイツが実戦化したとされる。航空母艦は米英が先行して第一次大戦で登場し、日本も１９２２年に「鵬翔」を建造したが、本格的な使用は第二次大戦からだった。

　このように、戦争技術と機器は第一次大戦から大きく進展、これに伴って犠牲者、負傷者は激増し、大量殺戮兵器の開発競争が展開されるようになった。

　こうして、時流は第二次世界大戦に向けて、不穏な道を歩き始める。

第5章　戦争を仕掛ける大きな過ち

前章では日清戦争、北清事変、日露戦争、第一次世界大戦の発端から結果まで、その実態をスケッチした。この章では、第二次世界大戦に至るまでの、日本が主役となった日中戦争あたりまでに触れていきたい。

戦争の実感のない若い人たちに、まずは戦闘に至るまでの政治、経済、社会などの環境、そして戦争の仕組まれ方とその後遺症を知ってもらえれば、と思っている。歴史の流れが読み取りやすいよう、若干のダブリを承知しつつ、書き進める。

なぜ戦争になるのか。弱者に対する力ずくの強引な攻勢、無理な大義名分による領土や資源などの権益の拡大欲、蔑視的感情による敵対環境の醸成、愛国的、国粋的な視野狭窄の情報や考え方とその教育的定着など、昨今では考えられない無茶を通す時代があった。

また、戦争というものは、突然に勃発するものではなく、時代の流れのなかでジワリと、あるいは一定の計算ずくで戦争環境を整えつつ、意図的に仕組まれていくものだ、と言っていいだろう。

歴史はそのことを裏付けている。

では、その経験と反省は生かされているか。そこに問題がある。

危険の認識乏しく「核兵器」の保有によって発言権を誇る国家、「ヒロシマ・ナガサキ」の惨状に学ばない為政者、対話と相互理解を求める外交・交流を軽視する政治の取り組み、武力外交の背景に「殺戮兵器」をちらつかせ、膨大な予算を投入し続ける政治姿勢など、日本のみならず、あまりにも反省や成長が乏しい。「民主」「国民主権」「基本的人権」と言いながらも、人為的な個々の人間の「生と死」に対する畏怖の感覚が希薄なのだ。

近年、民意を縛りかねない特定秘密保護法制定、地球規模の軍事展開を許容する集団的自衛権などの安保法制、拡大解釈の道を拓く共謀罪の設定、あるいは核容認かと思われかねない核兵器禁止条約への消極対応など、不安を高める立法や政治的対応が目立つ。

すぐにどうこう、という懸念は仮にないとしても、戦争への道が開かれていく前段の歴史を見ていくと、今の社会は望ましい体制から遠のく道を進んでいる感がある。将来に緊迫を招く事態が起こり、悪い方向に突っ走りかねない状況を作りつつある、との印象が消えない。

戦争への「危険水域」を警戒する、との名目で軍備増強を続ければ、「仮想敵国」の設定が進み、次第に戦争状態に接近していくことにもなる――歴史はそう教えているのではないか。和平維持の道は、やはり相違点は残しつつも、心を通じさせる豊かな対話外交と、双方の国民各層間での分厚い民間交流を長く続けることではないか。とりわけ、海に包まれた島国の日本にとっては。

そのような近未来を念頭に置きながら、第二次世界大戦に向かう歴史をたどりつつ、日本人のみならず、アジアをはじめ各国に多くの罪過を残した歴史を考えていきたい。

〔日中戦争・準備段階〕１９３１年ごろまで

＊戦争への傾斜　大正の時代、つまり１９１２～26年の歴史は、少なくともその前半では第１次憲政擁護運動、政党内閣や護憲政権の登場、吉野作造らによる大正デモクラシーの高揚、労農運動、

女性組織や水平社の結成といった意識変革の高まりなど、民主主義的な方向が求められた。

だが、その一方で、前段の第一次世界大戦、その後のシベリア出兵、米騒動などによる社会不安、恐慌などの経済混乱などを経て、後半には関東大震災によって社会全体の混乱や多大な損害を被るとともに、普通選挙法の一方で治安維持法という暴虐を極める悪法が生まれ、さらに軍部の発言力が強まり、各政党が混迷と非力化を重ねるという状況下にあって、権力機能が次第に強まっていく時代になっていった。

昭和の時代に入ると、こうした環境の変化が、天皇の名のもとでの政府や軍部、さらには財閥、右翼集団の力を強め、戦争環境が急ピッチに整備されていく。

国民もまた、言論の統制と閉塞、政府情報への集中と拘束、単一的国家教育の徹底、反対勢力の弾圧といった法制度の縛りが強められ、戦争志向が拡大強化されていった。

それはまた、外交政策の偏狭を招き、国際社会から孤立し、さらには敵対関係を助長させることにもなっていった。

国民の間には、アジア圏の国は蔑視して当然であり侵略可能、欧米諸国は日本を敵視し圧迫するばかり、といった程度の誤った認識が広まり、和平の感覚は失われていった。

＊政治状況　明治期の藩閥政治は、明治末期の桂太郎と西園寺公望による5期交代の桂園時代などを経て、第一次大戦終了の１９１８（大正７）年に原敬〈第一次大戦終結、韓国、中国の独立運動激化、ベルサイユ条約調印、戦後恐慌など〉と、継承した高橋是清〈協調外交のもと、ワシントン海軍軍

縮条約など調印〉による初の本格的政党内閣を持つ。

だがその後、海軍出身の加藤友三郎〈シベリア撤兵など協調外交〉、山本権兵衛〈関東大震災当時、虎の門事件で失脚〉の両非政党内閣、官僚出身の清浦圭吾〈非政党・超然内閣〉の3首相が続く。24年には、第二次憲法擁護運動の結果として護憲三派の加藤高明政権が登場するが、政権の一角の政友会は普通選挙に反対の立場をとる。

坂野潤治はその著述『日本近代史』（２０１２・ちくま新書）で、この25年以降32年の二大政党制時代について、「平和と民主主義」の憲政会〈加藤高、若槻、浜口〉、「侵略と天皇主義」の政友会〈原、高橋、加藤友〉として、護憲三派から政友会の離脱後の状況を指摘する。明快だが、そうばかりと言えるのか。やはり、その後の政治運営者としての責任を双方に問わざるを得ない。

ともあれ、政治関係者の判断が揺らぎつつも、次第に軍部の強硬策に乗せられ、乗っていくプロセスであった。

＊分水嶺としての関東大震災と世界恐慌　大正期（１９１２～26年）に育ちかけた民主主義が次第に弱められていくと、中国大陸での戦争に突き進みやすい軍事体制強化の政治状況に切り替わっていった。その分水嶺になったのは、関東大震災（１９２３・大正12年）と、相次ぐ戦後恐慌に追い討ちをかけるかの世界恐慌（１９２９～33・昭和4～8年）だったと言えよう。

関東大震災は23年9月1日、東京を中心に静岡、山梨を含む関東一円を襲った。死者、行方不明者11万～14万、全壊家屋12万戸、全焼45万戸。直接の損害は約55億円。首都周辺の産業も壊滅状態で、生き残った者にも大きな重荷をもたらした。8月24日に加藤友三郎首相が病死し、後継の山本権兵衛の就任は震災の翌日で、どこから復興の手をつけたものか、見通しもつかない状態だった。

震災とともに、歴史に残る異常な事件が起こる。

まず、朝鮮人、社会主義者らが騒擾を起こす、との警察などの流すデマで、自警団や警察、軍部などが各地で彼ら数千人を殺害した。第二に、甘粕正彦憲兵大尉の率いる軍隊が、社会主義者大杉栄、伊藤野枝らを虐殺する。第三に、革命的労働運動の拠点とされた南葛労働会の10人が亀戸警察署で軍隊に殺害される。第四に、在日朝鮮人の無政府主義者朴烈夫妻が天皇暗殺目的に爆弾を入手したとして逮捕、妻は自殺、朴は戦後釈放されて北朝鮮に戻った。一連の動きは、権力への批判分子に対する排除策だった。

戦争状態に付きものなのは、他民族の蔑視、憎しみ、差別、犯罪のでっち上げ、一方的な断罪と殺害などで、震災はそうした対応に拍車をかけるものだった。しかも、責任の追及もされず、うやむやに消えたケースが多かった。

もうひとつの世界恐慌は、関東大震災の6年後だったが、第一次大戦後には20年の戦後恐慌と株の大暴落、23年の震災破綻の状況、27年の金融恐慌と続いたあとの、とどめのダメージだった。ニューヨーク株式市場の崩壊は世界の資本主義国に波及、その工業生産力は約44％、貿易は約65％も低下、企業の破産倒産は数十万件、失業者は数千万に及んだという。しかもこの大恐慌は4年近く続き、経済の打撃は国際政治を揺るがすことになった。

＊日本人の当時の心情　こうした継続的な不況、つまり貧しさからの脱却の道は、大陸進出しかなく、まずは軍隊による武力的な地ならしを、次いで豊かな大地を求めて貧窮の農民らの移住を、といったアピールが国民の胸に響きやすかった。しかもすでに、抗日、反日を強める大陸中国の動向自体が許しがたい、との反感、敵視が広がっている。皇国日本は八紘一宇、五族協和の精神で臨み、そのために国民精神総動員で一丸になり、聖戦に生命を擲つ覚悟が求められる。「天皇のため、祖国のため、家族のため」の皇軍参加の栄誉を胸に出征する。玉砕しても「靖国」が軍神・勇士として待ち受け、嘆きを秘める親たちは「靖国の母」として称賛される。銃後では「ぜいたくは敵だ」「欲しがりません勝つまでは」「撃ちてし止まん」などと、小国民までが徹底した軍事教育のもとで、自らもその使命を担う日を待ち望む。異論をはさむ余地などなく、信じるのみ……そんな世相、意識が常識になっていたのだ。

　このように、戦前の日本は、意識としても「戦争への道」は開きやすかった。もともと島国の日本は、国際情勢と国内政治の結び付きに関心を持つ階層は極めて薄かった。また、政府や軍部の言うことを、多様に検討するなどの感覚はなく、ただ素直に受け入れることが一般的だった。

＊破綻期の三代政権　１９２９～32年当時の首相は浜口雄幸、第2次の若槻礼次郎、そして暗殺される犬養毅。浜口、若槻は緊縮財政と産業合理化、行政整理に取り組むが、浜口は軍部の怒るロンドン海軍軍縮条約に調印し、その不満から天皇の統帥権干犯問題が持ち出される。彼は右翼の一員に狙撃され、政権の座を降り、死に直面する。若槻も協調路線の幣原外交を守り、満洲事変に不

拡大方針を示したものの、軍部はこれを黙殺して戦線を拡大する。しかも閣内不統一で総辞職。後継の犬養首相は五・一五事件で暗殺される。政治無力の時代に移っていく3代だった。そのあとの32〜36年には齋藤實、岡田啓介の海軍政権が続く。

＊その選挙と「民意」は　上記のように１９２８（昭和3）年、初の普通選挙が行われた。今からほぼ90年前である。有権者は男性のみで女性は無資格、しかも国民の2割、5人に1人しか投票できないという「民意」が表明された。

その議会はどうだったか。全４６６議席の93％は政友会と民政党という保守勢力が握り、いわば抵抗勢力の野党・社民党と無産党は4議席ずつ計8議席にとどまった。いきおい保守党同士の内紛、抗争に陥りがちで、不満分子扱いの野党の意見に耳を傾ける風潮などはない。それが往時の「民主主義」の姿で、90余年後の今も……今もどこか残滓を引きずっている感もないではない。

こうした保守勢力であるから、国を牽引する権力たる政府高官、官僚、軍部の決定に、大きな異論をさしはさむことはない。あったとしても、それは政争の具になる程度のことが多かった。戦争が国益をもたらすのだ、という自国本位の発想が権力筋から示され、多数を占める有力者の政党・議員が支持すれば、その方向に世論が誘導されることはごく当たり前だった。

それが、国家的に意思統一しやすい日本の実態で、異論や批判の入り込むスキはほとんどなく、「戦争」もそうした風土のうえに仕組まれていった。

税制と普通参政権　当時、参政権はだれにあったのか

制度改正時	選挙時	直接国税	参政人口	比率
1889(明治22)	1890	15円以上	45万人	1.1%
1900(同33)	1902	10円以上	98万人	2.2%
1919(大正8)	1920	3円以上	306万人	5.5%
1925(同14)	1928	制限なし	1240万人	20.8% =普通選挙

この表から言えることは、まず男性のみにしか参政権は与えられておらず、女性は政治への意思表示が認められていなかった。また、納税額による制限から、男性とはいえ、当初は大地主など数%の有権者の意思しか認められず、30数年を経ても有権者は5人に1人しかいなかった。富裕者の意見の反映の場であり、これが民意か、民主主義なのか、と思わざるを得ない。戦争を食い止めようにも、民意を届けようのない「民権」の議会だった。

こうした富裕層の立場しか踏まえていない政治状況であったことを忘れてはなるまい。

＊不況と財閥の強大化　戦争に至る経済的背景を見ると、財閥の存在が大きい。

日本は第一次大戦に参戦したとはいえ、直接の交戦圏外にあったので、経済的な恩恵を大いに享受できた。前章で触れたように、ヨーロッパ諸国は国を挙げて戦闘中で、生産力は低下し、いきおい日本の輸入は減り、逆に各国への輸出が伸び、さらに日本国内の景気上昇によって国内産品の需要、さらに軍需物資のニーズも増えて、好況を謳歌した。戦争大歓迎、といった空気さえあった。

『日本財閥史』（森川英正著　1978・教育社歴史新書）によると、大戦勃発の1914（大正3）年から終戦翌年の19（同8）年まで

に、日本は工業生産４・９倍、工業労働者数１・７倍、会社数約２万社から３万７千社に、払込資本金総額21億円から65億円に急伸した。とりわけ巨大化、多角化したのは三井、三菱、住友で、この三大財閥で鉱業63・３％、鉄鋼54・２％、金属機械37・６％、紡績24・９％、運輸通信63・８％、商事貿易74・２％、銀行29・６％を握ったのだ。

　だが、終戦とともに、一時の繁栄は崩れ去り、苦境が続く。１９２０（同９）年に戦後の反動不況、23（同12）年に東京中心部や京浜工業地帯壊滅の関東大震災、27（昭和２）年蔵相失言の招いた金融恐慌、さらに29（同４）年のウォール街の株式相場大暴落に始まる世界恐慌……苦悩の10年間だった。

　この相次ぐ不況は、中小の財閥、銀行などを破綻、経営難、信用失墜に追い込み、それが大財閥を強めることになる。安田を含む四大財閥はこの暗い10年間に、まず金融部門を充実する。四財閥系の銀行の預金残高は、全国の銀行総額の10・８％（１９１９・大正８年）から20・６％（29・昭和４年）に倍増、有価証券残高も16・３％から25・５％に伸ばした。

　重化学工業化が進む時代で、四財閥はその方面はもちろん、それ以外でも信託、生命保険、損害保険などの分野でも発言力を握った。商社では、三井物産が圧倒的優位にあったが、２番手だった鈴木商店が金融恐慌で倒産、三菱商事が急進した。

　こうした財閥勢力の拡大は、一例をあげると、軍事化の進む１９３４（昭和９）年に三菱造船が三菱重工業に改称し、さらに三菱航空機を合併、軍艦と航空機の２大近代兵器を生産して、さらに戦争産業として地歩を固めていく。戦争を念頭に進む国家戦略に、各財閥は軍部、そして官僚に密着して、表に裏に発言権を強めていった。

＊労農運動の実態　有権者がごくわずかの限定的な時代ながら、常に異論や反論は出る。経済の基軸が農業から工業に移り、土着の農民が都市部中心の労働者に代われば、その生活の大きな変化とともに、意識も生活様式も変わり、また最低の生活を満たすべく政府、社会や企業に対して要求や期待が出る。ときに集団行動、暴力を伴う事態もある。だが、この大きなうねり、大衆の生活感覚についていけない権力サイドは従来の財政や経営的対応を持続させたく、さらにこの動向を、法制度などを駆使して権力をもって抑えようとする。長らく続いた方式を継続させたいのだ。

その典型例が、台頭してきた労働者の争議や、江戸時代以降苦しんできた小作農民による争議だ。前章を繰り返すことにもなるが、20世紀に入る明治末頃から、労働争議は次第に活発化し、１９０７（明治40）年には約２７０件の争議が生まれたという。大正に入ると次第に増えて、30年代の世界恐慌、満洲事変が起こったころには８００件前後、5、6万人が参加し、労働組合も９００台に達して、組合員も40万近くに増えている。もっとも、全体の組織率は10％にも達していない。

一方、小作争議は日本農民組合が結成された22（大正11）年頃から増えて、凶作の年に増えるなどの変動はあったが、地主の収奪が厳しいこともあって年間5、6千件、参加者も10万を超えるまでになっていた。労働争議と同様に、満洲事変前後になると、小作人組合は4千を超え、参加農民も30万人を超える年も出るようになった。

しかし、日中戦争が激化してくると、当局の締め付けも強まって、労働争議、労組数も急速に減少、42～44年には争議は２００件前後、労組数は0～3件、１１１人にまでなった。小作争議も、40年頃から減っていった。

代わって登場したのが、官製による業界ごとに設けられた「産業報国会」で、38（同13）年頃から増えて、42年には8万1千が組織され、16万事業所、５５０万人が参加した（『近代日本総合年表』岩波書店による）。

これを見てわかるように、戦争が進行すると、権力というものは国民の意思にかかわらず、国家という名のもとに進路を捻じ曲げてしまうものだ。

＊弾圧装置の徹底　戦争に逆らう者には弾圧の装置、つまり法的ないし非合法の横暴が待ち受ける。よほどの覚悟がない限り、この肉体的、精神的、あるいは家族にまで及ぶ危害や差別や弾圧に耐えることはできず、従順な追従ないし沈黙させられて従うしかない。

無産党である堺利彦の日本社会党（１９０６年結成）はその翌年に、麻生久、浅沼稲次郎の農民労働党（25年）は即日、結社禁止となる。日本共産党は結成時から非合法（22年）でしか生まれなかった。鈴木文治の友愛会を改称した日本労働総同盟（21年）、全国水平社、日本農民組合（22年）、婦人参政権獲得期成同盟会（24年）なども結成はされたものの、第二次世界大戦の終わるまで長く苦難の道を歩んだ。

１９００年に治安警察法、25年に普選法とともに治安維持法が公布、この治安維持法は28年に緊急勅令で死刑、無期刑が追加され、各地に特高警察網が置かれると、その法令の解釈は官憲のもとで自在に行われ、反政府的言動と認定された者は簡単に身柄を拘束され、暴力的に転向を迫られた。

10年には、大逆事件として無理な解釈をもって摘発、翌年1月には幸徳秋水ら12人が死刑となった。これが天皇や政府、軍部などに逆らうなど、異論を封じる弾圧の第1号だった、と言えよう。23年の関東大震災では、多数の朝鮮人ら、アナキスト大杉栄らの家族や、亀戸事件として労組幹部らが軍隊などに虐殺されたのは、冒頭に触れたとおりだ。

満洲事変の4年ほど前の第1回の普通選挙直後に、共産党員多数が検挙される三・一五事件（28年）、翌年の四・一六事件があり、このふたつの弾圧の間では労農党代議士山本宣治が右翼に襲われ、刺殺されている。

こうしたテロ的行為は無産政党や労働者などだけではなく、原敬首相暗殺（21年）、浜口雄幸首相襲撃（30年）などの要人に対しても、政策に不満を持つ右翼が仕掛けている。

これらの暴力行為は、満洲事変勃発前後にも相次ぐのだが、これらについては後述したい。

＊軍部の発言力　維新以来の富国強兵策は、経済的に欧米の産業技術の導入によって「富国」が満たされていくと、次第に軍事面の強化と兵器等の拡充が進められて、「強兵」体制が整えられていく。

さらに、先進諸国の弱小国への帝国主義的侵出が一般化する時期であったことから、日本も乗り遅れまいとする施策がとられるようになった。その是非は別として、国土や資源が狭隘僅少、そして人口過剰の日本としては、海外進出と発展にすがりたい環境に置かれていた。
　そうしたなかで、軍部が発言力を強める土台がつくられた。

＊華族制度の問題　ここで、高級軍人が「華族」として箔をつけ、政治的発言力を握り、社会での特権的な地位を得て、軍人羨望の世相に拍車をかけ、軍人になろうとする機運が一段と強まったことに触れておきたい。

　華族制度は、１８６９（明治２）年の版籍奉還をきっかけに生まれた。２年後制定の戸籍法で、華族、士族、平民と分けられ、公家《くげ》と旧藩の諸侯が華族になった。当初の華族は４２７家で、うち公卿１３６、諸侯２４８、堂上格（公卿の分家）28、諸侯格（三家家老、交代寄合など）15だった。別の分析では、公家１３７、諸侯２７０、維新後の公家５、維新後の諸侯15となっている。公家の堂上、旧藩主の大名、国家に寄与した勲功、元皇族で臣籍を降下した皇親といった華族、になっている。

　この制度は第二次大戦後の47年に廃止されるが、創設から廃止までの総数は皇族分家16、公家１３７、公家分家26、諸侯２８９、同分家39、神職15、僧職33、勲功４５５など１０１１家だった。

　１８８４（明治17）年に華族令が公布されると、その範囲が拡大され、薩長土肥出身者が勲功華族として大量に登場してきた。勲功、つまり国家のために戦争などで活躍した高級軍人らが華族となったのだ。維新の元勲29家など５０９人の有爵者が生まれた。これには宮内卿だった伊藤博文の配慮があった、とされる。その後も、皇親華族とともに、増え続けた勲功華族の多くは軍人たちだった。天皇を囲む軍人華族の増加は、軍部のステータスを上げることになった。また、公爵、侯爵は30歳以上になると全員が貴族院議員になり、伯爵、子爵、男爵は互選で議員になるなど、政界にも影響力をもたらすことになった。

勲功華族を府県別にみると、鹿児島（薩摩）83、山口（長州）73、高知（土佐）33、佐賀（肥前）18と維新以後に権力の座についた薩長土肥勢力が圧倒的に多かった。それ以外では、東京（江戸）22、熊本（肥後）17、石川（加賀、能登）15などとなっていた。

権力層が特定地域に偏り、しかも軍部を抑え、政府に人を送り、支配の骨格を握る。意見を争うことなく、上意下達になりがちな構図である。

＊統帥権問題　明治憲法第11条の「天皇大権」としての統帥権。陸海軍を統率、指揮する権限は天皇にあり、閣議や議会にあるのではない、ということである。つまり、陸海軍の出兵、撤兵の命令、軍事作戦の立案と指揮命令などは天皇の権能であり、これが軍の行政事務（軍政権）は陸海両大臣に委託され、軍の命令権（軍令権）は陸では参謀総長、海では軍司令部総長に握られることになっていた。具体的には、両軍の総長が天皇の権能行使に当たって助言（輔弼）し、閣議などを経ずに、直接天皇に上奏できることになっていた。また、動員令、編成令、復員令といった命令権もあり、これも両大臣が上奏して裁可を得、実施できた。

したがって、形式的には天皇の決断だとしても、実際は軍が政府を認めず、議会に諮ることもなく、天皇を利用することで戦争を可能にできるシステムだった。これが日本の軍国主義化を進めさせる、大きな欠陥だった。

先述したことだが、たとえば、浜口雄幸内閣がロンドン軍縮条約を締結（30年）すると、海軍は兵力削減が天皇の統帥権の干犯だと強硬に反対。結局、浜口首相は反対論を押し切り、帝国議会で可決、条約批准権を持つ天皇が枢密院に諮詢（諮問）し、本会議でも可決し裁可された。だが、浜口首相は1カ月半ののち、この措置に反対する右翼青年佐郷屋留雄（死刑判決だったが七年で出所）に東京駅で狙撃され、翌31年4月に総辞職、時の幣原喜重郎外相の進める協調外交路線は頓挫することになった。

これを機に、軍部は政府の決定などを無視して、天皇の命令だけが軍部を動かす、といった強引な姿勢をとるようになり、政府も政党もこれを止めることができなくなった。

しかも、浜口前任の首相だった田中義一（陸軍大将）が政友会総裁として、在郷軍人会を政友会の有力な支持団体としたこともあって、軍部はさらに根を張ることになった。

＊軍部大臣現役武官制問題　「陸軍、海軍大臣は現役の大将、中将に限る」と決めたのは第二次山縣有朋内閣で、当時の藩閥政権下で政党勢力によって退役将校らが内閣の座を占めることを防ぐためだった。１９１２年、立憲政友会を与党とする第二次西園寺公望内閣は財政が緊迫して、陸海軍の拡張は繰り延べ、また辛亥革命は内政問題であり不介入、列国との関係は協調主義をとる、などの方針を打ち出すが、これに対して、軍部や山縣系官僚が反発。上原勇作陸相は単独辞任したため、軍部からの補充ができず、総辞職となった。この制度は、軍部による倒閣の切り札、でもあった。

翌13年、護憲運動が高まり、第一次山本権兵衛内閣は「現役規定」を削除して、武官制のみとしたが、36年の二・二六事件後の広田弘毅内閣は現役制を復活、37年には寺内寿一陸相と政友会長老の浜田国松の間で軍侮辱か否かの、発言をめぐる「腹切り問答」があり、寺内が、首相が議会を解散しなければ単独辞任すると言い出し、結局閣内不統一を理由に総辞職せざるを得なくなった。

さらに、広田退陣後の大命を受けて組閣に当たった宇垣一成（陸軍大将予備役）は、彼の政権を望まない陸軍（陸相）が大臣を出さなかったことで組閣ができず、宇垣内閣は流産した。

40年には、親米派で日独伊同盟に反対し、近衛の新体制運動にも消極的な米内光政内閣に対して、陸軍は畑俊六陸相にプレッシャーをかけ、単独辞任を仕掛けたことで、総辞職に至っている。

このような軍部による、天皇を利用した政治工作は、戦局が厳しくなるにつれ露骨になり、倒閣によって軍部の主張を実現しようとする動きが目立っていった。

こうした反省が戦後、自衛隊が、武官よりも文官を優位とする制度を導入させることにもなった。だが最近、防衛省の三等陸佐が野党の国会議員を国会周辺で「国民の敵だ！」などの趣旨で面罵する場面があった。これは、議会での国家総動員法案審議の説明に出た佐藤賢了陸軍省軍務課員（中佐、のち軍務局長、A級戦犯）が、議員に対して「黙れ!!」と一喝したケースに近い。軍部の怖さは、制度によって軍の規制や機能が緩められ、関係者が増長してくると表面化する。

さらにいえば、イラクなど派遣の部隊の日録が長らく隠蔽されていたのも、日録が明らかにされれば、「戦闘」状態でなかった派遣、とは言えない事態だったことがわかっては困るためだったのだろう。

自衛隊が文民統治の原則を破り、将来必要とされる公的文書を隠蔽、改ざんする姿勢は、戦争準備に向かわせるひとつの徴候が見える、というのは過言だろうか。

＊相次ぐ軍人首相　戦前の首相は１８８５（明治18）年に始まるが、29人のうち15人、半数を超す首相が軍人出身だった。戦前の軍事優先の思考が強調された一因、と言えるだろう。ここでは、人名だけを挙げておく。

〈陸軍〉②黒田清隆、③⑨山縣有朋、⑪⑬⑮桂太郎、⑱寺内正毅、㉖田中義一、㉝林銑十郎、㊱阿部信行、㊵東條英機、㊶小磯國昭

〈海軍〉⑯㉒山本権兵衛、㉑加藤友三郎、㉚齋藤實、㉛岡田啓介、㊲米内光政、㊷鈴木貫太郎

〈○カッコ内は就任の代〉

〔日中戦争・本格戦争への助走〕１９３７年まで

＊世界の潮流と日本の対応　これまで戦争に持ち込まれる背景について記してきたが、そうした事情が戦争勃発にどのようにつながるのか、その点を具体的な史実から触れていきたい。

第一次世界大戦終結直前に、日本はロシア革命（１９１７年）の混乱を突いて、満洲の支配を強めるロシアに対抗してシベリア出兵に踏み切った（18年）。しかも、疑問視する諸外国をよそに、

一国のみ長期駐留を続けた。

また、大戦終結に伴うベルサイユ条約を機に、民族自決の原則、８時間労働制、労組の公認などが合意されたことで、国内では労働争議、小作争議などが盛り上がり、国際的には独立や植民地支配への反発が強まることになった。

日本の植民地化した朝鮮では、三・一独立運動が２００万人もの決起で進められ、中国では五・四運動として日本の帝国主義反対などを掲げて、反日抗日の機運が高まった（19年）。

日本政府や軍部は、このような内外の動向に対して、警戒と抑圧の策を強めたのだ。

＊中国での戦闘準備　陸軍出身の田中義一内閣は中国についてとくに警戒した。中国共産党の結成（21年）、国民党と共産党による「国共合作」（24年）などを経て、共産党も北方軍閥打倒のために「北伐」に参加したこと、だが国民党・蒋介石軍が上海でのクーデターで共産・左翼勢力を排除し南京政府を樹立したこと、また各地で抗日の動きが活発化したこと、などの動向についてだった。

そのために、田中は満洲・華北の支配を続け、蒋介石軍の北上を阻止するために、山東省に陸軍４２００人を出兵した（「第1次山東出兵」27年）。その後も、蒋介石軍の北伐再開で、第二次出兵（５千人）を試み、蒋介石軍と同省の済南で衝突（「済南事件」28年）。この事件に伴い、第三次出兵に踏み切って、満洲擁護のためとして関東軍司令部を旅順から瀋陽に移した。

田中は27年、「支那を征服せんと欲せば先ず満蒙を征せざるべからず、世界を征服せんと欲せば必ず先ず支那を征せざるべからず」との上奏文を出したとされ、日本の大陸侵出の本音と見られた。

＊**謀略の張作霖爆殺**　日本は、満洲を支配する軍閥を率いる張作霖を満蒙権益のために支援、利用していたが、日本軍が満洲を占領するには張は排除すべき不要の存在だった。張は一時的に北京政府の実権を握りはしたものの、蒋介石の国民政府軍の北伐に敗退したので、奉天（現瀋陽）に引き揚げることになったのだが、到着直前に、彼の乗った列車が爆破され、殺害されたのだ（29年）。

　それは関東軍参謀河本大作らの陰謀によるもので、

■柳条湖事件
1931.9.18 ｜奉天郊外　石原莞爾中佐ら／満鉄線路爆破、中国軍の犯行とした

■第二次天津事件
1931.11.26 ｜天津　土肥原賢二大佐ら／軍兵舎射撃を口実に錦州に前進

■福州事件
1932.1.3 ｜浅井敏夫大尉の命で4台湾人が福州総領事（未遂）、訓導夫妻殺害し出兵

■僧侶殺害
1932.1.18 ｜上海　田中隆吉少佐ら／関東軍依頼で中国人に日本人僧侶、信徒を襲撃

■山海関事件
1933.5.20 ｜落合甚九郎少佐／日本守備軍に投爆、中国側の犯行として山海関占領

■海軍武官室に投弾
1933.1.1 ｜北平　森赳少佐ら／武官室の皇室紋章に投弾

■親日中国人の2新聞社長殺害
1935.5.2 ｜天津　酒井隆大佐か／藍衣社（反日、蒋介石側の秘密結社）の犯行とするが、日本軍の主張を押し付ける梅津美治郎·何応欽協定の口実に

■豊台兵変
1935.6.28 ｜豊台　白堅武、志村正三ら／大迫機関の謀略で北平乗取りを狙い交戦

■福州謀略
1937.8 ｜福州　陸軍次官の台湾軍問い合わせに、諜者の内偵中の回答　詳細不明

謀略の事例 ＜秦郁彦　『盧溝橋事件の研究』東京大学出版会＞

国民政府軍の仕業に見せかけようとした。野党の立憲民政党は「満洲某重大事件」として田中内閣を追及、軍部も真相をつかみながら公表などはしなかった。これを知ることになった昭和天皇が田中を咎めたことで辞職するまでの事態になった。張作霖の子の張学良は、これを機に国民党政府軍側に入り抗日運動に転じている。

このように、戦争のきっかけを日本側がでっち上げる謀略は、珍しいことではなかった。許されざることだが、戦争の現実にはこうした作為性が付きものであることは知っておくべきだ。また、こうした謀略は戦後など、一定の時間が経ってから明らかになることが多く、当座は真相がわからずに、政府や軍部の情報ばかりが流され、国民はそれを信用せざるを得なかった。

秦郁彦著の『盧溝橋事件の研究』（1996・東京大学出版会）から謀略とされた例を、いくつか紹介しよう。

＊満洲事変前の徴候　明治期に朝鮮を植民地化した日本の次の狙いは、大陸・中国だった。西郷隆盛らが朝鮮への進出を考え、時間を経て実現したように、軍事大国化した日本は狭い日本からの人口移住、資源確保などの視点から、大陸進出が次の課題だった。

第1次大戦の初期に対華二十一ヵ条の理不尽な要求を突き付け（1915年）、末期には満洲を先行支配したロシアを意識してシベリア出兵に踏み切っている（18年）。さらに、大戦中に、中国本土での抗日運動の高まりの中で、内乱に乗じて三次にわたる山東出兵（27、28年）、さらにはかつて利用した張作霖を軍部の謀略で爆死させている（28年）。そして満洲事変（31年）、上海事変

（32年）を経て、以降の日本は国際社会からの孤立も辞さずに、戦争への道を突き進み、ついには盧溝橋事件を機に日中戦争（37年）、仏印への侵略（40、41年）、さらに日米開戦（41年）に至る。ひとたび戦争の方向に舵をきると、止まれないのが「戦争というもの」なのだ。

　満洲事変は第二次若槻内閣、幣原喜重郎外相の時代で、その国際協調外交は「軟弱」と攻撃され、日露戦争で父祖の血を流された満洲を確保しよう、とのアピールが戦争の熱気を高めた。事変勃発後の12月、犬養毅首相兼外相に代わるが、翌32年の五・一五事件で犬養は殺害され、ここに政党内閣は終わりを告げた。

＊中村大尉事件、万宝山事件　満洲事変の直前、陸軍参謀大尉中村震太郎ら2人が中国軍に射殺された（31年6月、中村大尉事件）。満洲人に変装して農業技師として、中国東北部の興安嶺方面の作戦地誌を調査中だった。彼らは張学良の軍に捕まり銃殺のうえ、焼却され証拠隠滅された。

　中国軍部は言を左右し、犯行を認めたのは満洲事変勃発の当日だった。日本側は、中国軍がいかに凶悪、残忍であるかを大々的に宣伝、国民は敵愾心をあおられ、満洲事変へのひとつの導火線になった（同年9月）。

　中村大尉事件の翌7月には、満洲・長春に近い万宝山に移住しようとした朝鮮人（当時は日本の統治下）と、土地や農業用水をとられることを警戒する中国人の地主や農民ら、さらに日中の警察隊も衝突、これを日本軍や政党、メディアは大々的に取り上げ、対中戦争熱をあおった（万宝山事件）。

ここで触れておかなければならないことは、日本側の挑発のあくどさだけではなく、被害を受けがちだった中国側も対抗するように、相当な残虐を働いていた記録も多く残されていることだ。戦争というものは、被害者が加害者となり、加害者も被害者になる、という愚かさの応酬を招く、それが現実の戦闘、戦場だということを知っておかなければならない。戦争に踏み切る権力者は、おのれがその現場に身を置くことがないこともあって、非情な武器を用意し、愛国なり、国家への忠誠なり、家族を守るなどの題目を信じさせて、兵士らに殺人を犯させ、時に自らの命を棄てさせるのだ。

＊柳条湖事件・満洲事変へ　両事件のあった年の9月、日本軍の総力戦体制のもと満洲占領を狙った関東軍参謀板垣征四郎大佐（のち大将、陸相、A級戦犯として死刑）、石原莞爾少佐（のち中将）、奉天特務機関長土肥原賢二（のち大将、A級戦犯死刑）らが陰謀、実行したのが柳条湖事件だった。奉天（現瀋陽）近くの南満洲鉄道の線路を爆破、これを張学良軍の仕業だとして奉天を占領したもので、これを機に全面攻撃に転じて、満洲事変になった。

若槻内閣は戦乱のほぼ1週間後、戦乱の「不拡大方針」の声明を出したが、関東軍はこれを無視、軍事行動を拡大させていった。この現地軍による本国の外交方針の逸脱の責任は極めて大きい。しかし、戦闘の現場にはこうした独走がありがちで、戦乱を拡大してきた。

ちなみに、彼らの陰謀が判明するのは、太平洋戦争後になってのことだった。そうした軍幹部による悪行が隠蔽され、事実関係のわからない時間が続くと、批判の声も出ず、立ち止まることもできず、怨念の敵対感情ばかりが募り、戦乱をさらに激化させるのだった。事実関係の究明と報道の遅れは、相手国に対する非難と攻撃の国民感情を強め、打開の道を閉ざすばかりだった。

＊「満洲国」建立と植民地化　満洲事変が起ると、その波紋は4カ月後の32年1月、上海事変となって拡大する。当時、上海では企業封鎖、在留日本人の帰国など日中間で緊張状態が続いていた。中国民衆の反日行動も高まり、日本軍部は満洲事変に対する批判をかわす狙いもあって、上海公使館付陸軍武官補田中隆吉少佐が板垣征四郎大佐の命を受け、日本山妙法寺の僧侶、信者５人をカネで雇った中国人らに襲撃させ、殺傷した事件が発生した。田中は終戦後の東京裁判で、軍部に不利となる証言をしたとして、話題になった人物。

　この事件では日本軍も大動員をかけ、１カ月余の戦闘で日本兵３千人余、中国兵と住民３万もの死傷者、不明者を出した。また、上海に利権を持った米英なども被害を受け、日本の対応に批判を強めることになった。

　だが、日本側は強気で、この年3月には「満洲国」建国宣言を出す。清朝最後の皇帝溥儀を執政とする、いわば傀儡の政権だったが、これは国際連盟が日中紛争の現地調査のため、イギリスのリットン団長の調査団を満洲に派遣するので、これに、先手を打って既成事実化する狙いがあった。

　日本は、34年3月に満洲国を帝政の国とし、溥儀を皇帝とした。だが、実態は駐満洲大使、関東軍司令官のもとに日本人官僚が実権、要職を握る偽装の国家だった。その満洲には、日本の零細な農民たちが開拓民として移住、軍事的な支援のもとに経済建設が進められた。満洲人など現地の民衆は圧制や土地収奪、差別的処遇に苦しむことになった。

ところで、満洲国建国直後の32年4月に現地入りしたリットンによる報告書は、日本の経済的権益は認めながらも①満洲事変以降の日本の軍事行動を正当な自衛とは認めない　②満洲国はその地の民族の自発的な独立運動によって成立したものではない　③中国の主権を認め、満洲に自治政府を樹立する、とした。

だが、日本はこれを黙殺し、9月には「満洲国」を承認した。各国は満洲国不承認とし、翌33年2月の国際連盟総会でリットン報告書を42ヵ国の賛成、日本の1票の反対で採択。日本側は、これに納得せず、3月に連盟を脱退している。ちなみに、ヒトラーのドイツもこの年に、ムッソリーニのイタリアは37年にそれぞれ国際連盟を脱退している。

ここに、日本の国際社会での孤立は、さらに鮮明になった。

＊国際関係の悪化と孤立　日本の国際連盟の脱退は、国際社会からは認めがたい外交姿勢だった。第一次大戦決着のためのワシントン会議（22年）で決められた中国の主権尊重、門戸開放、機会均等などをうたう九ヵ国条約は、37年11月の会議に日本が欠席したため成果には結びつかなかった。

同時に決められたワシントン海軍軍縮条約（英米日仏伊）はその後、一次、二次のロンドン海軍軍縮条約で修正などがあったが、日本は34年12月に条約破棄を通告し、2年後に失効した。

海軍軍縮は本来、軍艦、空母などの開発、生産に巨額な経費が掛かり、世界経済の悪化、各国財政への圧迫など各国共通の負担になる問題でもあり、利害を超えた話し合いが成り立ったうえでの条約だった。それが戦争の事態となって、自国ファーストに走り、相互信頼を失った結果の条約破綻だった。

一方で、日独伊の枢軸三国の結束は強まり、少なくとも日本国内では、この三国が世界を征するのでは、などの見方も高まった。日独防共協定（36年／広田内閣）、日独伊三国防共協定（37年／第一次近衛内閣）、さらにファシズムの世界制覇を目指す日独伊三国同盟（40年／第2次同内閣）が生まれた。

ちなみに、イタリアのムッソリーニは19年にファシスト党を結成、22年にローマに進軍して独裁政権を握り、エチオピアを侵略する。連合国に降伏したのは43年で、45年銃殺される。ドイツのヒトラーは19年に労働者党入り、まもなく実権を握りナチ党と改名、23年の蜂起に失敗するも獄中で、ナチスの理論を「我が闘争」として執筆。ドイツの賠償、世界恐慌などへの不満をもとに、32年にはナチスが第1党になり、33年の首相時に謀略ともされる国会放火事件で共産党を弾圧、34年総統に。39年にポーランド侵入で第二次大戦を起こし、ユダヤ人迫害、欧州席巻などを経て45年敗色の強まるなか自殺する。

個人的独裁の両国に対して、日本は天皇が指摘されるが、イニシアチブの実態からすれば、官僚、軍部の集団型独裁がより重視さるべきではなかったか。

＊官僚、軍部、右翼の戦争への地ならし　戦争への地ならしは、政権、官僚、軍部、右翼などの共同作業だったと言えよう。これを受け入れ、燃え、追随した国民層はどうか。情報過疎、言論弾圧、

国家への拘束社会だったことからすれば、国民全般が一義的な責任を問われることはないにしても、反省と自責の念、同じ道をたどらない覚悟は必要だろう。

クーデター、テロなど暴力による変革の動きが頻発するには、暴力行為に訴えるだけの論理、大義名分が必要になる。ヒトラーの場合は、彼自身が論理を作り、アピールした。戦前の日本の場合、その任に当たったのは北一輝だった。彼は『日本改造法案大綱』（１９２３年）の著述で、国家改造の必要を訴え、クーデターによって軍部の独裁体制を作り、その政権のもとに私有財産の制限、企業の国営化、華族制度・貴族院の廃止などをうたい、天皇は国家改造のために3年間憲法を停止して軍・吏・財・党閥を排除、さらに「国家または人民」のために開戦権を持つことなどの構想を示した。

北のイデオロギーにどれだけの納得があったかは別として、経済恐慌、都市労働者の貧窮や失業、農村の生活苦、将来展望の欠如など閉塞状態にあった社会状況をとにかく打ち破りたい、との焦燥感が青年将校などを捉え、あるいは権力闘争に臨む軍人や政治家らが論理として活用する風潮が高まったことは事実だろう。少なくとも、暴力の容認に口実を与えたことは、以下の事例から見ても確かだろう。もっとも、北は二・二六事件で死刑になっている。

ここでは戦争に向けて、仕掛けられた各種の軍部内、右翼などによるテロ、挑発、武力行使などに触れておきたい。

張作霖爆殺（1928年6月）すでに触れたとおり、軍閥を率いる張作霖の乗る列車に爆弾を仕掛けて爆殺した。関東軍幹部河本大作らの謀略だった。この謀略を河本に入れ知恵したのは、のち中将になった陸大出の中国通・佐々木到一だと言われている。

山本宣治暗殺（1929年3月）政府や軍部に対する激しい攻撃の主張を展開した労農党の山本代議士が右翼の黒田保久二に神田の旅館で刺殺された。

浜口雄幸襲撃（1930年11月）浜口首相が右翼の佐郷屋留雄に狙撃され、病状悪化で翌年8月死去。暴力による政権交代を進める結果に。

三月事件（1931年3月）陸軍青年将校のクーデター計画で未遂。中堅将校の橋本欣五郎、長勇らの秘密結社である桜会メンバーに、陸軍幹部の小磯國昭、建川美次ら、右翼大川周明、社会民衆党衆院議員亀井貫一郎らが参画。大衆の議会包囲、戒厳令の発令、軍の議会乱入、陸相宇垣一成を首班とする軍事政権樹立といった計画を立てた。だが、意見の不一致、宇垣の躊躇、軍部内の支持不足、計画未熟などで未遂に。戦後まで隠蔽されたが、その後のクーデターなどを誘発する契機になる。小磯、橋本、大川は戦後A級戦犯に、建川は終戦直後死亡。

十月事件（1931年10月）三月事件失敗の橋本ら桜会メンバー、右翼の大川、西田税らが、軍部とともにクーデターを再計画。9月の満州事変に呼応したもので、若槻首相、幣原外相を殺害、戒厳令下に中将荒木貞夫首班の軍事政権樹立を狙うが、軍内部に漏れて未遂に。軍首脳部は事件を秘密裏に処理。だが、12月犬養内閣登場で荒木は陸相に就任、軍部の政治的進出の契機となった。荒木はA級戦犯で、終身刑に。

井上準之助暗殺（1932年2月）井上は日銀総裁を経て、第二次山本権兵衛内閣の蔵相として関東大震災後の処理を手掛けた。金融恐慌、世界大恐慌のころに再度の日銀総裁、浜口、第二次若槻内閣の蔵相となり、緊縮財政、公債整理、金解禁を断行したが、不況を深刻化させることになった。海軍予算の大幅削減などでも反発を買い、右翼・血盟団の小沼正に選挙演説に向かう途中に銃殺された。

團琢磨暗殺（1932年3月）三井財閥（三井合名理事長）、日本工業倶楽部、日本経済連盟理事長、会長など経済界重鎮の團は、三井のドル買い事件で反発を買い、血盟団の菱沼五郎に狙撃され死んだ。
血盟団は、日蓮宗僧侶井上日召の率いる団体。テロで政界財界要人を殺害し国家改造計画を進めようという右翼集団で、「一人一殺」のもとに、西園寺、若槻、幣原、牧野伸顕、池田成彬らを、井上と同郷の茨城の若者（小沼、菱沼ら）や東大生（四元義隆ら）に殺害させる計画だった。

犬養毅首相襲撃（1932年／**五・一五事件**）海軍青年将校のファシズム化、国家改造を目指すグループに、井上日召、大川周明らが協力加担、陸軍士官学校生徒らも参加して、首相官邸、警視庁、日銀などを襲撃。犬養首相は翌日死去。さらに、右翼の橘孝三郎門下の愛郷塾生による農民決死隊は、東京周辺の変電所を壊して戒厳令を引き出そうとしたが成功せず、政権確保の計画は失敗した。
軍法会議中、若い将校らの発言内容が大きく伝えられ、その憂国の訴えは助命嘆願や、世論の扇動に貢献することにもなった。経済的困窮、不安定な世相、見通しの暗さのなか、彼らの国家変革を支持する空気が強まり、現状打開のための戦争に向かわせる気配をもたらした。

神兵隊事件（1933年7月）右翼の愛国勤労党、大日本生産党、陸軍中佐らによるクーデター未遂事件。血盟団事件、五·一五事件の不調のあとを継ぐ狙いで、首相官邸などを襲い、政界要人を殺害して皇族を首班とする天皇政治に切り替えようとした。大衆の動員は成らず、120～130人が参集したが、探知されて未遂に終わった。

十一月事件（1934年11月／士官学校事件）村中孝次、磯部浅一ら陸軍皇道派の青年将校や士官候補生らがクーデター計画で検挙された事件。陸軍の皇道派と統制派の対立から、統制派の陸士教官辻政信らが摘発した。両派の対立は、真崎甚三郎教育総監の更迭（35年7月）、永田鉄山斬殺事件（同年8月）を招くことになった。

永田鉄山斬殺事件（1935年8月）軍内派閥の「統制派」中心人物の永田軍務局長を、「皇道派」の中佐相沢三郎が陸軍省内で「天誅!」と叫び殺害した事件。軍内の抗争の激しさを物語っている。永田は皇道派を抑えて総力戦体制を推進、相沢は真崎教育総監の更迭を皇道派弾圧の一環、と怒り犯行に及んだ。相沢は翌年7月死刑に。

高橋是清蔵相ら殺害（1936年／**二・二六事件**）皇道派青年将校によるクーデター。十一月事件の村中、磯部ら1400人余の部隊を出動、「昭和維新」「尊皇討奸」を合言葉に、内大臣齋藤實（元首相、海軍大将）、高橋是清蔵相（当時岡田啓介内閣）、渡辺錠太郎教育総監らを殺害、侍従長鈴木貫太郎（終戦時に首相）に重傷を負わせ、陸軍省、参謀本部、国会、首相官邸などを占拠。
真崎甚三郎（この事件で無罪）の首班を想定した国家改造を迫るが、海軍、政財界が同調せず、彼らを反乱軍とした。影響を与えた右翼論客の北一輝、西田税の死刑のほか、首謀の香田清貞、村中、磯部ら軍人とひとりの民間人計17人が死刑、26人が禁固刑、自殺が数人だった。

このように、軍と右翼などが共同したり、主張の異なる派閥や人物を抹殺したり、暴力をもって政権を打倒するなど、おのれの主張を通そうとする無法の動きが相次いだ。未遂事件もあったが、その意向を受けて次々に新たな謀略が進められたのは、その根が相当に深いこと、軍部内の不満が高まると名目を立てた言動がまかり通ること、暗い世の中への不満が社会の変革を求めようとし、その武力的変革をも支持する世論が強まること、などが読み取れよう。

さらに、概して厳しい処理だった二・二六事件は別としても、全体に暴力的決起に対する処罰が甘く、再燃の余地を大きく残していたことも反省材料のひとつだろう。

＊軍部内の抗争 永田鉄山殺害の項で触れたように、軍部には当初は皇道派、のちに統制派の派閥が力を持ち、政府の組織ではなく、天皇直属の軍隊であることを奇貨として、政治をも動かした。

皇道派は荒木、真崎らのもとに青年将校群を擁して、暴力革命をも辞さず、国家改造、軍部政権樹立、天皇親政などを主張、「君側の奸を撃つ」「国体明徴」などのスローガンを立て、二・二六事件までは主流の勢力だった。陸軍大学校出身者は少なかった。

一方の統制派は、斬殺された永田、そのあとの東條英機らがおり、陸大出身の陸軍省や参謀本部の中堅幕僚が多く、革新官僚や政財界との連携を求めていた。軍としての規律統制を重視したことから、統制派と言われた。軍部統制のもとで国家権力を握り、総力戦体制（政治・経済・思想の全面的な再編成）の樹立を狙った。十月事件以後、旧桜会の流れに沿う永田、石原莞爾、岡村寧次らが合法手段による覇権確立を目指す。34年に皇道派の荒木貞夫に代わる林銑十郎陸相就任により優勢になり、11月士官学校事件、教育総監真崎の罷免、さらに二・二六事件後の粛軍で軍の主導権を握った。また林は、統制派幕僚の国家改造計画について述べた「国防の本義と其強化の提唱」（いわゆる陸軍パンフレット）の配布（34年10月）を認めた。

政府とは別に天皇直下の組織として、巨大な権限を持ち、武力を擁する軍部。その勢力が国の進路を決めていく。さらにノーチェックで戦争に向かわせていく力を握る軍部の台頭は、いつの時代にも、世界のどの国でも見受けられるのだが、ひとたび台頭してくると、国家の体制変革や戦争への異論排除など、ブレーキがかからなくなる。それが軍部という危険な存在である。

＊思想、学問等の弾圧　戦争の方向に向かう中で、邪魔なのはこれに反発する権威と影響力を持つ学者、政党政治家らの存在だ。これを、無理な理屈をつけ、法制度を乱用し、また暴力を振るってでも、とにかくこれらの存在を封じ込めなければならない。そうしなければ、戦争に活路を求めようとする軍、政府、財閥などの権力者の道は閉ざされかねないのだ。

したがって、権力下部の警察、憲兵隊などはこうした存在をやみくもに、かつ広範囲に押さえつけ、一方であまり抵抗のない一般階層を巻き込み、メディアを懐柔ないし抑圧して、一定の方向に導こうとする。今の時代からすれば、まさかの世界が展開していたのだ。

しかし、そのような言動の抑圧は突然にやってくるものではなく、じわっと真綿の柔らかさで包みつつ、気付くと首を絞めつけてくる。その気配を早めに察知することは、意外に難しいのだ。

当時の、いくつかの事例を見ておこう。

滝川・京大事件（1933年）京都帝大教授滝川幸辰（刑法学）の著書『刑法読本』が自由主義の学説、共産主義的として批判され、休職後退官に。法学部教授全員が抗議して辞表を提出、佐々木惣一、末川博の辞表は受理され、恒藤恭らも免官に。大学の自治、学問の自由を求めた運動は各大学にも波及したが、この事件を機に学生運動は弾圧され、大学の自治も崩れた。時の文相は鳩山一郎。戦後、滝川は京大総長に。

天皇機関説問題（1935年）東京帝大教授（憲法学）美濃部達吉は著書『憲法講話』（12年）で、天皇は国家の最高機関として憲法に基づいて統治権を行使する、との天皇機関説を主張した。だが、同じ東大教授で保守主義者の中核にあった上杉愼吉は皇国史観に立ち天皇主権を主張、「神とすべきは唯一天皇」「天皇は絶対無限」として美濃部論をはげしく批判した。

国体明徴声明（1935年8月、10月）美濃部の天皇機関説は、貴族院議員で軍人出身の菊池武夫が反国体的学説だと猛攻撃、また不敬罪で告訴される。岡田啓介内閣は美濃部の著書を発禁、貴族院議員を辞職させる。この内閣は「所謂天皇機関説は神聖なる我国体に悖（もと）り、其本義に愆（あやま）る」との声明を、二度にわたり表明した。これには、政友会、右翼、軍部などが同調し、在郷軍人会なども動いた。

矢内原事件（1937年）東京帝大教授矢内原忠雄（植民地政策）が「中央公論」に「国家の理想」のタイトルで書いた、国家の理想は正義だ、との主張が反戦的だとして批判される。教授を辞職。戦後、東大総長を務めた。

第一次人民戦線事件（1937年）衆院議員加藤勘十、黒田寿男、社会主義者山川均、日本無産党書記長鈴木茂三郎、荒畑寒村、岡田宗司、向坂逸郎、大森義太郎ら446人が、反ファシズム人民戦線を計画したとして検挙。

第二次人民戦線事件（1938年）大内兵衛、有沢広巳、脇村義太郎、宇野弘蔵、美濃部亮吉、佐々木更三、江田三郎ら労農派学者、活動家38人が検挙。国体論への疑問、私有財産制限などの主張を問題視された。三・一五、四・一六の両事件（28、29年）で共産党員が根こそぎ検挙された事態に続くもので、影響のある人物に対する広範囲の左翼弾圧とされた。

河合事件（1938年）東京帝大教授河合栄治郎（経済学）は自由主義者だが、『ファシズム批判』『時局と自由主義』などの著書が発禁処分とされ、休職に。出版法違反で起訴され、最高裁で棄却に。

津田事件（1939年）早大教授津田左右吉（東洋史学）は、『日本書紀』の聖徳太子の実在性などの批判的記述を、右翼の蓑田胸喜らに不敬罪だと批判され、出版法違反で裁判を受けたが、時効で免訴に。戦後、津田史観として注目された。

＊左翼の転向、右翼の台頭　１９２８（昭和３）年は第1回の普通選挙が実施され、少数の8議席とはいえ無産政党の進出ぶりに政府や軍部は驚いた。その直後に三・一五事件、翌年には四・一六事件と呼ばれる共産党活動家の大量検挙があった。その際、共産党最高幹部の佐野学、鍋島貞親も検挙されたが、満洲事変後の１９３３年には獄中にあって厳しい圧迫、肉体的な拷問などの前に思想的に転向する。

これを機に、同党シンパにとどまらず、自由主義、社民主義、あるいは労農運動などに関わる人々は相次いで転向、この流れは当然、戦争に反対する勢力を大きく抑えることになった。

一方、戦争遂行による日本の大陸進出を進める国家社会主義グループなど右翼の動きが高まっていく。戦争に期待を持つ国民各層は、この威勢の良い集団の動きを受け入れ、それが世論に溶け込み、戦争の高揚につながっていく。民意は大きな流れに引き込まれやすく、とくに戦時下では異論をはさむことは難しく、大勢に追従しがちな傾向を証明した。

左翼に論客、理論家がいるように、右翼にも理論を構築し、共鳴する人々を行動にかき立てる機能がある。左翼が弾圧されれば、右翼が頭を持ち上げるのだ。右翼グループは多様で、分派しがちだが、傾向としては天皇・国家への忠誠、反共産・社会主義、全体主義、国粋主義、民族心や愛国教育重視、伝統や古来の文化尊重と排外傾向、家父長的家族制度尊重、軍事力強化論、教員を含む知識層やメディアへの警戒、直情的行動力などの点で共通すると言えるだろうか。国家社会主義のような国家力による統制政治をも含む。

また、理論派から行動派まで、さまざまである。このグループの一部は、血気にはやり、暴力に走ることもあり、また大陸浪人など素行上の問題があったり、金品の不正があったり、また戦後につながる右翼集団、あるいは右翼を名乗る暴力組織に近いものもあり、理論逸脱の一面が脅威を誘うこともある。

時代を超えて触れれば、国粋的な立場で資本論を大正期に翻訳し、もともとは左翼理論に組みした高畠素之。先に触れたように独自の右翼の立場を理論化した北一輝。無産党、労働運動から国家社会主義に転向した赤松克麿。帝大教授として天皇主権説を説いて岸信介、安岡正篤を教え、興国同志会、帝大七生社などの右翼学生の源流となる組織を設け、学外では赤尾敏、津久井龍雄、蓑田胸喜、大川周明、平沼騏一郎らの右翼の面々と運動をともにした上杉慎吉。血盟団事件参加の帝大生の4人は上杉の関わる興国同志会メンバー。さらに、大アジア主義の玄洋社の頭山満。ロシアに反感を抱いた黒龍会の内田良平。それらの考え方は多彩だった。

こうして戦争ムードが高まると、国情は一枚岩的に好戦ムードに包まれる。国際的感覚が乏しく、特殊なプライドに固まった日本は、混迷を続けて国力を弱めた中国、国際的に仲裁機能を発揮できない帝国主義的侵略を進めてきた先進国を相手に、独走していく。

次の章では、泥沼化した大陸での戦闘を仏印、現代のインドシナ半島から太平洋に向けて拡大させ、さらにアメリカなどを相手に第二次世界大戦に「転進」していった実態と背景に触れていこう。

第6章　身近な戦争・他人事の戦争

若い世代、あるいは子どもたちは、ときに戦争を「カッコいい」という。大きな戦闘機、馬力のある重厚な装甲戦車、見栄えのする火炎放射器や機関銃などに魅かれる。武力、暴力による衝突、戦闘のシーンがさまざまな画面に登場し、日常から乖離した世界が魅惑する。つねに強者の側に立ってイメージを抱き、強者が勝つと応援したくなり、みじめに負けた側には「なんだ！」と思う。強弱、勝敗のゲーム感覚が抜けない。まさに、他人事で傍観者である。

　とはいえ、戦争というものを身近に知らない若い人たちには、身内に犠牲者がいたりしない限り、実感が湧かなくて当然だろう。徴兵制のような制度があって、自分の身に降りかかるようなことがなければ、戦争の実感は生まれないだろう。今も展開されるアフリカ、中近東などの戦闘やその悲惨な状況は、テレビでは見ていても、わが身に引き付けて考えるほどの深刻さは乏しい。

　でも、それでいいのだろうか。歴史の流れの中で、「戦争」のウエイトは大きく、そのもたらす影響は深刻で広範にわたる。歴史の教育は、戦争の経緯や結果といった表面的事実に重きを置きがちだが、戦争によって利益を求める勢力の存在、戦争発生・推進の背景や大義名分の是非、便乗や大勢に順応する流動の風潮などについても重視すべきだろう。将来的に社会を形成していく若い世代が「戦争というもの」を、大きく、身近にとらえる仕組みが欲しいものだ。

　今回も、前章を思い起こしやすいよう、若干のダブリを恐れず、書き進めたい。

〔満洲事変から日中戦争へ〕１９３１～３７～４５年

＊手こずる大陸戦争　満洲事変以降の動きは、日中戦争に拡大し太平洋戦争が終結するまで、「15年戦争」とも言われる長期戦だった。

日本軍部は、関東軍を中心に柳条湖の満鉄線路爆破（１９３１年9月）という謀略をもって満洲事変の戦火を開き、戦闘を拡大した。政府の「戦争不拡大の方針」を無視したばかりか、勝手に朝鮮駐留の部隊を中国に送り込んだ。国際連盟での各国からの批判をよそに、撤兵勧告を蹴って連盟から脱退した。そして、１９３２年1月までに中国の主要な地域をほぼ掌握、支配した。

中国への主権侵犯に怒る国民党軍、中国共産党軍は国民にすそ野を広げて激しく抵抗し、各地で抗日の運動が高まっていく。

さらに6年後の37年、北京郊外の盧溝橋事件を機に全面戦争を仕掛け、首都南京を陥落させて、多数の死者を出した。多くは、戦闘による犠牲というよりも、人為的な殺戮だった。

広大で、気候気温変動の激しい中国大陸では、軍閥、国民党、共産党などの内乱が長く続いたが、日本の軍隊はいたるところで中国人の激しい抵抗にあい、手に負えない闘いになった。犠牲者は中国側だけにとどまらず、日本軍の兵士たちも過労や病気に倒れ、戦闘は容易なものではなかった。

日本軍にとっての中国側の動きは、押せば引く、引いてはまた出てくる、といった際限のない闘いだった。これが１９４５年8月の終戦まで続く。

まさに泥沼化した戦争だった。その惨状は小説などでもリアルに示されている。『人間の条件』『戦争と人間』（五味川純平）、『真空地帯』（野間宏）、『審判』（武田泰淳）、『きけわだつみの声』（動員学徒の記録）、『悪魔の飽食』（森村誠一）などは一読しておきたい。

満洲事変（1931年）前後からの、日本の中国大陸侵出と世界の主要な動きを年表化しておこう。

日本の動き		中国など諸国、国際連盟の動き	
31.6.27	中村大尉殺害事件	31.5.28	反蒋介石派の国民政府樹立（広州）
7.2	万宝山事件		
9.18	柳条湖事件<謀略>→満州事変 <奉天,長春,営口に侵出、拡大>		
9.21	朝鮮駐屯軍が満州に越境援軍 <林銑十郎司令官の独断>		<当時、29年の世界恐慌に続く欧州金融恐慌>
9. 24	政府、「不拡大方針」表明	10.24	国盟理事会、満州撤兵勧告
10.8	関東軍、錦州爆撃で戦線拡大	11.7	中華ソビエト共和国臨時中央政府（瑞金）
12.11	第二次若槻内閣総辞職→ 犬養内閣に		
32.1.28	第一次上海事変<日中両軍衝突>	32.1.7	米、日本の満州での行動不承認
2.5	関東軍、ハルビン占領	2.29	国盟・リットン調査団来日
3.1	満州国建国<執政に溥儀>		
5.5	上海事変の停戦協定		
5.15	国内で五・一五事件 <犬養内閣崩壊→斎藤内閣に>	7.31	独総選挙でナチス第一党に
9.15	日本、満州国承認		
9.16	関東軍、撫順郊外の平頂山で村民大虐殺 <満州事変1周年前に各地で抗日蜂起>	10.1 12.2	リットン報告書、対日通告 中ソ復交
33.2.23	関東軍、熱河・華北侵攻作戦開始 <中国と満州の境界付近の攻防>	33.1.30	ヒトラー首相就任
3.27	日本、国盟脱退を通告	2.24	国盟、日本軍の満州撤退を勧告 <42対1で、松岡洋右退場>
4.10	関東軍、華北に侵入開始		
5.31	塘沽停戦協定←熱河作戦終了 <この協定で国民党軍と停戦。 日本の満州支配を黙認に>	10.14	独、国盟を脱退
34.3.31	満州国が帝政に<皇帝に溥儀>	34.10	中国紅軍、瑞金を放棄し大長征開始
35.6.10	梅津・何応欽協定、土肥原・秦徳純協定 <中国との衝突打開で日本軍有利の決着>	35.8.1 10.3	中国共産党、抗日救国統一戦線を提唱 伊、エチオピア侵入開始
10.7	対華三原則<排日停止、満州国承認、 共同 防共>を広田外相提示		
36.1.15	日本、ロンドン軍縮会議脱退を通告		
2.26	国内で二・二六事件<岡田→広田内閣に>		

日本の動き		中国など諸国、国際連盟の動き	
36.11.25	日独防共秘密協定調印 ＜37.11日独伊三国協定に＞		
11	綏遠事件 ＜関東軍援助の内モンゴル軍が中国軍に撃退、抗日運動激化＞	36.12.12	西安事件＜張学良が蒋介石監禁＞
37.7.7	盧溝橋事件→日中戦争	37.8.21	中ソ不可侵条約締結
8.13	第二次上海事変＜日中両軍戦闘＞	8.22	中共軍→国民革命軍に編成
8.24	国民精神総動員実施要綱決定	9.23	第二次国共合作
10.30	国民政府、重慶に遷都、抗戦継続		
12.13	日本軍が南京攻略＜南京大虐殺＞ ＜傀儡で、40年汪兆銘政権に統合＞	12.14	北京に中華民国臨時政府樹立
38.1.16	「国民政府を対手とせず」近衛声明	38.2.7	中ソ軍事航空協定調印
4.1	国家総動員法公布 ＜電力、工場など国家管理に＞	3.13	独、オーストリア併合
7-8	張鼓峰事件＜日ソ軍事衝突＞		
10.27	広東、武漢三鎮を日本軍占領		
11.3	「東亜新秩序建設」近衛声明		
12.22	「日中国交調整3原則」同上		
39.5.11	ノモンハン事件＜関東軍、ソ連軍に大敗＞	39.8.23	独ソ不可侵条約
7.26	米国が日米通商航海条約廃棄通告	9.1	独、ポーランド進撃開始 ＜英仏が対独宣戦布告＞
9.17	第二次世界大戦開始		
40.3.30	国民政府（汪兆銘主席）南京遷都		
9.23	日本軍、北部仏印に進駐	6.14	独、パリに無血入城＜仏の降伏＞
9.27	日独伊三国軍事同盟成立 ＜43.10汪政権と日華同盟条約調印＞	11.30	日華基本条約（汪兆銘と調印）
41.4.13	日ソ中立＜不可侵＞条約調印	41.4.17	米、対華軍事援助開始
7.25	米国が在米日本資産を凍結	6.22	独、ソ連侵攻開始
7.28	日本軍、南部仏印に進駐		
8.1	米国が対日石油輸出を停止	8.14	大西洋憲章発表＜米英の対独戦争終了後の構想。米は英仏に武器供与＞
11.26	米国がハル・ノートを提示 ＜国務長官の日本軍全面撤退などの要求＞		
12.8	日本軍、真珠湾を奇襲、マレー半島上陸 対米英蘭に宣戦布告→太平洋戦争		

＊中国の立場　日本の立場　本論に入る前に、開国を迫られた日中両国の近世を見ておきたい。

日本が本格的に開国を迫られたのは、19世紀中ごろで、安政の大獄、桜田門外の変、幕府の改革、さらに尊皇攘夷、討幕などの動きを経て明治維新（１８６８年）を迎える。それなりの激動を経ての新時代の到来だった。日本にとって苦悩の幕開けの時代だったが、中国に比べれば、痛みは軽かったと言えよう。

では、中国（清国）はどうか。英国とのアヘン戦争（１８４０～42年）、英仏とのアロー号事件（56～60年）、ロシアとの不平等なアイグン条約（58年）、日清戦争（94、05年）などに加えて、太平天国の乱（51～64年）、義和団の乱（98～１９００年）といった国内の大規模な騒擾の事態によって、清の統治は弱まり、そこにつけ込んだ先進諸国によって国土はいいように割譲、支配され、さらに内乱状態が続いて、国民の生活は困窮に追い込まれた。

資源や領土の大国と海に囲まれた小国の差、統治状態の違い、外交的対応の巧拙など、アジア支配を目指した先進諸国の目に移った日中両国の違いが、そのせめぎあいの形を分けた。傍若無人、横暴な先進諸国に立ち向かえなかった中国。幸不幸の岐路でもあった。

＊内乱の中国事情　孫文らの辛亥革命（１９１１年）によって、満身創痍の清朝は倒れ、中華民国が生まれる。

だが、革命派の力は弱く、臨時大総統となった孫文は12年早々に、李鴻章の設けた北洋軍閥を継いだ袁世凱に大総統の地位を譲り、袁はさらに帝政を布くが、16年には病没する。すると、国内は広大な大陸の各地に軍閥が割拠した。袁世凱は中華民国政府（北洋軍閥政府／12～28年）の首都を南京から北京に移す。そのトップはなかなかひとつにはまとまらない。宋教仁《ソウキョウジン》を暗殺して浮かび出た袁世凱の死後、北洋軍閥内は乱れて、黎元洪が大総統を継ぐが、同じ軍閥出の馮玉祥《ヒョウギョクショウ》、曹錕《ソウコン》（直隷派・英米系＝河北省保定）、段祺瑞《キズイ》（安徽《アンキ》派・日本系）の両派が対立、さらに呉佩孚《ハイフ》（直隷派＝河南省洛陽）、張作霖、張学良（奉天派〈瀋陽〉・日本系）、閻錫山《エンシャクザン》（山西派・日本系）らが、軍閥を率いて覇を競った。だが、蒋介石の北伐軍により、北京政府は倒され、最後の権力者張作霖は日本軍によって爆殺される（28年）。

一方、ロシア革命（17年）、第一次世界大戦終了（18年）によって、民族自決の機運が高まると、反帝国主義・排日運動の五・四運動が起き、上海拠点の中国国民党（25年の孫文の死後、蒋介石が指揮権を握る）、ついで21年創建の中国共産党（李大釗《タイショウ》、陳独秀、さらに毛沢東）が台頭する。両党は抗争を重ねるが、民族の統一と独立のため、孫文のもとで統一戦線というべき第1次国共合作（24～27年）に踏み切った。

蒋介石の国民党軍は26年に北伐を開始、27年に上海でのクーデターによって共産党などを排除、28年には南京政府を樹立した。だが、反蒋介石の汪兆銘（汪精衛）らは広東に国民政府を設ける（31年）のだが、同年に満洲事変が勃発すると統一に踏み切る。蒋介石が張学良によって監禁されるという西安事件（36年）を経て、翌37年の盧溝橋事件で日中戦争が始まると、国民党と共産党の第二次国共合作が成立、両軍は一致して抗日戦に取り組んだ。また、この戦争を機に、国民政府は日本軍の制圧した南京から重慶へと遷都している。

一方、共産党は陳独秀が除名され、毛沢東が農民の組織化、土地革命を目指した。満洲事変直後、毛を主席とする中華ソビエト共和国臨時中央政府が江西省瑞金に成立。34〜36年にかけて、蒋介石軍と交戦しながら、瑞金から陝西省延安まで１万２千キロの長征の途に就く。また、第２次国共合作で抗日民族統一戦線を結成、日本帝国主義との戦いに取り組んだ。だが、国民党との間には摩擦も多く、日本の敗退で大戦が終わると同時に、両軍の内戦が始まり、49年10月の共産党による中華人民共和国が樹立されたものの、台湾に逃れた国民党との間では戦争状態が続いた。

中国にとって、国の弱体化と侵略、さらに内乱が続き、内戦と対外戦争の一世紀だった。

＊仏印への転進　日本軍の中国戦線の戦闘については省略する。だが、この長期戦は日本にとって思わしい結果は出せず、目先を変えるかのように仏印（インドシナ半島、現ベトナム）に軍を進める。勝利どころか、敗色を強めた状況を「転進」と言い逃れての方向転換だった。

蒋介石の国民政府（重慶）は、抗日戦の継続に当たって、いくつかのルートによって外国から軍需物資の援助を受けていた。しかし、英国植民地の香港ルートは１９３８年の日本軍の広州占領で遮断。ソ連の新疆ルートによる対中支援は41年４月の日ソ中立条約締結によって、さらに６月の独ソ戦によってストップすることになった。英国植民地のビルマルートは中国の昆明に向かうものだったが、42年に日本軍によって英軍が排除され、インドからの空路支援も順調にはいかず、ともに遮断状態になった。

したがって、生き残った北部仏印・インドシナから昆明への援蒋ルートはとくに重要で、日本軍はこのルート遮断を狙って、40年9月に今のベトナム・ハノイに侵入した。日本が同盟を組む独軍が、パリに無血入城した3ヵ月後のことで、いわば便乗の感もあった。第二次近衛内閣の時代だ。

さらに翌41年7月には、野村吉三郎駐米大使が「国交断絶一歩手前」と指摘しながらも、政府は南進政策を変えず、南部仏印に進駐した。当時のベトナムは、天候不順による凶作、洪水などによる不作などで、多くの餓死者を出していた。自然災害と、とばっちりの戦禍が重なって、その被害は極めて大きかった。戦争を仕掛けた日本でも1931、32、34、41、45年の東北地方は冷害による凶作続きだった。

米国はこの仏印侵出を重視、7月に在米の日本資産を凍結、8月には石油、くず鉄などの対日輸出を禁じた。石油のない日本にとって、その禁輸は予想外のことだったようで、大打撃を受けることになった。

このとき、政権は第3次近衛内閣で、9月の御前会議で10月下旬までに日米交渉が不調だったら、米英との戦争も辞さない、と決定した。また、中国や仏印からの撤退についての対米交渉方針をめぐって閣内対立が生じたことから、近衛は辞任し、木戸幸一内大臣の推した、日米交渉打ち切りを主張する陸相の東條英機が首相となった。

その東條は11月5日の御前会議で「12月初旬　対米英開戦」（帝国国策遂行要領）を決意。12月1日の御前会議で開戦を決定し、対米交渉中の8日に真珠湾を奇襲攻撃して、太平洋戦争が開始された。

〔太平洋戦争・第二次世界大戦〕１９４１～45年

＊日本軍、好調から敗退へ　突然の真珠湾攻撃に、日本の国内は喜びの興奮に沸いたが、米国をはじめ各国とも驚くとともに怒りが燃え上がった。開戦に伴い、日本は当初に限れば順調に支配圏を広げたが、米英は戦闘の準備が整った1年ほどで巻き返すことになった。

日米の主要物資の生産高を比較すると、日本を１（１９４１年時点）として、米国は石油５２７・９、石炭９・３、鉄鉱石74・０、銅10・７、鉛27・４、アルミ５・６といった大きな格差があった（『近現代日本経済史要覧』三和良一・原朗編　２０１０・東京大学出版会）。

航空機について見ると、41年時点で日本５０８８機に対して米国1万９４３３機、43年で日本1万６６９３機、米国９万２１９６機で、日本は攻撃を受けて減少する一方だったが、米側は10万台の増産が可能だった（『昭和史』遠山茂樹ら著　１９５５・岩波書店）。

このように、双方の潜在的力関係だけで見れば、勝敗は最初から見えていた、と言えるだろう。日本軍は、大和魂、神国日本、神風、日本精神総動員といった精神力で戦うような姿勢をアピールするばかりで、現実を直視する分析力を欠いた開戦の決定だった。

したがって、当初こそ順調だった戦闘は1年足らずで次第に敗退していく。

真珠湾攻撃のあと、英東洋艦隊撃破のマレー沖海戦（41年10月）、マニラ占領（42年1月）、反日華僑の虐殺を伴うシンガポールの英軍の降伏（2月）、ジャワの蘭印軍降伏（3月）、マニラ・コレヒドール島の米軍降伏（フィリピン・バターン死の行進／5月）あたりまでは、日本軍は順調だった。

しかし、物量がものをいう戦闘では、底の浅い日本軍の化けの皮はすぐはがれていく。ミッドウェー海戦敗北（６月）、ガダルカナル島撤退（43年２月）、連合艦隊司令長官山本五十六の戦死（４月）、アッツ島全滅（５月）、マリアナ沖海戦敗退（44年６月）、無謀なインパール作戦中止（７月）、サイパン島・テニアン島全滅（７、８月）、レイテ沖海戦敗北（10月）、東京大空襲（45年３月）、硫黄島全滅（同）、米軍の沖縄上陸（４月／全滅は６月）、ヒロシマ・ナガサキの原爆投下（８月）……このような敗退の歩みのなかで犠牲となった兵士らは、数えようのないほどのすさまじい数にのぼった。各種統計の数字に大差が出ていることでも、いかに「無数の死」であったかがわかる。

ゲリラ・テロさながらの、あるいは一人一殺の右翼テロ同様の神風特別攻撃隊は、４４００人が死んだが、その命中率はわずか16・５％だったという。また、終戦の年の３月、Ｂ29長距離爆撃機による延べ３万回と言われる大空襲は東京、名古屋、大阪、神戸などの大都市を襲い、焼け野原を広げた。沖縄の一般住民10万弱を含む日本側の死者は24万を超え、攻める米兵の命も１万３千近くを失うことになった。人口32万のヒロシマでは、20万を超える死傷、不明者を出し、５万戸以上の家々が全焼壊している。

旧満洲に設けられた７３１部隊は大量の中国人、ロシア人などに生体実験をし、ペスト、コレラ菌などの細菌戦を大陸で展開した。タイ―ビルマ間に敷設した泰緬《たいめん》鉄道工事に駆り出された連合国軍兵士や現地の人びと多数が、過重労働によって不運の死を迎えた。

本土での初めての戦闘を味わった日本だったが、再三にわたって戦場とされた中国、朝鮮をはじめ各地での地元の犠牲者に、真摯に思いを馳せたことがあったのだろうか。

さらに、「もの」として消耗品のように扱われる兵士だが、戦ういずれの国々の、その1人ひとりの家族、親族らの悲しみ、生活苦などを考えれば、膨大な物心両面の打撃である。長期にわたり、また数百万もの犠牲者の周辺に対して、「国家国民を守る」と言い続ける権力者や軍幹部らはどのような感覚でいたのだろうか。

＊情報管理の犯罪性　犠牲兵士とその周辺や国民全般と、戦争に向かおうとする権力者や軍幹部との大きな乖離は、

①正しい情報が社会全体に伝えられないシステムにしていた、

②国民が国家への忠誠心、戦没者への礼賛といった幼児期からの教育効果や大衆的意識を醸成され、権力に従順だった、

③個人としての考えを持ち、社会の動きを注視し、もの言う姿勢に欠けがちだった、

などによることがあげられよう。

②③については、戦前の社会状況からすれば想像もつくだろう。ここでは、①の問題として「大本営」という組織による情報の隠蔽、捏造、改ざんなど中心に触れておきたい。

戦後75年を経た今でさえ、森友・加計問題をめぐる財務省や、海外派遣をめぐる自衛隊の相次ぐ公的文書の不純、無法の扱いなどを見ても、権力者とそれにおもねる集団の陰湿な記録操作が続く。そこに、権力が法制度を悪用したその結果の怖さが読み取れるだろう。

戦時と平時の違いはあるが、そのもたらすマイナスの影響に違いこそあれ、本質での共通性は同じである。このような将来に残すべき公的文書の改ざん、ねつ造、隠蔽や消滅、意味不明の文書名による公開阻止策などは、歴史の改変につながる犯罪というしかない。

＊大本営の力量　そこで、大本営に触れていきたい。これは、戦国時代風に言えば、戦闘を総指揮する戦国武将らの詰める「本陣」のような組織である。陸海軍を支配下に置く天皇直属の最高統帥機関であり、その決定は各省庁などの政府も議会も、天皇の命令として受け入れるしかない。

戦時大本営条例（１８９３・明治26年）として制定されたのが最初で、陸軍の参謀総長が全軍隊の総参謀長として天皇を補佐するものだが、その後陸軍からトップの参謀総長、海軍から軍令部総長が出て補佐役になった。また、日清、日露、第一次大戦のときには「戦時」だけに設置されたが、１９３７年には戦時以外でも設置が可能になった。

大本営の会議は、陸海軍の総長、次長、作戦部長、同課長によって構成、統帥権の独立のために首相、外相などの文官は含まれず、天皇は臨席しても発言しない慣例になっていた。従って、結論はいつも軍まかせ、政府内部でも戦争指導策や情報の共有はできず、軍部の一方的な方針のみが流される仕組みだった。つまり、形式としての責任は天皇に残されていた。

本来、戦争に立ち向かうための一元的な組織のはずが、合議、討議などは行われず、軍部におまかせといった機能となり、実態は隠され、日本軍の戦況はつねに有利に展開されている、という虚飾の伝達がなされるようになっていった。

世論を動かせる状況だった。しかも、天皇・軍隊・国家を第一とする思考に統一された社会では、情報管理も容易であった。当時の報道については、あとの章で厳しく取り上げてみたい。

当時の報道は新聞とラジオによるだけで、新聞社とＮＨＫの報道内容を独裁的に統制すれば、

具体的に言うなら、南海の離島などでの壊滅状態を「玉砕」と美化し、軍隊の撤退や敗走を「転進」と呼び、米軍機や艦船への攻撃は過大な成果として、受けた被害は隠蔽か、ごく過少に報道させるなどして、情報を操作していた。そのような実情が国民の前に明かされたのは、終戦を迎えてからのことだった。

先に触れたモリ・カケ問題の真相が明かされるのは、数年も経ち、責任ある関係者がいなくなったころになりそうで、そのころには反省もできず、もたらされたマイナスも修復できず、責任の問いようもない、といった事態を推定すれば、大本営の世論操作によるマイナス面もわかりやすいだろう。

＊国民の生活状態　戦争は、攻め込まれる側の民衆も苦しいが、仕掛ける側の一般大衆も厳しい生活状態に追い込まれる。家族内の最大の労働力であった当主が徴兵されて主産業だった農業はダメージを受け、兵士として徴用された技術者、労働者等の不在は産業全体の低迷を招いた。43年ごろからは機械や鉄鋼などの工業、米作などの農業、食料品、衣料品などの生産は急激に減っていった。もともと資源が乏しいうえに農工業の生産が落ちれば、戦闘自体の兵器や物資の供給に影響し、銃後にある子どもたちはもちろん、高齢者、主婦らの「食」をはじめとして日々の生活は苦境に追

い込まれる。

「欲しがりません勝つまでは」「ぜいたくは敵だ」「足らぬ足らぬは工夫が足らぬ」といったポスターが張られ、民心を引き締めようとする。砂糖やマッチ、衣料などは切符制、米穀通帳による米の配給制度、小麦粉などは町内会を通じた購入券が必要になり、農家は米の強制供出を迫られる。カボチャやサツマイモの家庭菜園が奨励され、自動車は木炭を積み、アイロンは陶製になる。お寺の鐘や乳母車などの鉄材は供出させられる。協力を拒めば、異端として張りめぐらされた「隣組」制度に摘発されかねない。

学童疎開、学徒動員、学徒出陣、軍事教練、竹やり訓練、中高大生の授業短縮、女子挺身隊など、人手不足のなかで軍事化が制度化された。

＊戦時統制という枷《かせ》　戦争の準備が整ってくると、国家存亡の危機の名のもとに、さまざまな法律や制度による拘束、統制が始まる。戦争という事態を作り出した権力者は、その緊張を利用して、国民の自由を奪い、苦境を押し付ける。その仕組みを見ておこう。

戦争の準備段階、つまり関東大震災（１９２３年）のころから世界恐慌、昭和恐慌など社会不安が増し、山東出兵（27年）、張作霖爆殺（28年）、統帥権干犯問題、浜口首相襲撃（30年）、満洲事変（31年）五・一五事件（32年）などの内外騒然の事態となると、治安維持法（25年）、重要産業統制法（31年）、衆院の国体明徴決議（35年）などが生まれている。

さらに日中戦争（37年）が始まると、国民や経済などを統制する厳しい措置が相次いでくる。軍需産業や生産拡充、優先融資の臨時資金調整法、需給調整物資の輸入制限や禁止の輸出入品等臨時措置法（37年）、国家総動員法（38年／そのもとに軍事作業への国民徴用令、学徒勤労令、女子挺身勤労令、公定価格実施の価格等統制令、小作料統制令、賃金統制令、物資統制令、新聞紙等掲載制限令、出版事業令などの勅令が相次ぐ）、奢侈品等製造販売制限規則、米穀管理規則（40年）など、生活各般にわたる規制、統制などの縛りがかかってくる。

こうした制度化に先立って、第1次近衛内閣は国民精神総動員運動計画の実施要綱（37年9月）を示す。挙国一致・尽忠報国・堅忍持久を目標とする戦争協力教化の指針で、賛否を問うようなことはない。国難である戦争に全国民で取り組もう、という事態になれば、もう反対できる国民などいるはずもない。まさに、全体主義国家である。

この運動を徹底するために、「国民精神総動員中央連盟」（40年に総動員本部改組を経て大政翼賛会に引き継ぐ）なる内閣の外郭団体が全国の市長会、在郷軍人会、労組団体など74（のち94）団体を傘下に結成される。愛国国債の購入、一戸一品献納など戦争協力を訴えた。

＊戦時下の変化と強制　各種の業界や同業組織の名称と内実が替えられた。労組団体では、愛国労組全国懇話会を結成（36年）、日本労組会議は産業報国連盟（38年）に、あるいは皇国海員同盟、農業報国連盟（同年）が生まれ、日本海員組合が日本海運報国団（40年）になった。あるいは労組や農民組合の解散も少なくなかった。水平社も国策協力をうたった（38年）。

愛国、国防両婦人会は合併して大日本婦人会（42年）に。産業界はこぞって大日本報国会を創立

（40年）。全国中等学校野球大会が中止（42年）となり、日本野球報国会（44年）もできた。植民地化した朝鮮では創氏改名も（39年）。

落語・講談師２５０人が愛国演芸同盟を結成、横山エンタツらは戦線慰問団第1陣（38年）として派遣され、41年8月までに３５９の慰問団が生まれた。林芙美子、火野葦平ら多くの文学者が戦場に行き、ペンによる報国宣伝に努めた。日本文学報国会は「愛国百人一首」を選定（42年）した。

ジャズや英語は敵性語として禁止、野球のストライクは「よし」、ボールは「ひけ、悪球」、カタカナなどの芸名の16人が（「ディック・ミネ」は三根耕一に／藤原釜足〈「鎌足」は歴上の人物に無礼〉であり藤原鶏太に）内務省の指示で変えさせられた。講談や落語では、艶笑、博徒、毒婦、白浪ものの口演は禁止（40年）された。

宗教界では、大本教に解散命令が出され、本殿を破壊（36年）され、ひとのみち教団は結社禁止（同年）に。神仏儒キリスト教が中国布教について文部省のもとで協議（38年）。仏教徒銃後奉公大会（41年）が持たれ、大日本仏教会は護国法要を営み、日本基督教団は聖旨奉戴の大会を開催（43年）。神仏キリスト教などが興亜宗教同盟を結成（42年）。後述するが、キリスト教、天理教などは満洲移民を推進した。

娯楽などの規制は厳しく、盛り場にいる学生検挙（38年）、ネオン全廃、学生の長髪、パーマネント廃止（39年）、学生生徒の演劇、映画観覧は土曜休日のみ、ダンスホールは閉鎖（40年）、警視庁によるバー・待合・高級料理店７１５０軒閉鎖（44年）など。食糧難のため東京昭和通りの緑樹地帯やゴルフ場などは農園化された（43年）。

　時流の言葉を拾うと、当時の生活や世相の空気が伝わってくる。千人針、慰問袋（37年）、灯火管制、空襲警報（38年）、生めよ殖やせよ国のため（39年）、国民服、暁に祈る（40年）、防空ずきん・もんぺ・ゲートル（41年）、ＢＣＧ接種、月月火水木金金（42年）、松根油、決戦料理〔野草〕（43年）、学童集団疎開、風船爆弾（44年）、一億玉砕、一億火の玉、デマや流言の横行（45年）。

　一方、戦争奨励という面でも、いろいろ工夫があった。内務省は1市町村に1基の慰霊塔建設を許可（39年）、満蒙開拓青少年義勇軍２５００人の壮行会開催（同年）、10人以上の子を持つ親1万余人の表彰（40年）、海の軍神、陸の軍神として戦没軍人奉戴（42年）などなど。

＊旧満洲の移民の状況　ここで、どうしても触れておかなければならないことがある。すでに多くの記録が刊行されてはいるが、若い人たちにはぜひ知っておいてほしい実態なのだ。日本の関わった戦争は、国内で展開された沖縄戦などもあるが、ほとんどは外地で行われた。兵隊などで外地に従軍した人々は、戦争というものの不正義や悲惨さを目の当たりにした経験があるが、内地在住の人々にとっては「戦争とは、そこまでひどいものなのか」という実感が薄いのもやむを得なかっただろう。ふたつの具体例を示しておきたい。
　米国籍のエィミー・ツジモト著『満洲天理村「生琉里《ふるさと》」の記憶―天理教と７３１部隊』（２０１８・えにし書房）から簡潔に紹介する。政府や軍部の宗教への圧迫が強まり、天理教も国策にそって「開拓と農耕」に同調、１９３４年に長野県をはじめ全国からの信者43家族２０５人を、現在の東北部・

ハルビン近くの開拓地に移住させて「満洲天理村」を設ける。通称「生琉里」と命名されるが、極寒、極貧、さらに領土を失わざるを得なかった満洲人や馬賊の襲撃への対応など見知らぬ土地での苦渋の日々が続いた。

未開拓地への進出ではなく、満洲人既得の土地への参入であり、関東軍の支援を受ける東亜勧業なる私企業による土地買収で、「満洲人が受け取った金銭はわずか50円」というような強権的なものだった。新たな開拓ではなく、すでに耕作地として安定的な収穫を期待できる土地を確保するという手口だった。これが「五族協和」の実態だった。

したがって、現地の人たちの怒りは大きく、近隣の匪賊らによる襲撃から身を守らざるを得ず、銃1丁、弾薬50発を貸与されるという事態になった。このような武装移民、軍を背景とした廉価と武力による満洲人農家の追い立て、関東軍代行の民間業者の暗躍、また土地を奪われた農民たちの蜂起といった記録は多数残されている。

それでも1943年には、第二次の開拓団が入植する。1戸当たり2万4千坪の耕作地と300戸の住戸の区割りを受けた。ハルビン市から約26キロ。だが、到着すると、満洲人の家族が鍋、布団を持って追われていた。まさに「日本鬼子《リーベングイズ》」の怨念を受けていた。

だが、そこに隣接して存在することになるのが、問題の石井四郎率いる731部隊だった。その石井部隊は極秘裏に、ペスト菌を培養したあとの感染用のノミの増殖を命じたり、施設の作業に動員をかけたりした。そして、敗戦直前には広大な731部隊の施設の証拠隠滅と施設破壊などに駆り出された。引き揚げ可能となるまでの1年間は、ソ連軍侵入によって暴行や掠奪を受けるなど、きわめて悲惨な状況に置かれた、という。これが、国家の大義名分のもとに、個々の人生を左右された現実であることを、学ばなければならない。

＊７３１部隊の所業を考える　その７３１部隊については、ここで多くを語ることもない。今も現地に実態を物語る罪証陳列館が残り、筆者は2回訪問したが、「誇大宣伝だ」と言えないほどの物証があった。どう割り引いても、日本軍の非人間的な行為は許されることはないし、勝とうと負けようと、理由の如何を問わず、戦争というものの不当性、悪の極みを立証していた。

しかしあえて、紹介しておく。

軍医中将石井四郎を創設者とするこの部隊は、伝染病の防疫、飲料水の供給策などを任務としたが、ひそかな目的は細菌戦の研究、生身の人間による生体実験だった。１９３８年頃から組織的に進められ、抗日反日活動の中国人や朝鮮人、ロシア人、あるいはその家族らが拘束後、このハルビン郊外の人体実験場に送られ、細菌や凍傷の実験、発病から死までの経過観察などの犠牲者となった。人間としてではなく、通称「マルタ」という物体として扱われ、その犠牲者は3千人ともいわれている。その証言、実態などの記録、文献はすでに大量に存在しており、ここでは省略する。

なお、石井は早々と日本に舞い戻り、医学的資料を米側に提供することで、法の裁きをかわし、また多くの実験に当たった医学者たちは終戦後の日本で各界のリーダー的な要職についている。

人間はそこまでやれるものか、組織としての命令は善悪、人倫を超え得るものなのか、人間を狂わせる弱さはどこからくるものか……そんなことを、若い人たちは、ハルビン郊外の展示館に出かけて、自ら考えてもらいたい。

　言葉を綴ってもただ虚しく、各人がそれぞれに事実と向き合ってみてほしい。その延長線上に、現在の日本の軍事政策、外交のありよう、を考える大きな示唆が生まれてくる、と思うのだ。

＊戦時海外の日本人　戦前の海外在住の日本人はどれくらいいて、どのような資産状況だったのだろうか。この数値を調べるなかで、植民地化され、ときに「日本人」に組み込まれながらも差別されていた朝鮮の開拓民が2万人以上いたことを知った。在外の日本人同様、あるいはそれ以上に悲惨で困窮の環境のもと、差別を受けることになったに違いない。祖国に帰り着いたとしても、在日朝鮮人同様に差別を受けなかったか。実態はどうだったのか。韓国に戻った人々はどうなって、また日韓交渉では「すべて終わり」となったのだろうか。
　日本はいずれ、北朝鮮との国交回復をする時が来るだろうが、その動きの一環として賠償などの協議の際に、この問題はどのように扱われるのだろうか。こうした人々の存在自体が、ほとんど話題にものぼらない75年間だった。海外の忘れられた窮乏の人々に対して、現在の日本には責任がないといえるのか。戦争というものの罪過は、多岐にわたり、長く続くものであることに、あらためて気付かざるを得ない。

海外の人口対比

	現地民	内地人
朝鮮(1942年)	2552万5000	75万3000
台湾(同年)	599万	38万5000
樺太(1941年)	40万6	<現地、内地の区分がないので、邦人に>
南洋(1939年)	5万2000	7万5 <サイパン、ヤップ、ポナペ島など>

	満洲人	内地人	朝鮮人
満洲(1942年)	135万2000	222万3000	7279

<関東州、満鉄付属地のみ>

<全満洲の1940年の公式調査では、全人口4108万のうち、満洲人94.65%、日本人5.18%(212万8)、ロシア人など0.16%。日本人のうち6割強の131万人は朝鮮人、となっている>

満洲の開拓人口

満洲(1944年)の内地人	集団開拓団	3738戸	1万2489人
(同年)	義勇隊開拓団	1万1541戸·人 <同数>	
(1942年)	集合開拓団	1510戸	4898人
(同年)	分散開拓団	10戸	28人
(1940年)の朝鮮人	集団集合開拓団	4608戸	1万5479人
(同年)	分散開拓団	1842戸	7206人

<『昭和国勢総覧』(東洋経済新報社刊)> <1945年8月15日現在>

在外財産の概算(1945年8月15日現在)

(単位100万円)

	合計(%)	国有財産	企業財産	個人財産
合計%	325,000(100)	51,000(15.7)	232,000(71.4)	42,000(13.0)
朝鮮	77,000(23.7)	17,000	50,000	10,000
台湾	29,000(8.9)	12,000	14,000	3,000
満洲	134,000(41.2)	14,000	104,000	16,000
華北	42,00(13.0)	5,000	31,000	6,000
華中·華南	27,000(8.3)	2,000	21,000	4,000
その他	16,000(5.0)	1,000	12,000	3,000

<「毎日新聞」1946年7月29日付「民間在外財産の補償打ち切りか」より>

＊戦争に向かう政治・行政・体制　かつてない、さまざまな改革を進めて戦争へのカーブを切ったのは、近衛文麿の時代だった。天皇につながる高貴な身分、高学歴の才覚、45歳・長身の若いエリート、といった期待の星だった近衛の方針は、戦争に直面した時代にあって、国民的人気を得て、その発言はその内容を問うこともなしに、受け入れられやすかった。

　施策自体よりも、行き詰まりを打開してくれそうなムードに人気の高まりがあった。振り返れば民主主義の時代とはいえ、いつの権力下にもあるように、事態の奥に潜む問題を見ずに、ムードに支配され、ミーハー的に歓迎する風潮はあり、そのもたらす怖さは意外に身近に存在しているのだ。ただ、近衛は、底の浅い時流に影響を受けやすく、夢と現実を抱きながらもぶれやすく、ときに極端を選びかねない人物、といった側面が隠されていたのではないか。

　近衛文麿は１９３７年6月から39年1月まで、さらに40年7月から41年10月までの三次にわたって通算2年８ヵ月の政権を担当した。外交面では盧溝橋事件による日中戦争の開始から仏印への転進、日独伊三国同盟の枢軸強化、対米関係の悪化、という大きな変革の時期を預かっていた。

　就任早々、日中戦争勃発直後の閣議で「戦線不拡大の方針」を決めながらも、強い軍部の発言力も働いて「援兵増派」、さらに軍事予算の追加を決め、結局、戦線は上海に拡大、また38年には「国民政府を（交渉）相手とせず」と声明して、和平交渉を挫折させた。

　内政面では、第一次内閣のもとで、「国民精神総動員運動」（37年）、国家総動員法制定（38年）に踏み切った。そして、重要政策の企画立案、物資の動員など統制機能を担う中枢機関として企画院を設けた。労務、物資、資金、施設、事業、物価、出版など各般にわたる統制権限が政府の手に握られたのだ。

また、中国など占領地域の開発や政務を担当する興亜院（38年、のち42年大東亜省に改編）が設立された。それらの施策推進を図るために、人民戦線事件を起こして、反対する勢力の思想弾圧（37、8年）が進められた。

さらに、在野中には国民的な新体制運動の推進を図り（40年）、二期目早々には大東亜新秩序建設（40年）に取り組んだ。いわば、戦争推進の時代だった。

歴代政権のいずれにとっても、難しい時期だった。すでに、泥沼に足を進めてしまっており、引こうにも引き返しにくい状況だった。近年も、自民党の安倍晋三、福田康夫、麻生太郎、民主党の鳩山由紀夫、菅直人、野田佳彦の1年交代の短命政権が続いたが、それ以上の短い政権の連続だった。

近衛首相就任前の林銑十郎首相は、軍部と財界協力の「軍財抱合」を打ち出し、政党排撃の姿勢をとったが、４ヵ月の短命に終わる。これを継いだ最初の近衛政権は、日中戦争全面化のなかで「（蒋介石の）国民政府を対手とせず」と声明して和平工作の道を断ち、蒋介石と対立する汪兆銘の重慶脱出（のちに南京に日本の傀儡政権を樹立）を機に総辞職する。そのあとの平沼騏一郎首相は８ヵ月で、独ソ不可侵条約締結について「欧州情勢は複雑怪奇」と役職上あってはならない発言をして辞職。

さらに、陸軍出身の阿部信行首相は４ヵ月余（第二次大戦勃発時）、次の海軍大将の米内光政首相は６ヵ月（親英米派で、陸相後継者の推薦がなく総辞職）といった短命政権のあと、近衛の再登場となった。

近衛も3回目の就任は3ヵ月だけで、日米交渉の失敗により、対米開戦を主張する東條英機にとって代わられた。その東條は、さらに泥沼の状況を強引に加速、自滅の道を進み、小磯國昭首相の8ヵ月、鈴木貫太郎首相の4ヵ月余のあがきの末に終戦となった。

歴代政権の無能力という以前に、冷静な判断や分析に基づくことなく、結末への推測もなく、戦争への道を走り続けた結果の事態だった、というべきだろう。

積み上げられてしまった戦争への道は、歴代首相の手によって加速、増進され、とどめる策はなくなっていく。そして、国民にはただ惨禍だけを残すのだ。

＊政党崩壊と翼賛体制への道　民間人に対する統制と、それを進める行政体制。では、その関係を調整するはずの議会や政党はどのように機能したのか。

先にも触れたように、非合法化された共産党は別として、合法左派の日本無産党（委員長加藤勘十、書記長鈴木茂三郎）は結党間もない１９３７年末、左翼弾圧の人民戦線事件に関連して、社会大衆党の黒田寿男、理論的指導者の山川均、大森義太郎、猪俣津南雄、向坂逸郎ら４００余名が検挙され、無産党や日本労組全国評議会とともに結社を禁止された。さらに翌38年の第二次の検挙で、やはり合法の無産政党である社会大衆党（委員長安部磯雄、書記長麻生久／32年に全国労農大衆党、社会民衆党が合同）の渡辺惣藏ら、また理論陣の大内兵衛、有沢広巳、脇村義太郎、美濃部亮吉、阿部勇、宇野弘蔵ら労農派教授グループが検挙された。反戦的な言論は、ここに封じられた。

一方、近衛の新体制運動は、無産党関係のみならず、従来の保守政党をも巻き込んで、政党の役割を自ら放棄し、議会としての機能を喪失させることになった。政党の無能ぶりが、戦争に向かう権力者の動きにブレーキをかけきれなかったばかりか、むしろ政党自体が解党を進め、戦争に向けて国民を鼓舞する役回りを負うことにもなった。

政党の堕落・迎合は、今も民主主義を破壊する一里塚となる危険をはらんでいる。

この新体制運動は、近衛の第二次政権下の40年、当時のファシズムの風潮にのって、日中戦争の長期化、第二次大戦の勃発、低迷する社会情勢への強い不満、といった厳しい状況を打開するため、強力な指導力による政治体制を再構築しようとの狙いをもって、近衛側近の有馬頼寧、風見章らが構想した。

近衛周辺には、有馬、風見らをはじめ、リベラルな学者、ジャーナリストらもいて、国民総ぐるみ的な一体感を誘う新たな政治への期待を誘ったものの、しかし、方向的にはナチスのような一国一党体制、労働組合の統合、政党の解体などを目指す方向に進んだ。

要は、政治的決定を簡略にし、異論を封じ込め、集中した権力の思い通りに事態を進めるための装置になっていった。

その帰結として10月、大政翼賛会が結成される。

＊翼賛体制の過ち　この大政翼賛会は、新体制運動を進める中核団体だった。その委員には、民間の財界、学界、政党、外交、言論といった各界、あるいは右翼や左翼団体、中央のみならず地方自治体も網羅された。

大政翼賛会の総裁は近衛首相の兼務。道府県支部長は各地の知事で、市町村段階は市町村長が支部長。地域ごとの町内会、部落会のもとに隣組が置かれた。これが末端までの手足となった。

一方に大日本翼賛壮年団を擁し、これはナチスの突撃隊に習ったと言われる実行部隊で、全国130万とされた。他方、傘下に大日本産業報国会、農業報国連盟、商業報国会、大日本婦人会、日本海運報国団、大日本青少年団などが組み込まれた。

だが、その幹部人事では、新体制運動を進めた近衛側近の風見章、有馬頼寧、後藤隆之助（昭和研究会主宰）らが順次除外され、権力におもねりがちな官僚や戦争遂行を主張する面々による、いわば行政を補助する上意下達型の機関に変わっていく。また、政党解体を推進した議員らは翼賛議会局に所属し、議会人として枢機に関わる機会を失ってしまう。

＊「バスに乗り遅れるな」政党の解体　この、解党劇をもう少し続けよう。

既成政党は近衛の時流に取り残されまいとして解党の道を選び、軍部もなにかと煩わしい議会には反発しており、一国一党制に賛同して当然のように支援した。

１９４０年７月、分裂状態に陥っていた政友会内の、いずれも親軍派である久原房之助派（正統派）、中島知久平派（革新派）が解散。さらに同月、小会派の国民同盟、社会大衆党も同調した。8月には議会中心主義をうたった政綱を変えた民政党では、解散促進の永井柳太郎派が離脱し、解党を拒絶する町田忠治総裁派も結局は追従して解散に。10月には中野正剛の東方会も解散した。「新体制熱」は政界全体を覆ったのだ。

この徴候はこの年の2月、民政党の斎藤隆夫の、いわゆる反軍演説をめぐる動きにあった。この演説への陸軍の激高はとまらず、この賛否は議会各党内に亀裂を生んだ。政党解散の空気は、斎藤除名の決議が賛成２９６、反対7、そして棄権１４４（未登院、病欠23）という結果に現われている。戦争激化の中で、政党も議員も「反軍」の論理を受け入れるわけにもいかず、大勢の流れに身を任せたのだった。

　無産政党最大の社会大衆党は、本会議欠席の旧社会民衆党系の安部磯雄、片山哲、西尾末広、鈴木文治、水谷長三郎ら8人を除名し、旧日労党系の麻生久、亀井貫一郎らは国家総動員体制や産業報国を進め、なかにはヒトラー礼賛に走るなど、ますます戦争協力、政党解党に向かうのだった。

＊翼賛体制まっしぐら　政党が消える背景には、ドイツやイタリアの一国一党体制による親軍政治への期待があった。斎藤隆夫除名を推進した有志議員による超党派的な聖戦貫徹議員連盟の結成は、斎藤の除名直後のことで、約１００人が参加した。

　第一次の首相の座を去り、枢密院議長になっていた近衛は、この動きに乗って議長を辞し、第二次の首相（40年7月）として「新体制」確立を表明する。近衛を担ぐ議員や軍部は、時の米内内閣の畑俊六陸相を辞任させ、後任を送らないことで（軍部は天皇直属であり、軍部大臣現役武官制による措置）倒閣を果たして、近衛再登場を実現したのだ。

＊翼賛選挙と翼賛政治　この時期の状況を見ておくと、37年に近衛内閣の下で日中戦争が始まり、

日独伊防共協定ができ、大陸では生死を分ける戦闘が展開され、国内では生活をはじめ各種の統制や制圧が進められていた。そんな中での、大政翼賛会の発足（40年10月）だった。

すでに9月には北部仏印に侵出、日独伊三国同盟を締結した。近衛の第三次政権の41年7月には、米英から在外財産を凍結され、南部仏印に進駐する一方、10月下旬には対米英蘭戦争の準備を完了させる方針を決めた。だが、日米交渉の焦点だった中国、仏印からの撤兵をめぐり閣内対立から総辞職する。10月、東條内閣が成立すると、12月に一気に太平洋戦争に突き進む。東條首相、東郷茂徳外相の議会での開戦、戦況報告に対する質疑は行われず、陸海軍に対する感謝決議が全会一致で可決された。政党のみならず、議会の機能さえ失われた。少数であっても、反対や批判の出ない民主主義など、存在するわけがない。独裁と同時に、沈黙、同調してしまう空気は異様というしかない。

その犠牲は結局、国民だった。

＊「一強」づくりの翼賛選挙　さらに、その東條政権のもとで、真珠湾攻撃からほどなく、まだ日本軍の戦勝に酔いしれている時期の42年4月、翼賛の衆院選挙が行われる。院内交渉団体名目で、翼賛議員同盟（翼同・３２４議員）ができ、翼賛政治体制協議会（翼協・阿部信行会長＝元首相、陸軍大将）のもと、内務省、警察が介入して候補者選びが進んだ。

翼協には、翼同から前田米蔵、大麻唯男、山崎達之輔、永井柳太郎らの議員が送り込まれた。そして、選ばれた推薦候補者は、現２３６、新２１２、元18、定数いっぱいの計４６６人。推薦候補には臨時軍事費から選挙資金が提供され、非推薦候補に対しては政府の手による警察官、翼賛壮年団、あるいは軍部による選挙干渉が行われた。
結果は、翼協推薦が３８１人（81・7％）、非推薦85人（18・3％）だった。拘束的な選挙のありようを批判した非推薦組とはいえ、戦争遂行、国民動員強化などの点では共通しており、とにかく東條独裁政権は強力なバックアップ体制を形成できたことになる。

選挙を終えると、翼賛政治会（翼政会）が結成され、会長には阿部信行が翼協から横滑りした。幹部も、大麻、山崎、前田らがそのまま入り、財界からは、のちの首相岸信介を資金援助していた藤山愛一郎、岸を満洲から起用した伍堂卓雄らが入った。

東條内閣は41年10月から44年7月までの1千日余に及んだが、戦局は悪化する一方だった。反東條の中野正剛が43年憲兵隊に連行されて自害するなどの事態もあった。44年7月拠点のサイパン島陥落を機に、東條起用を主張した内大臣だった木戸幸一、2・26事件で総辞職した海軍穏健派の岡田啓介らが倒閣工作に動き出し、また反東條の赤城宗徳らの憂国議員同志会の工作もあって、総辞職を余儀なくされた。

木戸らの天皇制擁護論、戦争完遂のための議会内の出直し論、議会軽視の東條体制批判論などのそれぞれの主張が、東條政権打倒に結びついたようだ（升味準之輔『日本政治史』（１９８８・東京大学出版会））。

＊終戦への混乱　東條内閣の崩壊からほぼ1年で、日本の敗北・降伏となる。情報を閉ざされ、国家に従順な多くの国民にとっては、ありえない事態だったが、国際的な視野、あるいは冷静なデー

タと判断力をもってすれば、着実に敗戦に向けて進んでいた。

東條を継いだのは、陸軍の小磯國昭首相で、２６０日の命運だった。このころ、本土への空襲が強まり、沖縄の陥落が目前にあった。国外では、ヤルタ会談（45年2月）など敗戦日本の扱いが協議されていた。

小磯政権期の45年2月、近衛文麿らのグループが国体護持のために即時停戦に踏み切るよう上奏文を示した。戦争に持ち込んだ首脳として責任をとろうとしたのかもしれない。

小磯退陣のきっかけは、蒋介石の重慶国民政府の使者という繆斌《ミョウヒン》が来日、日本傀儡の南京政府の解消、日本軍の中国撤退、満洲国認知、という条件による日中単独講和を提案してきた。小磯はこれに乗りたい意向だったが、重光葵《まもる》外相、陸海相らが強く反対して、結局退陣につながった。

小磯を継いだのは、海軍出身の鈴木貫太郎首相。就任翌月の5月には、同盟関係のドイツが無条件降伏し、さらに8月のポツダム宣言受諾の1週間前に、中立条約を結んでいたソ連がその条約を廃棄し、対日参戦に踏み切っている。

だが、終戦前にはソ連の仲介による和平工作を求めることを、首相、外相、陸海軍両相ら最高戦争指導者の会議で決め、６月３日から東郷茂徳外相の依頼で広田弘毅元外相が駐日ソ連大使マリクと会談を持っている。

ソ連のモロトフ外相は4月の時点で、日ソ中立条約の不延長を通告済みだったのだから、ソ連による和平工作などありえなかったのだ。

これもまた、日本が孤立していたとはいえ、いかに情報過疎のまま戦争を進めていたか、を示すものだった。

ただ、戦況は日増しに敗戦に向かっており、国際情勢は甘いものではなく、ある意味でいかに島国の日本に閉じこもっての戦争への取り組みだったかが推定されよう。

＊日本の敗戦前提の国際会議　連合国側はすでに同盟国の敗戦後の対応を協議していた。しかも、左記に示すように再三の話し合いだった。

第二次世界大戦終結までの主要連合国側の動き

大西洋上会議（１９４１・８）
ルーズベルト（米）・チャーチル（英）
―ファシズム打倒のため戦後の平和構想（大西洋憲章）をつくる

カサブランカ会談（１９４３・１）
同上
―イタリアへの作戦と、枢軸国に対する「無条件降伏」要求を確認

カイロ会談（１９４３・11）
ルーズベルト、チャーチル、蒋介石（中国）
―対日戦争方針と戦後処理を協議、朝鮮の独立、日本の無条件降伏まで闘う

テヘラン会談（１９４３・11～12）

ルーズベルト、チャーチル、スターリン（ソ）
―北フランス上陸の対独戦争、欧州の新戦線を確認

ダンバートン・オークス会談（1944・8〜10）
ルーズベルト、チャーチル、スターリン、蒋介石
―国際連合設立の原則、具体案の作成

ヤルタ会談（1945・2）
ルーズベルト、チャーチル、スターリン
―対独戦争処理、国際連合設立、ソ連の対日参戦と南樺太・千島領有の米英了承

ポツダム会談（1945・7〜8）
トルーマン、チャーチル→のちアトリー、スターリン
―欧州戦後処理、日本の無条件降伏勧告・戦後処理〈米英中でポツダム宣言発表〉

だが、日本の外交網、諜報網、報道機関などは、このような会議の内容を十分につかめていなかった。44年は、サイパン、テニアン、グアム、レイテなどで敗退を重ね、45年には大都市の空襲に見舞われながら、国民向けの情報は「常勝」を伝えるばかりで、政府幹部までが実際の戦況を把握せず、血気のみで情報を改竄《ざん》する軍部に踊らされていたのだった。武力を握る軍部の前に、政権幹部ですら手も足も出ず、国民を不幸に落とし込む結果を招いた。それが、戦争というもの、であるこ

とに改めて気づかされるのだ。

具体的な説明はさておき、戦争の落としどころを協議した連合国側の動きのみを示しておこう。

＊ダメ押しの不幸

１９４５年3月以来の日本本土の大空襲、沖縄の決戦敗退、といった敗色の迫る状況を目の当たりにしながら、7月28日に鈴木首相はポツダム宣言黙殺の談話を発表（結果的には8月14日受諾）する。最高責任者の状況判断、国民への無配慮の姿勢も問題ながら、目前の勝利を承知したうえでの戦勝国の大規模な攻撃は、ひと言でいうなら「戦争あって人間への配慮なし」であり、許しがたいものがある。

その攻撃が8月6日のヒロシマ、9日のナガサキへの原爆投下だった。敵対するとはいえ、沖縄戦で24万余の日本人と、1万を超す米兵を犠牲にされたあとである。

ヒロシマでは、当時の人口35万人のうち45年末で14万人が死亡、その後２０１９年までの原爆による死者は32万弱に達している。ナガサキも同時期の人口24万人で、7万4千人が死亡、7万5千人が負傷、２０１９年には犠牲者は18万人を超えている。これには行方不明者は含まれておらず、当然さらに多くの犠牲者がいたはずだ。

時代とともに、高齢化のなかで死者が増えることは当然ながら、その死の多くはなんらかの後遺症を長い歳月にわたって引きずっていたといえよう。

その両市への原爆投下の合間に、ソ連が参戦する。2月のヤルタ会談で、対日参戦が米英ソ３国で共有され、準備されていたとはいえ、この終戦直前の進撃も人間に対するとは思えない惨状をもたらし続けた。これが、まさに戦争というものの実態であり、戦争のどこに大義名分が見出されるというのか。

＊戦争遂行責任の決着　戦後の政治、経済、社会全般のみならず、国民生活の日々の混迷にはとくに触れない。

ただ、15年にわたる日中、太平洋の戦争の責任と反省、教訓は生かされただろうか。戦後75年の今、なにが変わり、なにが蘇り、先行きはどうなろうとしているのか。

そのことは歴史に学び、より望ましい理念に基づいて、厳しく進まなければならない。目の前の利害ばかりを追い、小さい世界に籠り過ぎていていいのか。国家、民族、人種、言語、宗教、経済体制、風俗習慣、文化、各種の発展段階やその国の地勢的状況、内在資源など、互いの相違点の理解に努めつつ、交流を通じて息長く共存の道を広げていかなければ、地球規模の平和は保てない。

なお、戦争遂行の責任者、つまりそれを許容した国民を意識しつつも、やはり決定に関与した者たちを、歴史に反逆した者として指摘しておきたい。もちろん、勝者による裁断に問題があり、責任者の言い分のあることは承知のうえで、忘却しないために記録しておきたい。

■東京裁判判決

<絞首刑>　1948年12月執行

東條英機	(陸軍大将、首相·内相·軍需相·陸軍参謀長／真珠湾攻撃)
広田弘毅	(外交官、二·二六事件後の首相·斎藤、岡田、近衛内閣の外相／南京事件不対応)
松井石根	(陸軍大将、日中戦争開始時の中支那方面軍司令官で南京事件に関与)
土肥原賢二	(陸軍大将、陸軍教育総監·満州事変時の奉天<瀋陽>特務機関長)
板垣征四郎	(陸軍大将、近衛内閣の陸相／満州事変時の関東軍高等参謀で柳条湖事件に関与)
木村兵太郎	(陸軍大将、近衛、東条内閣時の陸軍次官、ビルマ方面軍司令官／対英開戦)
武藤章	(陸軍中将、日米開戦時の軍務局長／フィリピン捕虜虐待、対中国強硬意見を主張)

<終身禁固>

木戸幸一	(内大臣で天皇側近、近衛内閣文·厚相·平沼内閣内相、東條の首相就任を推薦)
賀屋興宣	(大蔵官僚、近衛、東条内閣蔵相で軍事費中心の予算を編成、戦後衆院5期、池田内閣法相)
白鳥敏夫	(外務官僚、駐伊大使、日独伊同盟を推進、外務省革新官僚)※
星野直樹	(大蔵官僚、近衛内閣企画院総裁·内閣書記官長·満州国国務院総務長官)
小磯國昭	(陸軍大将、首相·平沼、米内内閣拓務相·朝鮮総督·関東軍参謀長)※
梅津美治郎	(陸軍大将、大本営全権として降伏に調印、参謀総長·関東軍司令官兼満洲国大使)※
鈴木貞一	(陸軍中将、近衛、東條内閣企画院総裁·貴族院議員·大日本産業報国会長)
橋本欣五郎	(陸軍大佐、右翼で軍内に桜会を結成し3月、10月事件<未遂>、二·二六事件関与)
平沼騏一郎	(司法官僚、首相·枢密院議長·近衛内閣内相·山本内閣司法相·大審院院長·検事総長)※
嶋田繁太郎	(海軍大将、東條内閣海相·軍令部総長·支那方面艦隊司令長官)
大島浩	(陸軍中将、駐独大使として日独伊同盟による枢軸外交推進、ヒトラー礼賛、健一陸相の二世)
荒木貞夫	(陸軍大将、犬養内閣陸相·近衛、平沼内閣文相で軍国化教育推進、皇道派中枢)
畑俊六	(元帥陸軍大将、阿部、米内内閣陸相·支那派遣軍総司令官、教育総監、広島で被爆体験)
南次郎	(陸軍大将、若槻内閣陸相、貴族院議員、朝鮮総督で創氏改名·関東軍司令官兼満州国大使)
佐藤賢了	(陸軍中将、軍務局長·南支那軍参謀副長時に北部仏印進駐、議会で「黙れ!」発言)
岡敬純	(海軍中将、海軍次官、軍務局長/日米開戦主張し、親独派)

註:非軍人の靖国合祀者は、平沼、白鳥、広田のほか、禁固の東郷、病死の長野修身、松岡洋右も
※印は、刑期中の病死者

<禁固20年>

東郷茂徳　（外務官僚、開戦の近衛内閣、終戦時の鈴木内閣外相、駐ソ、駐独大使）※

<禁固7年>

重光葵　（外務官僚、東久邇内閣外相·大東亜相、東条、小磯内閣外相、戦後衆院議員、鳩山内閣外相）

■判決前病死

長野修身	（元帥海軍大将、広田内閣海相）
松岡洋右	（外務官僚、満鉄総裁を経て衆院議員、国際連盟脱退時の全権、近衛内閣外相として日独伊三国同盟主導）

■訴追免除

大川周明	（梅毒による精神障害／右翼思想家、3月、10月、五·一五、二·二六の各事件関与）

■A級戦犯非指定者で不起訴・釈放

不起訴になった、この人々に責任はないのか。総体のなかの一細胞であり、決定を下した責任は問いにくいが、しかし、流れを形成し、潮流を速め、強めた責任はないと言えるだろうか。「一枚岩」という全体主義的傾向の社会は、このように責任というものを、どこか一部に負わせて、あとは生き残り、ふたたび同じような方向を求め出すところに問題がある。

戦争責任を問われ、逃れ得た人々の多くは、岸信介のように首相になり、国会議員になり、組織団体の仕切り役になって、戦争の正当性を主張し、改憲の旗を振り、類似の道を敷く原動力にもなっていた。無数の人命を犠牲にし、社会構造を破滅に導いた反省から身を引き、戦争阻止の道を進めた人がどれだけいただろうか。

その意味で、A級戦犯の罪を問われながら、処罰を逃れた人々を明記しておきたい。

官僚	
青木一男	（大蔵官僚、阿部内閣蔵相、東條内閣大東亜相、貴族院／戦後参院議員）
安倍源基	（内務・警察官僚、鈴木内閣内相・警視庁特高部長でアカ狩りに尽力）
天羽英二	（外務官僚、外務次官、日独伊三国同盟締結時の駐伊大使）
井野碩哉	（農商務官僚、近衛、東條内閣農相、衆院議員／戦後も参院議員、岸内閣法相）
岩村通世	（検察官僚、近衛、東條内閣法相、検事総長、司法省刑事局長）
太田正孝	（大蔵官僚、衆院議員・大政翼賛会政策局長／戦後は鳩山内閣自治庁長官）
岡部長景	（外務、宮内官僚、東條内閣文相で学徒勤労動員、貴族院議員、陸軍政務次官）
大達茂雄	（内務官僚、小磯内閣内相、陸軍司政長官、内務次官／戦後参院議員、吉田内閣文相）
岸信介	（農商務官僚、東條内閣商工相、満州国国務院高官／戦後首相、衆院9回、自民幹事長）
後藤文夫	（内務官僚、東條内閣国務相、大政翼賛会事務総長、警保局長／戦後参院議員）
谷正之	（外務官僚、東條内閣外相、外務次官、中国大使／戦後重光葵の腹心として駐米大使）

塩野季彦	（検察官僚、林、近衛、平沼内閣司法相等、思想統制に尽力）
下村宏	<海南>（逓信官僚、鈴木内閣情報局総裁、台湾総督府長官、戦前朝日新聞副社長、NHK会長）
正力松太郎	（警察官僚、虎の門事件で免官、大政翼賛会総務／戦後衆院に出て鳩山内閣で北海道開発、科枝両庁長官、岸内閣で科学技術府長官）
須磨弥吉郎	（外務官僚、南京総領事など中国在勤長く、諜報に努力／戦後衆院議員）
松阪広政	（検察官僚、小磯、鈴木内閣法相、東條の命で中野正剛追及、戦時の言論を統制）
水野錬太郎	（内務官僚、寺内、加藤友、清浦内閣内相、田中内閣文相、朝鮮総督府、大日本興亜同盟副総裁）

軍人

<陸軍>

大将	阿部信行	（首相、外相）
	後宮淳	（人事、軍務局長、航空総監）
	河辺正三	（ビルマ方面司令官、インパール作戦）
	多田駿	（満州国最高顧問、北支那方面司令官）
	西尾寿造	（初代支那派遣軍総司令官）
	真崎甚三郎	（教育総監、二·二六事件に関与）
中将	安藤紀三郎	（東條·国務、内務相、大政翼賛会副総裁）
	石田乙五郎	（憲兵司令部本部長）
	菊池武夫	（奉天特務機関長、貴族院で天皇機関説攻撃）
	木下栄市	（中支那派遣憲兵隊長、憲兵学校長）
	四王天延孝	（ハルビン特務機関長、ユダヤ陰謀論説く）
	中村明人	（タイ国駐屯軍司令官）
少将	上砂勝七	（憲兵31年、憲兵司令部副官）
	大野広一	（中支那派遣憲兵隊司令官）
	高地茂都	（朝鮮憲兵隊司令官）
	長友次男	（中野憲兵隊司令官）
大佐	小林順一郎	（右翼団体組織、大政翼賛会総務）
少佐	井田磐楠	（男爵、貴族院議員、大政翼賛会常任総務）

<海軍>

大将	小林躋造	（連合艦隊司令長官）
	高橋三吉	（連合艦隊司令長官）
	豊田副武	（次官、連合艦隊司令長官）
	長谷川清	（次官、台湾総督）
中将	上田良武	（海軍航空隊の功労者）
	寺島健	（東條・逓信、鉄道相）

報道

緒方竹虎	（朝日新聞副社長、小磯・情報局総裁）
古野伊之助	（同盟通信社、日本映画社社長）

各界

有馬頼寧	（伯爵、近衛内閣農相、衆院、 貴族院議員、 大政翼賛会初代事務局長）
大倉邦彦	（東洋大学長、大倉精神文化 研究所創設、容疑内容は 未調査で不明）
太田耕造	（国家主義運動に参加、平沼内閣　書記官長、 血盟団、五・一五事件の弁護士）
酒井忠正	（貴族院議員、阿部内閣農相）
梨本宮守正王	（皇族、元帥陸軍大将、在郷 軍人会、大日本武徳会各総裁）

経済界

鮎川義介	（日産コンツェルン創業、満州重工業開発社長、貴族院議員）
石原広一郎	（石原産業創業、東南アジアで鉱山開発、海運業など、満州事変後南進論提唱、国家主義を説く）
大河内正敏	（物理学者、理化学研究所所長、東條内閣顧問、軍需産業や原爆製造計画の責任を疑われる）
久原房之助	（日立製作所、日産自動車、日本鉱業などの基盤となる久原財閥を率い、二·二六事件関与など政界の黒幕）
郷古潔	（三菱重工業社長、東条内閣、軍需省顧問、戦時体制の戦略的指導者とされる）
伍堂卓雄	（海軍中将、林·鉄道兼商工相、阿部·商工兼農相、満鉄理事、軍需省顧問、日本商議所会頭）
櫻井兵五郎	（日本タイプライター<現キヤノン>社長、鈴木·国務相、衆院議員、ビルマ軍政顧問、翼賛議員同盟総務）
津田信吾	（鐘紡社長、繊維から兵器、飛行機など重工業、合成ゴム、製薬などに拡大、海外にも進出）
藤原銀次郎	（三井財閥中心のひとり、王子製紙社長、米内·商工相、東條·国務相、小磯·軍需相、海軍軍政顧問）
村田省蔵	（大阪商船社長、近衛·鉄道兼逓信相、フィリピン占領軍最高顧問）

右翼系

葛生能久	（能世とも、内田良平の黒龍会設立、大日本生産党結成、大政翼賛会総務、玄洋社頭山満の弟子、国家主義者）
児玉誉士夫	（高畠素之門下の赤尾敏、津久井龍雄らの下で右翼活動し、戦前の中国で児玉機関をつくり軍部の物資調達や裏の動きで資金を得、戦後政界、暴力団関係のフィクサー役に）
笹川良一	（ムッソリーニを礼賛し国粋大衆党総裁、満洲でも活動し戦前衆院1期、戦後政財界のドン・黒幕として動く）
里見甫	（満州での新聞記者などの活動で政府、軍部などに食い込み、アヘンを扱う里見機関を設立、関東軍に資金回す）
進藤一馬	（玄洋社創立のひとり、喜平太4男。中野正剛秘書で東方会入り、玄洋社社長に。戦後衆院に出、福岡市長）
横山雄偉	（玄洋社員だったが、詳細不明。政治がらみの著述。政軍関係人脈を持ち、ドイツ等の情報があったか）

■その他の不起訴

牟田口廉也	（陸軍中将、インパール作戦指揮し失敗／シンガポール法廷に送致、48年3月釈放）
秦彦三郎	（陸軍中将、関東軍総参謀長でロシア通／シベリアで逮捕、抑留のため不起訴、56年末復員）
池崎忠孝＜赤木桁平＞	（衆院議員、文部省参与官、漱石などの研究／病気の為不起訴）
本多熊太郎	（外務官僚、汪兆銘中華民国大使、東條内閣顧問／病気のため不起訴）
徳富蘇峰	（大日本言論、日本文学両報国会長で戦争推進／高齢で自宅拘禁され不起訴、文化勲章を返上）

＊軍人、兵士、そして家族までの自殺・自決　あえて自殺者を挙げるのは、戦争責任を取る形で自殺（自決）した者が「潔し」「軍人の鏡」などとして讃えられ、許容する風潮が流れることでいいのか、と思うからである。

たしかに、「生き恥をさらす」「部下らに対して示しがつかない」といった生き残り組への批判的な見方も出ているし、旧来の日本的な潔い責任のとり方だ、との評価もある。では「死による責任」の取り方でいいのだろうか。ともすれば、「死ねば許される」風潮もある一方、死によって戦争の反省も教訓も残されず、集団統治にアグラをかいていたトップリーダーたちが、個人限定の責任感やおのれの責任逃避・回避でウヤムヤにしていいものだろうか。

戦争に関わり、推進した軍人はじめ各界のリーダーたちの、敗戦時の対応は多様で、うろたえ、逃げの口上を述べ、関与を隠すなど、さまざまだった。権力に乗って強引で大威張りだった人物が一転、穏健論者になり、責任転嫁に走ったりした。

ただ、自殺者の名誉の観点からすれば、その責任感、純粋な使命感を黙視することもできない。第一線で、任務に忠誠を尽くし、擁した部下を死に至らしめた自責の思いは、人間としての基本的な姿勢だろうし、また死をもって国家の命令に従おうとした兵士らの精神も尊いに違いはない。

戦争に至るまでの和平の努力が十分に果たされ、武力による他国への侵略などが避けられていれば、戦闘による大量死や責任を感じての個々の死などは避けられていたと思われる。戦争というものの結末としての悲劇を、常に念頭に置いた政治、外交、そして防衛でなければならないだろう。

要人の自殺

小泉親彦	（陸軍軍医総監、中将、近衛、東條内閣厚相／45年9月自宅で割腹自殺）
橋田邦彦	（生理学者、近衛、東條内閣文相で戦時教育推進／45年9月自宅で青酸カリ自殺）
納見敏郎	（陸軍中将、第28師団長、沖縄戦の先島群島司令官／45年12月任地の宮古島で自殺）
近衛文麿	（首相、外相など歴任、大政翼賛会総裁／45年12月荻外荘で青酸カリ自殺）
本庄繁	（陸軍大将、枢密顧問官、関東軍司令官、張作霖軍事顧問／45年11月陸大内で割腹自殺）
杉山元	（近衛、林内閣陸相、参謀総長、教育総監／9月司令部で拳銃自殺、夫人も直後に短刀で自害）

註:杉山はA級戦犯容疑だったかは未調査

A級戦犯にならなかった軍幹部の自殺など

阿南惟幾	（陸軍大将、最後の鈴木内閣陸相で戦争継続主張／8月15日陸相官邸で割腹）
寺本熊市	（陸軍中将、陸軍航空本部長／8月15日役所内で拳銃自殺）
宇垣纏	（海軍中将、第5航空艦隊司令官／8月15日ポツダム宣言受託後宇垣ら18人が特攻機出撃、戦死とされず）
大西滝治郎	（海軍中将、神風特攻隊創始、第1艦隊司令長官／8月16日官舎で割腹）
山田九七郎	（海軍少佐、302飛行隊長／8月24日　本人と妻も服毒自殺）
国定謙男	（海軍少佐、軍令部参謀／8月22日　本人拳銃自殺、妻、2児も殉死）
田中静壱	（陸軍大将、第12方面軍司令官、憲兵司令官／8月24日司令官自室で拳銃自殺）
島田朋三郎	（陸軍法務中将、五·一五、永田鉄山殺害の相沢事件などをこなす／9月4日拳銃自殺）
親泊朝省	（陸軍大佐、大本営報道部長、南京事件告発／降伏調印翌日の9月3日拳銃自殺、妻、長男、長女も殉死）

これらは、ごく一部の例に過ぎない。

『世紀の自決―日本帝国の終焉に散った人びと』（額田坦編・改訂版、１９７５年・芙蓉書房）のリスト〈追加分を含む〉によると、終戦後の自決者は５８８人、また妻子など家族ぐるみの死者は17家族34人に及んでいる。

陸軍では、大将7、中将16、少将5で、下層の1等兵14、上等兵34が巻き込まれている。18歳の陸軍兵器学校生徒までが自害した。海軍は中将2、少将1、1等水兵1などとなっている。

この著書で初めて知った事実を紹介しておきたい。

戦後1年近く経った46年6月、新京（現長春）第8陸軍病院の若い看護婦22人が一緒に青酸カリを飲み、自決した。ソ連軍に数人の看護婦が必要とされ、何回か派遣していたが、ある日、満身創痍の看護婦ひとりが逃げ帰り、ソ連兵の慰み者にされていることがわかった。その翌日、22人は制服制帽を身に着け、足を縛り、合掌した姿で、線香の香るなか、きちんと2列になって横たわっていた。駆け付けた婦長がその後、なんとか帰国して事実が判明した、という。

「戦争というもの」の実相である。為政者は、こうした事実、歴史の教訓をどう受け止め、戦争回避の努力に向けるのか。「防衛」の名目が拡大され、軍備増強に予算をつぎ込み、地球の裏側まで進出し得る施策と、このような国家名目の動員による悲劇、との脈絡をどう考えているのだろうか。

第7章　ある兵士の二重の不幸

戦争というものは残酷である。

一過性のものではなく、その残酷は悲しみとなって、尾を引き続ける。「時」は悲しみを癒してくれる、というが、本当にそうなのだろうか。

古い新聞をめくるうち、ひとつの記事に目を引かれた。一兵士として、激戦の硫黄島に動員された若者が全島壊滅のなか、岩穴に逃げ込み、米軍の目を逃れて4年近く生き延びる。昭和24年、ついに投降し、帰国する。だが、島に埋めた日記を掘り出そうと一時の帰島を望み、認められた。同26年春、久しぶりの硫黄島に戻る。そこに、不幸が生まれる。その兵士の心のうちは、推測はできても、真実はわからない。

小笠原諸島にあるその島はいま、東京都に属しながら、相変わらずの戦争の名残を残して、自衛隊が駐屯する。一般人は立ち入れない。太平洋戦争の遺体はまだまだ多く残され、戦争はいまも終わってはいない。

海軍水兵長・山蔭光福　その19歳の若者は、岩手県花巻市出身の山蔭光福という。１９２５（大正14）年6月生まれ。終戦まで1年足らずの１９４４年9月、横須賀の海軍砲術学校で3ヵ月の厳しい訓練を受け、浦賀防備隊から硫黄島増援に志願する。この年6月には、米軍の空襲と艦砲射撃を受け、この島の命運はすでに尽きかけているときの増派だった。
それでも山蔭は、地下5メートル、横穴の深さ10メートルの壕掘りや、砲台つくりに追われた。炎天下に与えられた水はわずか1合、食料供給の輸送船は月に1、2回になって主食は4割減、といった状況だった。12月になると、1日1回程度だった米軍の空襲が2回3回と増え、B24、B29機による連続爆撃は夜間30分おき、となり、一度に5キロ爆弾を数百発も落とされる事態になっていた。翌年2月になると、3つの空港のうち一つが、その2日後には島の4分の1が占領された。

そこで、上陸した米軍への斬り込みが計画され、55人の砲台員は半分ほどに減り、3月12日には生存者は山蔭を含む6人だけになっていた。

3月17日は硫黄島全滅の日。166メートルの摺鉢山に米兵が星条旗を立てる姿の写真は大きな話題になった。この戦闘は、クリント・イーストウッド監督の『父親たちの星条旗』『硫黄島からの手紙』でもよく知られている。ちなみに、この旗を掲げた米兵6人のうち3人がその後の戦闘で亡くなっている。

隠れ、逃げる4年間

3月15日、山蔭の避難するトーチカが爆破され、夜になって、部下ながら年長の松戸利喜夫とともに斥候に出る。だが、戻ると、上司である機銃砲台長の大野利彦少尉らがいない。

山蔭、松戸の逃避行はここから始まる。昼は岩穴に隠れ、夜間に食料を探す。台風や暑さはあるが、南方の島で寒さがあまりひどくないのが救いだった。また硫黄島という文字通りに蒸気の吹き出すところがあって、食料は料理しやすかった。

ひそかに畑を作り、サツマイモやカボチャを育てた。パパイヤの木や根まで食べ、野草のホタル草などを噴気で蒸して食べた。水の確保が難しかったが、米軍の工事現場や兵舎に残した缶詰、ミルクの缶、チョコレート、マッチ、やすり、ナイフ、糸、アスピリンなど、ときに衣類となる白いキャンバスの布が手に入り、靴、ズボン、帽子に仕立てた。餓死相次ぐほかの戦地と違う条件に恵まれ、物量豊富の米軍あっての逃避生活だった。

だが、連日、米兵が探索に現れ、手りゅう弾を投げ、小銃を撃ち、ダイナマイトをさく裂させるなど、緊迫の日々が続いた。飛行機に見つかり、機銃掃射も受けた。狭い傾斜のある岩穴のそばに米兵が現れ、発見寸前のこともあった。

とにかく、食べること、見つからないことに、神経をとがらせる二人の日々だった。

若いがランク上の山蔭兵長、13歳年長の松戸上等水兵。二人に仲たがいなく、それぞれの個性と知恵を認め、助け合ったことが、4年近い歳月の苦しい日々を乗り越えさせたのだろう。山蔭は独身だったが、松戸には4人の子どもがいた。

投降に至るまで　日本敗戦を知らず、いつかは日本軍の奪還が実る、と信じることで生きていた二人だった。

それでも、松戸によれば、1946（昭和21）年1月ごろ、雑誌の「ライフ」を拾い、上野・不忍池にボートを浮かべる日本娘と米兵の写真を見た。さらに、米兵と日本の娘が、互いに相手の口にリンゴを持って食べさせあっている写真を見つけ、「負けたな」と感じたという。松戸によると、山蔭は「もうだめだ。生きている用（要）はない。いまから、やつらの幕舎めがけて斬り込もう」「われわれが内地を出るときは、日本の全女性は〝銃後を守り最後には敵とも戦う〟と勇ましかったはずじゃないか。それが、われわれのこの苦しみも知らず、このざまは……」と目をギラギラさせて言った。ただ、年上の松戸が、日米両国が平和にやっているなら、この島で米兵を殺傷させたらマイナスになる、と説得。結局、投降などはせず、いつか住み着いていた島民が帰るまで待とう、とホコを収めた、という。

　米兵の前に、投降だけはできない。そこには、「生きて虜囚の辱めを受けず」という東條英機陸相時代の戦陣訓が頭にあり、捕虜となるくらいなら死を、という意識があったのだろう。この軍命は、当時の兵士たちにとって、背けない重みがあり、また憎しみを植え付けられ、日夜敵対してきた米軍というものへの恐怖が消えなかった。

　岩穴では、蓄えた食べ物を狙って、ネズミが出没、拾ってきたネズミ捕りを仕掛けて茶色味をおびた白いハツカネズミを捕まえた。ハリガネの箱を作り、「長太郎」と名付けて飼い、日々の楽しみにすることもあった。

　長太郎を野に放ったのは昭和24年の元旦。山陰、松戸は10日間ほど話し合い、十中八九殺されるにしても、もし銃殺されるなら舌をかみ切って死のう、と決断して、新年を機に投降しよう、と決めた。

　岩穴の整理を始めると、箱入りの新品の下着６ダース、米兵の夏服上下３着ずつ、靴３足ずつ、たばこ１００カートン、ウィスキー、ビール、缶詰多数、コールドクリームやアスピリンなど各種の薬品、蓄音機2台、レコード約50枚など、引き揚げた米兵が捨てたものや、失敬してきたものばかり。「(投降の)準備を始めて驚いた」と、山陰は書いた。帰国した米兵らが処分していったものが、大量に手に入っていたのだ。

投降の日の早朝、二人は歩き出すが、通りすがる米兵らの2、3台の車は見向きもしない。やっと乗せられたジープは、自動車の修理工場に連れて行ったが、そこで降ろされたものの放置の状態。イヌに追われるなど、まごつくうちに建物群に行きつき、2、3の士官のもとで英和辞書などを手に「軍人」「海軍」の文字を指さすことで、何とか身元は判明。まもなく一人の中国人が来て通訳し始めた。「ジャングルボーイ」「20年8月15日に終戦」「君たちは捕虜」……

そのあと、硫黄島の米軍司令の大佐のもとで、本籍地、姓名、生年月日、官職階級など30分ほどの質疑が済むと、隠れ住んでいた洞くつに案内させられ、身体検査、夕食などが続く。そこではじめて、天皇の無事、東條の処刑を知った。

硫黄島の玉砕から5ヵ月後の日本の降伏。「戦況は相当に不利だったはずだ。それなのに、戦況をなぜ一言も伝えてくれなかったのだろう。そうすれば島にいた全部のものとはいわないが、一部のものでも尊い生命を散らすようなことはなかったであろう。それを日本本国からは、戦況の不利どころか、まったく反対に『連合艦隊を信頼せよ』また『特攻隊を信頼せよ』などといってきた。そして多くの先輩同僚が玉砕し、われわれ二人も、やがて逆転を……と考えてがんばってきたのだ。ほんとうにくやしかった」。山蔭は、終戦を知った直後、このような怒りを覚え、書き残した。

日本にたどり着いて

翌日、双発機でグアム島へ。精密検査などを受けた十数日後の1月21日、「飛行機で日本に帰す」。その帰途、機上からサイパン島を見て、山蔭は「ここもかつて日本軍が玉砕した島、花と散った多くの将兵の霊に、私たちは思わず合掌した」と書いている。

松戸は1月24日、郷里の千葉に帰り、温かく迎えられた。砲弾片を受けた左足の甲が痛みだし、歩行困難になった。しだいに不眠症にもなり、ときおり眠ると自宅周辺が焼夷弾に焼き払われ、米兵に攻められる恐怖の夢に襲われた。

帰国後に、全国の硫黄島関係者の遺族、行方不明者の近親者から、1日10数通の照会状が来て、父や夫の最期の場所や日時、ほかに隠れた生存者の有無を尋ねられた、という。戦後の日本には、悲しみと一縷の望み、が広がっていた。

松戸は、山蔭の帰国後の消息に触れている。

1月24日、岩手に帰る山蔭を上野駅に見送った。山蔭の郷里・花巻での様子はわからないが、彼は復員後に警察予備隊を志願、合格したのだが、入隊後の再検査でヘルニアとわかり、不合格になった。グアム島での精密検査でそのことはわかっていたが、彼自身が米軍の下での入院や手術を望まず、まずは帰国したい意向だった。その時に「海軍防衛隊時代、十二センチ高角砲の訓練で、重い弾の装填を毎日毎日させられ」たことで、と山蔭本人から聞いていた。島内でも、あまり重いものは持たず、夜の外出もためらいがちだった、という。

それにしても、朝鮮戦争勃発（１９５０年6月）に伴って、米軍の日本駐留部隊が朝鮮に出動したあとの国内治安の対応策として生まれた警察予備隊（のちの保安隊、現在の自衛隊）であるが、戦争に苦しんできた山蔭がなぜそのような組織に入ろうとしたのか。終戦後の経済混乱期の就職難の時代、好き嫌いを言える状態になく、帰国したばかりの山蔭にとっては技量を生かせる職業に映った、のだろう。

二人の「日記」のこと　ところで、これまで引用してきた山蔭、松戸の手記というか日記は、ふたりの思いを解く大きなキーワードになっている。結論から言うと、二人は共著として『硫黄島最後の二人』（読売新聞社刊）を、帰国から17年後の１９６８（昭和43）年８月に刊行している。

　松戸の場合、島で書き綴っていた４冊の日記を投降時に、50センチほどの穴を掘り埋めてきた。ところが、その後偶然に島内の工事をしていた建設会社のブルドーザーによって、それが掘り起こされたのだ。もっとも、鉛筆で書いた昭和20年の日記は残っていたが、そのあとの３冊は拾った米軍のインクで書いたため、硫黄島のガスのせいか、消えてしまっていた、という。

　一方、山蔭も日記をつけて、島に隠してきた。この日記に思いが強く、いつか島に戻って、という気持ちがあった。そう思いながらも、帰国してから仕事の合間を見て、思い出すままに手記を書き溜めていた。その原稿が、松戸のものとともに、この本の出版に生かされることになったのだ。

　１９４９年７月４日の岩手日報紙によると、このころ母親ハルのもとに厚生省引揚援護局から、光福の日記がボロボロになってはいたが、見つかった、との連絡があった、という。

硫黄島からの帰還報道　山蔭、松戸の投降の第一報は、昭和24年１月９日の朝日新聞に「硫黄島で生き残り　２名が米軍へ投降」のベタ記事として載っていた。氏名が明かされたのは11日の記事で、「ヤマカゲ・クフク（24）＝仙台」「マツド・リンソキ（34）＝東京」とある。米軍の発表は

「1月6日投降」ともあって、間違いや文字の説明ミスが見られる。同じ紙面には、フィリピンから4千柱の遺骨が帰国した、との記事も見える。当時、新聞は表と裏の2ページだけだった。

花巻に帰郷した山蔭は、すでに「故人」になっていた。当時としてはありがちなことではあったが、位牌に「俊興軒正龍義福清居士英霊」「昭和22年3月17日　於硫黄島戦死　海軍水兵長　行年二十二歳」とあり、光福は胸を締め付けられる思いだっただろう。また、戸籍謄本には「昭和貳拾年参月拾七日（時刻不詳）硫黄島方面ニ於テ戦死」とあり、謄本にある日付は、硫黄島全滅の日だが、位牌のほうはその2年後。それは、親族が光福への思いを断ち切るまでの歳月だったか。

戸籍には追記があった。「戦死による抹消の記載錯誤に付き昭和貳拾四年貳月拾壱日付……の戦死報告取消通知により同月拾九日戸籍の記載を復活」。

さらに、「昭和弐拾六年五月八日午前拾時硫黄島中央飛行場診療所で死亡」とある。

この「死」とは、いったい何なのか。

東京で就職した2年間　山蔭光福は帰国後、いったん花巻に帰るが、すでに父千平は亡く、母のハルは彼女の生まれ育った実家に戻っていた。

また、「勝ってくるぞと勇ましく……」と派手に送り出され、軍人としての矜持に生きてきた彼にとって、4、5年間程度のブランクだったとはいえ、日本の状況は様変わりしており、この不在の期間は大きく、郷里での居心地を悪くしていたのだろう。

かつての無二の仲間であった松戸には、海軍入隊時に村の人々から餞別や見送りを受けており、

「いまさら、こんなことで（警察予備隊に）不合格だと村には帰れない」と話していた、という。

そうした事情もあって、松戸は親類である亀戸の鋳物工場の経営者を紹介、山蔭はそこに昭和26年まで働いていた。松戸によれば、山蔭は働き者でおおいに気に入られたが、先輩格の同僚にねたまれ、その後出て行った、という。

そのころ、山蔭は硫黄島での上官だった大野利彦を訪ね、その世話で就職先も決まっていた。

死を求めたか、再度の硫黄島へ

山蔭は帰国後、島での逃避行の様子などを思い出しては記録していた。４００字詰め1千枚近くになっていた、という。

しかし、本音としては島に埋め残してきた4年間の日記を取り戻したかった。その期待がいかに強かったか、推察できないではない。というのは当時、米軍統治下にあった日本からの渡航は不可能な時代だった。それでも、「日記探し」としての米軍の渡航の許可を得ることができたのだ。執念、だったのか。いったい、どのような伝手をたどって実現したのだろうか。昭和26年春のことだった。

時は朝鮮戦争のさなかであり、自衛隊の前身・警察予備隊が生まれ、相次いで政財界や右翼などの公職追放組2万余が解除・釈放される一方、共産党などの左翼グループを抑える狙いからレッドパージが進められ、また社会党の鈴木茂三郎や日教組が「教え子を再び戦場に送るな」と叫ぶなど、保守・革新が激突する時代だった。戦後の新憲法のもと、非武装中立に向かおうとするかの日本が、米ソ対立の渦中にあって、米国との接近を強め、戦前の人材を蘇らせ、軍事増強の道へと進む、大きな岐路に立たされた時期でもあった。

5月7日、山蔭は極東空軍司令部の歴史課員スチュアート・グリフィンとともに、硫黄島に飛んだ。彼は、ジープで山蔭に同行し、その最期を見届けた人物である。

以下は、この米軍人が記した毎日新聞記事（5月10日付）による。

そのトップ記事の見出しは**「太平洋への〝死の跳躍〟」「摺鉢山で硫黄島生き残りの山蔭君」「探す〝四年の洞窟日記〟」「ナゾ解けぬ彼の死」**というものだった。

帰国を控えた8日朝、山蔭は海に面した高地の摺鉢山で写真を撮るために登った。ただひとり、目撃したグリフィンの発言を記事から見ておこう。

「山蔭君が飛び降りたのは摺鉢山旧噴火口から約90メートル離れた地点であった。山蔭君は突然両手をさしあげ『バンザイ』と叫びながら狭いがけの突出部から身を躍らせた。そのため落下する姿はマザマザと目撃された。険しいがけの中腹に同君の身体が最初に激突したとき、火山灰がもうもうと舞い上がった。もち論即死だったろうが、その身体は何度もがけの突出部にぶつかりゴロゴロと転がりながら、落ち込んで行った。午前10時半ごろだったろう。」

なにが、そうさせたか。グリフィンは、彼の自殺の動機として耳にしたとして、職に就けないこと、メンツの失墜への恐れ、日記探しが叶わなかったこと、自分ひとりが生き残った罪悪感、海軍魂の壊滅、などをあげるとともに、日本に住むよりも島に朽ち果てよう、との見方もあった、と述べている。

そして、生前の会話で、山蔭が「この島には陸戦隊七千人を含む二万三千の部隊がいたが、助かったのは私のほかに百五十八人しかいませんよ。そう思うとつらい」と語っていた、と漏らしている。

5月14日付の毎日新聞は**「死はすでに覚悟」「残された遺書と記録」**という見出しのトップ記事で、
『遺書　私が今度硫黄島に行くについて大野（利彦）さんへ万一の場合を思いお願いしておきます。どうせ私が無事帰れない時は現在私の書いている原稿を出版していただきたいと思うのです。―中略―もしぼくが帰らない場合、せめて一人の母親への最後の孝行として、そのお金を母親のところへ送ってもらいたいのです。また私の持物も私が死んだら母親のもとへ送ってください―後略―』

山蔭光福の遺骨は13日、立川空港にもどった。戦前戦後通じて4年4ヵ月ほどの島での日々、帰国後2年3ヵ月ほどの日本での生活。19歳の青年兵士は、26歳での自死を選んだ。江東区の寄宿先に上記の内容を書き残し、10日間帰らなかったら、硫黄島での上官だった大野に渡すよう言い置いていた。遺骨を引き取りに上京したのは実兄の本美で、彼の手に、遺骨と原稿が渡された。後述する山蔭喜久治さんは、本美の長男である。

母親のハルは「何で死んだのか判りません」といい、上官だった大野は「身を投げた気持はあの恐ろしい戦争を体験したものだけが判るのではないでしょうか。私でも摺鉢山に登ったら飛びこまないという自信はもてない」と話している。

波紋　強烈な印象を社会に投じたのだろう、様々な動きが生まれた。

＊和智恒蔵師の行動　元硫黄島警備隊司令官（海軍大佐）だった和智恒蔵は、山蔭の死のあと、か

ねてから要請していた遺骨収集の願いが米軍総司令部に認められた。多数の部下を亡くすことになった和智は、終戦の年の11月仏門に帰依、以来３回の渡島願いを出したが、果たせないでいた。山蔭の自死の２ヵ月後、米軍から明るい可能性が伝えられ、翌年１月に慰霊と遺骨収集の旅が実現している（和智恒蔵『硫黄島洞窟日誌』１９５２・栃木新聞社）。山蔭の思いが通じたかの措置だった。

＊当時の報道から　このころから、南海の孤島で全滅状態だった兵士らの実態が紙面に多く出始めた。それまで多かった記事は海外からの引き揚げの話題だったが、このころから「遺骨」が注目されることになった。

▽**「アナタハン島で飢える22名」「家族が〝救って〟と切な訴え」**　この兵士らは終戦１年以上前に徴用船でトラック島に向かう途中、米軍の空襲でこの島に漂着したものだ。終戦から６年近く経った昭和26年５月15日付毎日新聞の記事である。

▽**「〝南海の生存者〟引取りへ」「孤島、密林に数千？」「野ざらしの遺骨も収容」**の記事は、同年９月10日の朝日新聞で、戦没者の遺骨は中国、東南アジア、太平洋諸島などに陸軍約60万柱、海軍約30万柱あり、帰還した遺骨は約50万柱、と引揚援護庁は見る。さらに、「古今東西の戦史によれば、戦のあと、敗戦国は必ず戦場で自国兵士の遺骨を集めているというが、日本は遺骨だけでなく、捕虜ではない数多くの外地残存兵を抱えている」と指摘する。

　この記事の直前の８日、日本はサンフランシスコ講和会議で、日米安保条約を結び、対日講和条約によって独立を確保した。戦前に猛威を振るった旧特高警察関係336人が追放解除されている。多くの遺族の悲しみを残し、その決着もつけず、「戦後」がなお継続するなか、新たな再軍備が進められるという、まさに体制がガラリと切り替えられる瞬間だった。

その講和条約の最終宣言には「戦死者の墳墓について必要とされる協定を連合国と協議」することになっていたが、これもどこかに忘れ去られた。

▽**「一変した孤島の姿」「硫黄島の現実を見る」** 前述した和智恒蔵師の硫黄島での慰霊祭と遺骨調査に同行した朝日新聞記者の記事は、昭和27年1月31日紙面に、白骨をはじめテント、シャツ、飯盒などが散乱する大きな写真とともに掲載された。「目のとゞく限りでは遺骨の発見は不可能だった。だが、出口を閉ざされたほら穴の奥、生長の早いネム林の地下、移動の激しい砂地の底に埋もれている遺骨の数は想像に余りがあった」。島には2万柱（復員局調べ）があるという。

▽**「硫黄島の遺品を遺族へ」「米副領事から委託」「従軍中、集めた卅二点」** かつて硫黄島で海兵隊情報部にいて、福岡の副領事を務めるJ・O・ザヘーレンが、遺言状、家族の写真、便り、慰問文など32点を朝日新聞に届けた（同27年2月1日付）。「投降者は戦いの最中に二百人。その後二、三ヵ月に約一千五百人だと記憶している」。そして3日付の記事では、飯盒と「軍隊内務令」が二遺族の手に戻った。

また「声」欄には、神奈川県の主婦が「骨を拾うことも、供養するのもいいでしょうが、第二、第三の硫黄島を再現させないことこそ最大の供養になると思います」と投稿していた。

＊**『海軍学徒兵、硫黄島に死す』**（１９８０・講談社）　これは、筆者も現役記者時代に知る、大先輩格の読売新聞政治記者だった多田実の著作（講談社）だ。多田も、硫黄島に徴兵され、九死に一生を得たひとりだ。「十九年六月からの硫黄島作戦に直接間接参加した海軍学徒出身士官の総数約四百名、そのうち最終戦闘に参加した者のほとんど百八十三名がこの戦いで死んだ」。

　また、山蔭の上官で、彼の死の直前に遺書などを届けるよう依頼していた大野利彦も予備学生出身で、わずかに生き残った一人だった。

＊**『硫黄島—極限の戦場に刻まれた日本人の魂』**　平成12（２０００）年3月、この島で日米合同の慰霊追悼式が行われ、沖縄の海兵隊員２００人も参加した。硫黄島戦55周年だった。同6年には、天皇皇后も来島、「精魂を込め戦ひし人未だ地下に眠りて島は悲しき」と詠んだ。その翌年に武市銀治郎が書いたのがこの書だ（大村書店）。

　硫黄島関連の出版は多い。『白骨の島』（萩原頴雄・蒼樹社）、『硫黄島に死す』（城山三郎、新潮社）、『硫黄島いまだ玉砕せず』（上坂冬子、文藝春秋）などだけを挙げておこう。ただ、テーマや主題はさまざまだ。

＊**芥川賞と映画化**　終戦直前にごく短期間見習士官になり、読売新聞記者から小説家になった菊村到は、この山蔭の去就を題材に『**硫黄島**』（角川書店）を書いて芥川賞（１９５７年）をとり、59年には宇野重吉の監督で映画化されている。ここでは、小説に描かれた「死」の推理には触れない。

硫黄島とは　ところで、硫黄島の戦いの持つ意味はなにか。父島、母島などの島しょから成る東京都小笠原村にある硫黄島だが、海空の基地のみで一般人は入島できない。東京から1200キロほど、東西8キロ、南北4キロの孤島で、戦前には1千人を超す入植者たちが硫黄の採取、サトウキビなどの栽培、近海漁業などを営んでいた。

太平洋戦争が始まると、この島の空軍などの基地としての戦略的な意義が高まる。開戦の1941年末から1年足らずは、日本軍の勝利が続くが、その後はミッドウェー海戦の敗北、ガダルカナル島の敗退、アッツ島玉砕、マリアナ沖海戦惨敗、サイパン島、グアム島玉砕、レイテ沖海戦敗退など、次第に本土に迫られる戦況が続く。

敗色強まる中で、45年2～3月に硫黄島の命運が決まる。米軍の狙いはこの島を制圧すれば、B29戦闘機の日本本土襲撃に好ポジションが得られる。日本軍は飛行機、船舶の激減する中で、島への人的補充のみに力を入れている。

日米双方の犠牲は　いろいろな数字が示されているのは、どの戦争の場合でも同じだが、ここでは先述した武市銀治郎**『硫黄島―極限の戦場に刻まれた日本人の魂』**（大村書店・2001平成13年刊）を使わせてもらう。

この数字から見えてくるのは、日本軍は人間の生命を投入して戦闘に臨んでおり、物量において圧倒的に優位に立った米軍を相当に脅かしていることだ。だが、冷静になって考えれば、これほどの犠牲を払って戦う意味がどこにあったのか、という疑問が消えない。

日米双方の犠牲者

	日本軍		米軍	
戦死	陸軍	12,723		
	海軍	7,406		
	計	20,129	計	6,821
戦傷	陸軍	726		
	海軍	297		
	計	1,023	計	21,865
合計		21,152		28,686

武市銀治郎『硫黄島―極限の戦場に刻まれた日本人の魂』より

両軍の戦闘力を比較しても、日本海軍の砲は23門、米側は１６８門、日本の特攻機延べ約75機に対して、米側は戦闘機等が延べ４千機以上、また日本は艦砲の支援なく、米側は１万４２５０トンだった、としている。日本の主力は地上の大砲と人間で、海空の軍事力はほとんどなく、米側の艦砲射撃と空爆にかなうはずもなかった。

兵力は米軍が６万以上を投入し、日本は島への接近も難しく２万３千ほどだったが、その96％がこの島で失っている。

硫黄島昨今――遺骨収容と放置は半々　硫黄島の遺骨は、厚労省によると、１万４１０柱が収容され、未収用は１万１５００体に及ぶ。硫黄島は68年に米国から復帰、分厚く築かれた滑走路周辺を、地中探査レーダーで地下４メートルの遺骨、地下10メートルの地下壕（空洞）を求めて調べたが、遺骨は地下壕跡から２体が見つかっただけ。地熱が高く、火山性ガスが出るなど、作業も大変だったという。

硫黄島の遺骨収集の関係省庁会議が２０１３年に、この収用を政府一体で取り組むとしたが、遅々として進まない。また、２０１６年に戦没者遺骨収集推進法ができたが、すでに70年を超してやっと、である。それも、制度は作るが、対応はついてきていない。戦後70余年経って、時代とともに忘れられていくことを待つかのような取り組み。徴兵制度のもと、半ば強制的に国家の命令を受けて、過酷な戦地で死ぬ。果たして国家は最低の責任を果たしてきたか。

トランプ大統領は（でさえ、とは言わないが）最近、敵対の長引く北朝鮮に米兵の遺骨返還を求め、ごく一部を実現させたが、日本政府は平和な関係にある諸外国からの遺骨の引き揚げにどれほどのこだわりを持ち続けて取り組んでいるのか。

日本は権力与党や官僚機構を中心に、国家の命令で命を落とした者に対する思いが希薄に過ぎるのではないか。

「国家」を重視するわりに、諸外国に比べて、戦争犠牲者への思いは鈍く、放置しすぎているのではないか。

ちなみに、海外を中心にまだ１１３万体の遺骨があるといわれる。「国家の責任」にやさしい国民。それに甘える国家・政府。戦争責任を感じるかの天皇夫妻としての戦闘地への行脚も、「平成」の幕を下ろすことで終わった。

フィリピンとの遺骨収集は8年ぶりの再開が、２０１８年5月に合意された。ここでも、日本人戦没者２４０万のうちフィリピンでは約37万人の遺骨が未収集、という。いろいろの障壁はあろうが、70年余の歳月を経たいま、まだこのレベルの取り組みだ。

そうした中で、２０１８年3月、硫黄島の生き残りだった秋草鶴次が90歳の生涯を終えた。戦闘では命こそ残したが、３本の指を失い、太ももを砲弾片が貫通した。秋草は、山蔭とほぼ同世代で、同じ戦争の苦しさの中に身を置いていた。『十七歳の硫黄島』（２００６・文春新書）を書き残し、各地で戦争の非と虚しさを話し続けた。

その一方で今、硫黄島には固定式の警戒管制レーダーが整備され、２０２０年には中国軍の空母進出を監視するという。約５億円が予算化された。また、総額４６６４億円といわれる陸上配備型迎撃ミサイルシステム「イージス・アショア」２基の配備が具体化しようとしていたがそれが突然白紙になった。中国やロシアは、米国追従の形で軍備を強化する日本に、警戒と対決意識を見せ始めている。

地中に眠らせられた遺骨は、この新たな軍事的な進展をどう見るのか。75年間の時代の変化、長期的な外交よりも短期の軍事化、の姿を受け入れるのか。

山蔭家を訪ねて

山蔭光福が生きていれば95歳。出身の岩手県花巻市を訪ねた。彼の生まれ故郷・湯本温泉近くに、畑に囲まれた静かな一軒の家があった。

甥にあたる山蔭喜久治さんがいた。「叔父さんが帰国したのは3歳のときだったから、何も覚えていない」と言いつつ、位牌を見せてくれて、除籍謄本を取り寄せてくれた。たしかに、当時の話については進むことはなかった。ただ、仏壇に日夜線香をあげる雰囲気には、何か叔父を思い起こそうとするような、静かな気配があった。

喜久治さんは、派手な大型のサイドカーを持つ。これが、生き甲斐のように思えた。記憶にない叔父との時代、年代の開きが際立ち、日本の75年間の変動の大きさを思わせた。

岩手県は、戦争への人的供給源だった。戦前の農業主体の経済基盤は、大家族の生計を維持しきれず、軍隊は二男、三男たちのいい就職先であり、糊口をしのぐ場でもあった。

この湯本（元稗貫郡湯本村）は明治以来、西南の役の従軍6、八甲田山雪中行軍の遭難1、日清戦争従軍13、日露戦争従軍１２０・戦没11、第一次大戦従軍１１８・戦没9、さらに満洲事変から太平洋戦争までの戦没は陸軍１６２・海軍26・軍属7・看護婦と学徒各1、と犠牲者も相当数にのぼる（『角川日本地名大辞典』）。

光福の横須賀軍務時代には、同郷の一等兵がおり、硫黄島の空爆激化のころには隣村出身の一等兵がいた。光福の知人であったかわからないが、地元出身の菊池武雄もまた終戦直前にマニラで戦死した。

・・・・・・・・・・

戦争の記憶は次第に薄れる。そして、忘れたころに新たな戦争の準備――対外的な差別や嫌悪の情があおられ、あるいはもっともらしい理由づけによる軍事費の増大などが進められる。軍備増強とともに、和平の維持高揚への外交努力が薄れていく。

状況は異なるが、山蔭光福のような悲しみが再生産される土壌が生まれてくる。硫黄島のみならず、外地に眠るあの無数の遺骨は放置されたままで、国家は「徴兵制度」「国民皆兵」の政策を押し付けておきながら、その遺骨の収集・帰還の労を積極化させ、優先させる気配は乏しい。兵士たち戦死者の霊だけは、いわば政府の手で形式的、強制的に靖国神社に祀られる。戦争遂行の責任者と一緒に祀り、その矛盾をも気付かずに、権力を握る政治家たちは年に２、３回、賑々しく靖国神社の舞台に姿を見せる。批判されれば、ごくわずかな真榊《まさかき》、玉串料はポケットマネーだと言って奉納する。

それはそれとしても、遺族たちの思いは御霊《みたま》だけにあるのではない。本人の帰還が望めないなら、せめて身近な思いをとどめる遺骨にこそ触れたいのだ。

形式的な御霊祀りか、肉親のせめてもの思いを遂げる遺骨の確保か。そこに、政府・政治家など権力者の、戦争犠牲者への認識の誤りがある。

戦争というものへの国家の責任と義務について一過性にしか考えない。犠牲者周辺に残された悲しみの深さを知ること、そのせめてもの安らぎのためになすべき任務を果たすこと、ひいては戦争を「悪」とし、ふたたび引き起こさない大きな視点から常に取り組むこと……そのような基軸は持てないものか。

山蔭光福という一兵士が巻き込まれた、思いもよらない生還と死は、多くのことを今、75年後になっても語り掛けている。

第8章　徴兵制（兵役）拒否を再考する

「徴兵制」という言葉は、死語に近いだろう。日本の国民が兵役を強制されることは、まずありえない。ただ、戦争の歴史を考えるとき、過去のこの制度の果たした役割と責任を忘れることはできない。一度決まった「制度」は、運用されるなかで強化されることはあっても、問題が生じたり、反対の声が上がったりしても、廃止や改革することは極めて難しい。

徴兵制というこの制度について、かつての動向と反応をぜひ考えてみたい。

この制度を具体的に感じたのは30年前に、北九州市で勤務したときだった。地元・八幡出身の「イシガ・オサム（石賀修）」という人物が兵役を拒否した、という話を聞いた。当時、彼は存命であり、新聞記者として会えば会えたのだが、あまり真剣に考えず、機会を逃してしまった。

長い記者生活のなかで残念で、反省される一事だった。

イシガ・オサムのこと

＊人となり　石賀修（1910―94）は旧制小倉中学から東京帝大を卒業、無教会派のキリスト教徒になる。暴力は常に誤りとし、平和、平等、質素などを信条とするクウェーカーに共鳴、またエスペラント語を学んだ。『ニルスのふしぎな旅』で知られるスウェーデンのノーベル賞女流作家セルマ・ラーゲルレーヴの作品「エルサレム」などを翻訳している。彼は、エスペランティストのためか、ペンネームとしてか、イシガ・オサムを名乗る。

１９３４年に「戦争反対者同盟（ＷＲＩ）」に参加。徴兵検査で現役補充兵に適さない「丙種」とされた。だが、兵籍には編入されて、43年８月に原籍の岡山に出頭を命じられるが、処罰も覚悟して兵役を拒否、留置後に罰金刑50円の判決を受けた。一時福岡の女学校、さらに鹿児島・鹿屋のハンセン病の国立療養所・星塚敬愛園に勤めたあと、終戦３週間前の召集で軍の衛生兵に従事。終戦後から11年間、この療養所に戻って奉仕の生活を送った。

＊イシガの思い　彼は『神の平和―兵役拒否をこえて』（１９７１・新教出版社）の著書で、戦時下での自分の兵役拒否への思いを記している。だが、最後の段階で転向し軍務についたことからすれば、完全な確信犯ではない。むしろ、徴兵という強制をめぐって思い悩む姿が、知識層の実態だと思えるのだ。「国家」対「個人」の葛藤である。彼の残した日記・手記から以下に引用する一部からも、そのことは鮮明に示されている。

　国家の制度である徴兵を拒否することは、法制的に難しいこともあるが、当時の国家権力としての軍隊や警察機能の暴力的な横暴のなかで、また個としての人間の煩悶に苦しむなかで、完全な拒否の難しさが示されている。

「死刑を思っては顔をそむけたくなり、戦争の苦しみを察して心重く、家宅捜索の結果物を失うことを悔やむ」（１９４２年2月25日）

「（ある夫人からの便りに）『非国民でしょうか』とあるのを見て、ほほえましかった。こちらのほうでいまに超非国民ぶりを見せてあげますから驚かないように、と言ってやろう」（同年２月26日）

「(国家主義者、大東亜共栄圏を思い) かれらは国家をダシにして、自分の欲望のために他人のいのちをイケニエに要求しているのだ! われらのただ一度のいのちを!」(同年4月27日)

「戦争に負けることよりもさらに恐ろしいのは、良心の命ずるところを公然と破ることだ。自分の良心の命ずるところに忠実に従おうとすることより以上に国のためにつくし得る道を知らない」(同年5月8日)

「(召集の前段階の徴兵時の) 点呼に先だって、(兵役拒否を) 自首することを思いついた。憲兵に対しても、憎悪を持ったりすることはまちがっている。だがこの手段に出れば憲兵に対しても、また父に対しても、また自分自身にとっても、いちばん当りがやわらかそうに行きそうだ」(同年9月16日)

「ゆうべ感謝して食事の膳にむかったときに、ふと営倉の食事の連想から苦い現実の営倉生活に考えが行くときなどは、だいぶ考えこんでしまう。死を覚悟すればすべては問題にならないのに」(同年9月29日)

「かりに平和主義のせいで牢屋にはいったとする。そのときにも、いつか出て来て、この人は平和主義のために牢屋にはいったのですよ、などと人に言われるときのことを思って得意になっている。こんな軽薄な態度(同胞への愛の不足を示している)で行動することはなんにもならない。もっと愛の深められた立場からでなければ、と思う」(同年10月18日)

「点呼はイヤ、病気もイヤ、牢屋もイヤ、なんとかしてのがれたいと思う。のがれる道はない。イヤだ、イヤだと思う」(同年11月2日)

「『八紘一宇という美しい理想』が死にたくない人間をおおぜい殺すことを必要とするものならば、それを美しいともよいとも思えない」（１９４３年３月５日）

「結局のところ、わたしの主張はこうだ、戦争は悪いと思うからしない、それで殺すといわれるなら、やむを得ない、戦争に直接関係しない仕事のためなら働こう」（同年５月19日）

「心の欲するところにしたがって則をこえ得る境地になったたか。わたしは兵役に服するよりは懲役に服したい。戦場で死ぬよりは刑場で死にたい。なぜならば、戦争は罪悪だと信ずるから。罪悪に組しないのは正しいことだと信ずるから。そしてわたしはこのために生まれてきたのだと信ずるから」（同年６月７日）

＊イシガの「転向」　このように悩む石賀修がなぜ、強制に服するような「転向」に至ったのか。「いったいわたしの求めるところは平和にあるのか、戦争の絶滅にあるのか。もし前者ならば、それは戦争の中にも存在する以上、必ずしも戦争の絶滅の要求とならぬかもしれぬ。またもし後者ならば、戦争の絶滅即平和でない以上、この要求にどれほどの意味があるかいま一度考慮しなくてはならなくなるのだ」

彼は、戦争と平和との間に常識的には一つの線を引くことができる、と考えてきた。しかし、平和即善、戦争即悪、とは言い切れないものがある。逮捕投獄され、軍需生産を命じられた時も従事しないのか。彼はそれでも、平和的生産なら従事してもいい、と思っていた。だが現実には、軍事的生産を強制されれば、その道は閉ざされる。では、戦争のために働くか、餓死の道を選ぶか……

論理的にはそうなるのだが、現実には餓死の道の選択は容易なことではない。この点が、戦争抗止の手段をジャスティファイできない理由のひとつだった、という。

「戦争抗止者は全力をあげて積極的に平和の障害を除去すべく努めねばならないのだ。しかしわたしはその挙に出なかった。かげでコソコソやっていただけだった。そしてわたしが兵役忌避の挙に出たのは、とうとうせっぱつまって、やむを得ずしたことなのだった。この私の臆病さのうちには戦争抗止者インターナショナル（註：戦争反対者同盟）の原理に対する懐疑もあった。ひとつの社会的運動の原理としてはそれはあまりにラディカルであり、ある意味では小児病的である。少なくともわたしにとってはいささか無理なことを感じていたのだった」

彼は、ひとつの理論と見ないで、個人的なあかし、神から示された道としてみれば、議論の余地はなく、それに従うのが唯一無二の義、とする。

「戦争をいとい、その速やかな終結を願う心はかわらないが、非合法運動によってでもその終結を促進しようという熱意と勇気とは今の私にはない。召集がくればわたしはおとなしく出かけてゆく。そして戦うだろう。しかし、つとめて人を殺し傷つけることを避けるだろう」

＊どう受け止めるか　石賀の思考の彷徨を、どのように感じるだろうか。かりに今、戦争まぢかとして、戦争反対に突き進めるか、あるいは身近な課題として悩むか、あるいは戦争の掲げる「大義」容認の立場に向かうか。石賀のたどった道は、人それぞれの思いで考えてみたい。

宗教的信念に忠実たらんとするか、個人としての精神・信条を生かすか、おのれの肉体的な苦痛を避けて温存を図るか、流れに身を任すのか……その可否を問えるのは個々の自分しかない。石賀の思いをもとに、「戦争というもの」をもう一度考えてみたかった。

兵役拒否者の姿

＊斎藤宗次郎　斎藤（１８７７―１９６８）は岩手県花巻市の寺に生まれ、岩手の師範学校を出て、花巻小の教諭になる。愛国青年として6週間の入営生活を送るが、病気で仙台の病院に入院、そこで内村鑑三の著書に触れ、キリスト教に目覚める。１９０３年、徴兵検査を受けることになり、「敵を愛せよ」の立場から、兵役忌避と軍費に供する納税拒否を主張する覚悟で、内村に手紙を出す。すると、内村が花巻に飛んできて、「キリストが他人の罪のために死の十字架についた同じ原理で戦場に赴く」「戦争事態に直面したときの無抵抗」「他人を自分の代わりに戦場に向かわせる兵役拒否者は臆病者」という趣旨で説得された結果、翻意して出征したという。

　内村は日清戦争を支持したが、その悲惨さを見て日露戦争については非戦論を打ち出した人物。また、黒岩涙香の「万朝報」社在勤時に、涙香が戦争を支持したのを機に、内村は幸徳秋水、堺利彦とともに退社したことはよく知られている通りだ。

　この内村の宗教的論理は、非宗教者に通じるものだろうか。また改めて触れていきたい。

　ちなみに、斎藤はその後、信仰の道を歩み、上京して内村の死まで身近にいて信奉を続けた。

ところで、『吾輩は猫である』の挿絵を描いた洋画家の中村不折（１８６６―１９４３）は、斎藤を「花巻のトルストイ」と呼んだという。斎藤は、同郷で20歳ほど若い宮沢賢治とも近しい付き合いがあったという。なお、斎藤には自著『花巻非戦論事件における内村鑑三先生の教訓』（１９５７・クリスチャンネーム社）がある。

＊矢部喜好　矢部（１８８４―１９３５）は、福島県喜多方市の出身で、会津中学在学中に入信したプロテスタントの牧師。学生時代から「神は人を殺さず、戦争は人を殺す」と街頭で呼びかけていたという。日露戦争時に召集を受け、仙台の連隊に自首、兵役を拒否して禁固２ヵ月の判決を受けるが、その後看護兵として応召している。

そのあと、アメリカに10年ほど留学、米人宣教師と出会い、帰国後に滋賀県大津市膳所の膳所同胞教会、大津同胞教会にあって琵琶湖周辺での教化活動にあたった。「永遠の平和を獲得するための戦争、などは痴人の夢」「剣をとる者は剣にて滅ぶべし」と述べた。田村貞一著『矢部喜好伝』（１９３７・湖光社）。

護憲運動を率いた同志社大学長田畑忍は、矢部の弟子だった。孫弟子に土井たか子がいる。

＊須田清基　須田（１８９４―１９８１）は、群馬県安中市に生まれ、第一次世界大戦の１９１４年に安中教会牧師の柏木義円（１８６０―１９３８）のもとで受洗。柏木は海老名弾正、新島襄らに学び、廃娼運動に参加、教育勅語、未解放部落問題、朝鮮人虐殺問題を批判し、日露戦争以来非

戦論を説く。

須田は除隊後、救世軍士官学校、台北神学校に学んで独自に全国を伝道。トルストイの影響も受けて、以後召集は受けないとして軍隊手牒を焼却、23年に軍籍離脱書を陸相あてに送った。これは認められず、当局の監視が付く。台湾に戻り、伝道を続けるが、神社への参拝を拒否。その後、安中に戻り、紙芝居を持って伝道に努める。「上毛かるた」の原案を作った、といわれる。プロテスタント系の真イエス会の長老を名乗った。伊谷隆一論文「須田清基」。

＊明石順三、明石真人、村本一生　いわゆる「灯台社事件」のケース。この項については、筆者が知遇を得ながら、この件については話したことのなかった先輩・稲垣真美の著『兵役を拒否した日本人―灯台社の戦時下抵抗』（１９７２・岩波書店）を活用させていただき、紹介したい。稲垣は終戦直前の19歳の時、「勉学半ばに入営」し、非戦・反戦の気持ちを持ちながらも「生死を賭してまで抵抗する勇気はなかった」と記している。自戒の書か。

明石順三（１８８９―１９６５）は滋賀県米原市に生まれ、彦根中学を中退して渡米、邦字紙の記者時代にワッチタワー（無教会キリスト者集団）に接して、１９２６年に帰国、このグループの日本支部・灯台社を結成する。いわゆる「ものみの塔（聖書冊子協会）」「エホバの証人（証者）」である。

聖書無謬、唯一神信仰、偶像崇拝禁止、そして福音書の「殺すなかれ」の立場で、兵役拒否を説く。日本は折から、治安維持法（25年）ができ、最高刑に死刑が追加（28年）され、31年には満洲事変が勃発、日本が戦争推進に踏み切った時代だった。ヒトラーの時代のドイツでも、この宗教の1万人以上が弾圧、うち2千人の信者が拷問、虐待に命を落とした、という。順三を支えた夫人も終戦前の44年6月、58歳で獄死している。

灯台社に手が入ったのは33年、大本教が弾圧される2年前で、明石の15歳の長男真人が伝道中に検挙されたほか、全国で100余名の伝道者が検束、さらに朝鮮、満洲、台湾でも官憲の手入れが進んだ。

なお、順三は終戦後に釈放されると、アメリカのものみの塔本部の姿勢が、世俗化している旨の公開質問状を送る。だが、本部からは「除名」との書状が届く。明石も、本部との絶縁を宣言して、灯台社は消えた。長い、厳しい闘いはなんだったのか。

津山千恵著『戦争と聖書—兵役を拒否した灯台社の人々と明石順三』(1988・三一書房)など。

村本一生(1914—85)は熊本県阿蘇の医師の長男に生まれ、熊本中学から東京工業大に進み、灯台社を知る。卒業とともに、灯台社に住み着くが、38年召集、補充兵として熊本で入隊する。39年満洲出征から戻り、兵舎から脱走、灯台社に行き説得されて1日で帰るが、軽営倉3日の処分に。同年6月の軍法会議で懲役2年の判決を受けるが、満洲時代の原隊がノモンハン事件で大量死したことで召集解除となり、40年末に釈放。しかし、41年末に灯台社再建に動いたとの名目で再検挙。その際の仲間二人は獄死。43年に治安維持法違反で懲役5年の刑を受け、獄中では裸で水責め、気絶・蘇生・拷問の繰り返しも。

釈放は終戦後の45年10月。明石順三とは7年ぶりに再会した。その信仰は一貫していた。

明石真人（１９１７―?）は、順三の長男で、15歳で検挙されたが、20歳の39年に入隊、銃器貸与と軍事教練拒否で営倉入りしている。そして不敬罪、抗命罪で懲役3年の刑を受けるが、恩赦で6カ月減刑となり、さらに転向声明を出して41年11月に仮出所となり、軍務精励を誓い原隊に復帰する。そして、戦車隊に入り、一等兵で帰還した。

転向の手記では、自分はこれまでエホバの証者と自称、国家義務、責任、人間的な名誉、権利、現世での生活も否定してきたが、それは自己中心の独善主義だった、自分の信仰は「死に対する恐怖とか現社会に対する不満とか人生的煩悶とか他宗教に対する不満より発したものではなくて、無智な子供の時代より父がその信仰的立場から教育した結果有するに至ったもの」と述べている。

父順三はその死まで、転向した真人と会うことはなかった。

信者のひとり、三浦忠治（１９１８―55）は、39年に香川県善通寺で兵役拒否の不敬罪に問われ、懲役2年の刑に服し、戦後は同県で農業、塩業を営んだ、という。彼のように状況のはっきりしていない犠牲者は相当数にのぼるとみられている。

ウィキペディアを見ていたら、出所は不明ながら、灯台社にかかわった人々として２００人余のリストがあり、かなりの検挙者がいたことがわかる。名字から見ると家族、一族も多い。また、稲垣によると、拷問などでかなりの人々が転向せざるを得なかったという。

いずれにせよ、迷いは多くても「個」の自立、維持こそが人生の命運を分けることを、学歴があろうがなかろうが、先人の労苦のなかに改めて知らされるのだ。

＊北御門二郎　北御門（１９１３―２００４）は、熊本県球磨郡湯前町の旧家に生まれ、旧制五高から東京帝大に入学、在籍のまま旧満洲ハルビンに行きロシア語を学ぶ。トルストイの平和思想に共鳴してロシア語を学んだもので、のちに農業の傍らトルストイの「復活」「戦争と平和」などを翻訳した。戦後は翻訳や文学活動を重ね、九州での護憲運動に力を入れていた。

　大学を中退して帰郷していた38年、兵役を拒否して逃げたが、家族らの説得で徴兵検査を受けたところ「右の者は兵役と無関係」とされ、徴兵忌避を公認されたという。イシガ・オサム、そして北御門を訪ねて直接話しもして、『戦争拒否　11人の日本人』（１９８７・晶文社）を上梓した若い山村基毅は「明らかに彼（北御門）は『狂人』扱いをされた」と書いた。

　山村によると、北御門は終戦の年に、村長から「勤労奉仕出動命令」を受け、村長宛に「小生は精神病患者です。戦争は如何なる美名を以て粉飾しようとも、罪悪たることを免れざること。従って戦争に加担乃至協力することは、極力避けざる可からざること」などと手紙に記し、出動命令を拒否した、という。北御門著『ある徴兵拒否者の歩み―トルストイに導かれて』（２００９・みすず書房）。

『良心的』な兵役拒否とは

＊兵役拒否者の背景としての信仰　何人かの兵役拒否者の事例を見てきた。みな、高学歴で宗教な

り思想家のよりどころというか、バックアップというか、その信念信条には一つの基盤があった。

学者、作家、そして宗教者は、兵役拒否について「良心的」という修飾語を付ける。では、「良心的」とは何か。

「良心的兵役拒否の歴史は、……みずからの信ずるところを貫いた《良心》の力を実証してきた。そこには、国家を支え、国家が守ろうとする価値体系とは異なった別の信念体系に殉ずる、厳しい忠誠相剋のすがたが端的にあらわれている」（宮田光雄著『非武装国民抵抗の思想』（１９７１・岩波新書）

「何でもかでも戦争はいやだ、といって回避することではないということであった。自分の良心に問いただして絶対に正しいという確信がでてこなければならぬこと、また、いたずらに生命を惜しむ卑怯な態度をとることはゆるされず、時としては戦闘員にまさるほど勇敢でなければならぬ、ということが原則的に、あるいは潜在的に約束されている。語を強めていうならば、そこには殉教者的な精神が内在するということでもある。これは、戦争を前にして身を引いてかばう態度ではない」（阿部知二著『良心的兵役拒否の思想』１９６９・岩波新書）

「良心的兵役拒否の立場をとる者たちに加えられる最大の批判は、昔から、しかも世界中どこの国でも一致して、『死を恐れる卑怯者だ』、『なまけ者だ』という点にあった。しかしながら、良心的兵役拒否者が『卑怯』や『なまけ心』から出ているものかどうか、さらには、卑怯者やなまけ者が良心的兵役拒否の立場に立てるものかどうかについては、アメリカの例、ドイツの例、さらには日本における諸先輩の例で、ほぼ明らか」（日本友和会編『良心的兵役拒否：その原理と実践』

1967・新教新書）

「それ（兵役拒否）が表面的な勇気ではなく、個人の心の深奥の良心の問題であることを学んだと思う。キリスト者の良心的兵役拒否者について言えば、イエス・キリストの教えた『隣人愛、および『無抵抗』の精神を彼らは自己の良心において最高の価値と認め、いかなる困難に遭遇しても、自己の良心における決断であるからこれを譲りえなかった。良心の決断であるから、圧迫に抗する勇気が生じた」（同）

国民皆兵、強制される兵役義務、そして迫られる戦場での死、反抗すれば待ち受ける暴力的制裁。これに打ち勝って、反対を押し通せるのか。イシガ・オサムの迷える「転向」、あるいは灯台社半数にのぼる「転向」者などの姿勢は、信仰が足りなかったためか。

そのような突き詰めたものではないことは、阿部知二自身が「私は良心にもとづく抵抗をすることもなく、多少の逃避的態度をとるのみで、その戦争のあいだをすごしたことを恥じなければならない」と述べている。

また、前述した日本友和会の筆者も「この拒否をするには家族を含めて国賊の汚名を着せられ、職を失い路頭に迷うがあっても節を曲げないだけの覚悟が必要であろう。筆者はそのような時に、徴兵令に対して良心のゆえにはっきり『ノー』と言いうるとは断言できない。まして、過去において、『ノー』を言いえなかった人を責める資格は今日誰にも全くない」としている。

おそらく、かつての日本の過酷な徴兵制の執行に耐えうる人間など、数えるほどしかいなかっただろう。このことは、兵役拒否の場合だけではなく、戦時下の言論弾圧のケースも同じで、わずかに共産主義などを信じた人々が若干存在した程度で、ごく一般の人々にとっては耐えきれないのが当たり前ではなかったか。

国家の命令、そして暴力的精神的掣肘《せいちゅう》にどれだけの人間が耐えうるだろうか。国家が強制的に人間を一つの方向に固めてしまうなかで、宗教があろうが、主義主張があろうが、これに耐え抜けるレベルの人はそういるものではない。

国家が、国民の意思に沿わないままに、「戦争の事態」を押し付け、個人の信条、思考、環境、家族などを一律に無視して、単に制度として兵役を課する。これから逃れることは「いたずらに生命を惜しむ卑怯な態度」「なまけ者」なのか。国家の決めた制度や措置をすべて容認できるのか。それほどに、国家の決定は正しく、優先しうるものなのか。宗教者の多くがイシガ・オサムのように深刻、かつ多様に悩み、転向している現実を非難するのか。宗教者、学者、思想家たちが、それほどに強靭であって《言動は強く、行動は弱く》ということにならないでいられるのか。

この全国民を対象とする国家システムに抵抗する場合、ごく一部の立場から「良心的」という形容詞においてハードルを高め、ごく正常な、多くの人々を区分すべきではない。結果的には、この差別的論理の展開は、反戦・兵役拒否・国家横暴への抵抗といった姿勢を否定し、国家的独走に追従することにもなりかねないだろう。

国民が戦争自体に納得できず、「イヤダ！」と思う気持ちに囚われることは、人間としてむしろ自然の姿のように感じる。

＊「良心的」という立場　宗教を持たないながら、殺したくないし殺されたくない、暴力を受けたくない戦争反対者は決して少なくない。徴兵制への動きもなく、一見平和な日本においては、必要のない論議のようだが、このような姿勢は日ごろから考えておいた方がいい。

改憲論者も、愛国論者も「戦争はいやだ」「平和主義は国是だ」と抽象的に口をそろえる。だが、軍備増強の流れのなかに戦争への道があり、「平和のため」といいつつ防衛体制に仮想相手への先制攻撃をも含める権力側の発想が芽を出す昨今、「兵役」の論議はやはり必要である。

『戦争は悪』との立場からすれば、「戦争はいやだ」「戦争に参加したくない」「殺し殺されたくない」といったごく一般的な人々の気持ちとの間に、「良心的」という一線を引いてほしくない。一般人のそのような姿勢は「良心的」ではなく、なまけ者、卑怯者、転向予備者に過ぎない、とは言えまい。戦前、国民皆兵制度が生まれて以来、徴兵回避に走った多くの事例がある。この点は改めて後述したい。

もう一点、他国の攻撃があった場合の想定がある。

また、キリスト教の日本友和会の著者は「支配者の経済的搾取や各種の不条理な処遇を受けている植民地の人々が、その社会的不義を取り除くため武器を持って立ち上がるのは十分理由のあることである。それらの人々が、武器をもって戦う以外に、自分たちの上にのしかかっている不義を取り除く方法がないとして、戦う決断をしたならば、われわれはその決断を尊敬せざるを得ない」という。では、どうするのか。

そこで、ガンジーの言葉を引いている。要約していえば、インド民族の目標はスワラジ（自治）で、暴力によってでも自由になりたいが、暴力では解放しえない、スワラジはインド独特の武器たる魂の力、愛の武器、真理の力なしには到達できないのだから……と述べる。要は「平和的手段により勝利を得るまで、植民地支配のような不義が一時的に勝つのをしのばねばならない」としている。

話し合い、交流、外交による説得をし、迂遠ながら時間には耐える。この論理は、わからなくはない。対北朝鮮問題の取り組み、中国に対する和平防衛策、地位協定や新基地建設をめぐる沖縄の求める対米交渉も、この手立てで、ということなのか。だが、配慮の狭い国家、権力にそうした「正義」の論理が通じるものか。現実のありようは容易ではない。

＊宗教団体は信者を守るか

これは、批判としてではなく、感慨として書いておきたい。

イシガ・オサムにしても、矢部喜好にしても、あるいはアメリカの本部から除名された灯台社の明石一族にしても、その信奉する宗教団体は、彼ら個人の煩悶や闘いにどのように支援したのか。こうした宗教団体と信者の関係は、あまり語られていない。

内村鑑三は「非戦論は、道徳的、宗教的に戦争を否定するもの」「反戦論は、戦争に反対し、国家が戦争行為に出ずる時には之を邪魔し、場合によっては自国の敗戦をすら企図するもの。反戦論者は国法を全く無視し、国家の命令なりと雖も、己が主張に反する事には従いませんが、非戦論者はどこ迄も国法を重んじ……国家の命令には服従する」「非戦論者は、国是が定まる迄は大いに論じますが、一旦定った以上、それが自己の意見と同じであろうと否とに関係なく、喜んでそれに服従する」（『基督教平和論』１９３６年）と反戦と非戦の違いを説いた。

また、矢内原忠雄は、イシガ・オサム夫人宛の手紙で、イシガが徴兵検査の点呼に出席せず拒否したことについて、相談があれば「点呼を御受けになることを御すすめ致した」「国民として兵役に服し、出征することは、その人当人の罪悪ではないと私は信じますが、修様は平素の純な御考を行動に移されたのでありましょうし、そこには他人の批評を許さざる御精神が感ぜられて、厳かにも、また痛わしくも感ぜられます」としたためている。

このような論理の展開には、苦衷のなかで結論を出す信者と、一見もっともにも覚える姿勢を説くリーダーとの間に、近づき難い距離を感じざるを得ない。

宗教団体、あるいはそのリーダーについては、おのれの組織温存のために闘いを捨て、信者の苦闘に関わろうとしなかったような一面がうかがえる。例えば、満洲事変（１９３６年）前後から日本の大陸侵攻戦略が強化されていくと、政府や軍部はあらゆる組織に対して天皇の名において国家への強制的な忠誠を求めていった。

そのなかで、六章に書いたように、天理教も、日本基督教団も、組織的に旧満洲の地元民の開拓地を収奪するなどして新しい村を開き、信者を募って多くの開拓団員を送り込んだ。

日本キリスト教団の富田満統理は伊勢神宮を参拝し、代表的な信者である賀川豊彦が国際的な戦争反対者同盟（ＷＲＩ）を脱退するにあたって「平和論を太平洋上に捨てる」と宣言した、といわれる。日本の仏教各宗派も戦争に協力し、戦後になって少数の宗派が反省を表明した。

宗教団体は、個々の信者の戦争と死をどう考えるのか。経過を見る限り、組織の温存第一であり、信仰にもとづく言動は信者任せ、のようにも見える。宗教の基本的な理念からすれば、人間の死を人為的に招く戦争には同調し難いのではないか、と思える。そして、宗教的政党を含めて宗教集団である限り、戦争の流れ自体を阻止するよう日頃から立ち向かい、信者の死はもちろん、殺し殺される戦争というものに伴う悶えや葛藤を救済することがなによりも重要、のように考えられるのだが、どうか。

＊「非良心的」な戦争拒否　ここに『「非」良心的兵役拒否の思想―非武装論の再生をめざして』（１９８２・新泉社）という本がある。元毎日新聞記者村田豊明の40年近く前の著作である。彼とは、中学時代の同級生だったが、近づきがたい優等生の存在で、ほとんど話したことはなく、卒業以来数十年会ったこともなく、たまたまこの原稿をまとめるなかで彼の考え方を知ることになった。

　村田は、著名作家の阿部知二の著作（『良心的兵役拒否の思想』）に対応するために、一字違いのタイトルにしたのだろう。戦争直後に子ども時代を送ったわれわれと、戦中派との違い、を感じた村田の気持ちに通じるものを思い起こして、懐かしんだ。

　筆者が表現した非宗教的に戦争に反対する一般人を、村田は「生活者」、あえて「卑怯者」として、先に引用した「有名な阿部氏や立派な肩書（註・東北大学教授）を持つ宮田氏の発言がそれだけの理由によって受け入れられることが怖い」「戦争と平和は圧倒的に生活者、庶民にかかわる問題です。『偉い先生の言うことだから間違いないだろう』と鵜呑みにするのでなく自分の体験と実感に照らして納得できない点は納得できないと主張する心構えが生活者の側に確立されることが必要です」と、あとがきに書く。

筆者も、同じような印象があり、戦争への潮流を止め、戦争の阻止に動くには、特定の階層、特別の思想に立つことにとどまらず、より広い人々の取り組みが必要だ、と思っている。
イシガの悩みや転向、そして贖罪的な奉仕活動を思う。意識の差はあっても、限定されたイメージは避け、「戦争は悪」「非戦」との立場で糾合することを考えたい。

徴兵制とその波紋

＊富国強兵策の落し子　平和憲法下の日本に今さら国民皆兵とか、徴兵制などナンセンス、というのも間違いではない。だが、過ちのあった歴史から遠ざからずに、正面からその時代の背景と実態を見ていくことが、将来の道を考えるうえでは重要だろう。

この制度は、1871（明治4）年、山縣有朋のもとに徴兵規則として生まれたが、本格的には72年11月の明治天皇の「徴兵に関する詔勅」をもとにした「徴兵令」の公布（73年1月）によって動き出した。満20歳の男子が対象で、抽選によって常備軍3年、そのあと年一度の短期勤務に就く第一後備軍2年、勤務義務のない2年間の第2後備軍、計7年間の兵役義務を負った。それは10～4人に1人程度の割合だったという。このあと、天皇直轄の近衛（旧藩兵・士族兵中心の志願兵、壮兵）と、6地域の鎮台（のちの師団、徴兵中心）の二元兵制となった。

さらに法令改正を経て、1989（明治22）年、帝国憲法ができてその20条に「日本臣民は兵役の義務を有す」と定められて、国民皆兵制度が確立した。１９２７（昭和２）年には、兵役法が制定され、常備（現役、予備兵）、後備、補充、国民の４兵役となり、陸軍は現役２年、予備役５年４ヵ月、後備兵役10年の通算17年４ヵ月、海軍は現役３年、予備役４年、後備兵役５年で通算12年の拘束を受ける。後備以下の３兵役は、戦時に召集される。

日本は明治維新後、先進国入りをめざして富国策をとり、その体制つくりの一環として強兵策がとられている。いわば、軍事力のバックアップを受けて、経済的発展を確保、その行き着いたところが政権、軍隊と財閥が結束した戦争政策だった。

＊血税一揆、徴兵忌避　徴兵制をめぐっては、誤解もあれば、本音としての兵役からの逃亡策もあり、また宗教的な忌避など、世相を映す多様な反応があった。「愛国」「天皇、国家のため」といった熱血的な風潮は次第に強められていくのだが、一方で戦争に駆り出されたくない民衆の思いも率直に示されていたのだ。

徴兵令が出された１８７３年、つまり明治６、７年ごろに、西日本を中心に各地で「血税一揆」が勃発している。菊池邦作著『徴兵忌避の研究』（１９７７・立風書房）では、15件の事例をトレースしている。なかでも、美作国、岡山県津山市を中心に起きた反政府血税暴動は代表的、典型的なものだ。首謀した筆保卯太郎の主張は、徴兵にとどまらず、地租改正、学制改革、斬髪の強制などへの不満を挙げており、暴動によってでも強訴し、取り消させようとした。徴用された人民の生き血を搾り取る、と言いふらした、という。これは徴兵令の詔書に「血税」「其生血ヲ以テ国ニ奉ズル」とあるのを、わざと曲解、拡散したものだ。その結果、死刑15人、懲役64人など処刑者は2万6916人、焼失277件、に及んだ。維新による社会変動への不満のはけ口にもなったもので、2、3年後には神風連、秋月、萩の乱などが起きており、津山市の事件に通底する動きだったのだろう。

「徴兵を恐れて一家3人心中」（76年、読売）、「処女も徴兵の妄説行はれて　7歳の娘が丸髷に鉄漿（お歯黒）つけて」（79年、東京日日）、兵役回避者に代わる人物を紹介する「徴兵請負業出願」（83年、同）、入営日に債主からの被告になり入営延期を図る（83年、同）、妻帯者は兵役免除との誤報を信じて結婚が1日平均6、7件も（84年、朝野）、「出雲大社に徴兵忌避の願かけ」（85年、同）、「徴兵嫌ひを直す高知県武揚協会」（同年、東京絵入）、「徴兵免否鑑定所　仙台」（同年、朝野）、「徴兵廃止論の論拠　帝国議会」（90年、毎日）、牛肉を挟んで痔疾、要所を紙で包み梅毒と「徴兵忌避チン案」（92年、読売）、「徴兵保険会社設立」（98年、報知）——など悲喜こもごもの雑報が『新聞集成　明治編年史』（1934・財政経済学会）（中山泰昌編）に掲載されていた。

庶民の素朴な兵役拒否の感情だろう。この時代には、まだ「国家」への忠誠の気持ちが薄かったあかしでもある。

＊著名人も兵役拒否？　『新聞集成　明治編年史』をさらに見ていくと、1875（明治8）年12月の東京日日新聞に、同紙の「社員末松謙澄血税を厭ひ代人料を納めて徴兵忌避　大つぴらに物の言へた時代」という記事が掲載されていた。末松は高橋是清に英語を習った縁で同新聞社入り。伊

post card

恐れ入りますが、切手をお貼りください

810-0041

福岡市中央区大名2-8-18
天神パークビル501

書肆侃侃房 行

□ご意見・ご感想などございましたらお願いします。

※書肆侃侃房のホームページやチラシ、帯などでご紹介させていただくことがあります。
不可の場合は、こちらにチェックをお願いします。→□　※実名は使用しません。

書肆侃侃房　http://www.kankanbou.com　info@kankanbou.com

■愛読者カード

このはがきを当社への通信あるいは当社発刊本のご注文にご利用ください。

□ご購入いただいた本のタイトルは？

□お買い上げ書店またはネット書店

□本書をどこでお知りになりましたか？

01書店で見て　02ネット書店で見て　03書肆侃侃房のホームページで
04著者のすすめ　05知人のすすめ　06新聞を見て（　　　新聞）
07テレビを見て（　　　）　08ラジオを聞いて（　　　）
09雑誌を見て（　　　）　10その他（　　　）

フリガナ
お名前　　　　男・女

ご住所　〒

TEL（　　）　　FAX（　　）

ご職業　　　　年齢　　　歳

□注文申込書

このはがきでご注文いただいた方は、**送料をサービス**させていただきます。

※本の代金のお支払いは、郵便振替用紙を同封しますので、本の到着後１週間以内にお振込みください。
銀行振込みも可能です。

本のタイトル	冊
本のタイトル	冊
本のタイトル	冊

合計冊数　　冊

ありがとうございました。ご記入いただいた情報は、ご注文本の発送に限り利用させていただきます。

藤博文を知って、江華島事件では黒田清隆に仕え、西南戦争で山縣有朋の秘書官になり、博文の二女と結婚、政界入りして伊藤内閣の法制局長官、逓信相、内相を務めた。義経=ジンギスカン説を書き、『源氏物語』を英訳、天覧歌舞伎を実現。日露戦争時には渡英し、黄禍論の鎮静に努め、晩年には長州藩の歴史をまとめて『防長回天史』を著述した、多彩多芸な人物。その彼が、２７０円の代人料を払って服務を逃れるという。しかも記事には、一応検査を受けるべきだが、「一日も新聞記者は格別の事で、一日も欠業ならぬ者ゆえ」出身地小倉から呼び返すのも「大難渋」なので陸軍に上申しよう、とある。記事の、やや冷やかし気味のトーンからすると、出来レースだったことをにおわせているよう。

また夏目漱石は、学生の徴兵猶予が26歳まで、ということで、当時徴兵の対象地になっていなかった北海道の岩内町に分家して転籍、22年間籍を置いたが、長く住むことはなく、翌年に東京帝大を卒業している。徴兵忌避をテーマに『笹まくら』（１９６６・河出書房新社）を書いた丸谷才一が指摘したものだ。

さらに、ビタミンを発見した鈴木梅太郎も兵役を逃れた、と言われる。

彼らの忌避した理由はなにか。兵役自体を認めたくなかったか、拘束を避けたかったものか。

＊兵役忌避から受け入れへ　この制度の導入時は、制度自体が十分理解されなかったためか、「いやだ」という気分が多様に示されていた。兵役ってなんだ、家業が続けられない、家族と別れたくない、などさまざまだったようだ。

このような空気が、国家のため、天皇のため、と個人事情を考慮せずに、一律の強制に代わっていく。日清、日露、第一次大戦という戦勝ムードに加え、例外を認めない制度運用の厳しさが、全国に広がる。文句はもちろん、嘆きや不安も言えない。必勝を思い、期待し、戦場に思いを弾ませる多くの人の気持が高まる一方で、殺し殺される不安や戦争反対の気持ちを持つ人々は鳴りを潜めざるを得なくなる。反対を口にすれば、犯罪者とされ、身柄を拘束されるのだ。

忠君愛国教育のフレームは、招魂社の設立（１８６９・明治2年／靖国神社への改称79・同12年）、軍人勅諭（82、同15年）を経て、大日本帝国憲法（89・同22年）が生まれ、教育勅語発布（90、同23年）、翌年以降に全国小学校での国旗掲揚、勅語奉読、君が代奉唱が実施され、兵役義務化、で出来上がる。幼時期から軍事優先、天皇を通じての国家主義礼賛、個人より国家の徹底、といった教育体制が社会の通念を生み出した。

そして、日清戦争（94・95・同27・28年）、続いて日露戦争（１９０４・05、同37・38年）の、予想外の大勝利は国民を湧き立たせる。戦争は捨てたものではない、日本人は欧米並みに優秀なんだ、と実態以上の自信と誇りを持つ。戦争賛美、侵略正当化の環境が強められる。

さらに、１９２７（昭和2）年には従来の徴兵令を全面的に変えた兵役法が制定され、御真影の全学校強制掲示（１９３１・同6年）などが進む。法制度と国民感情がマッチしているとして、政府、軍部は戦争政策を正当化して、推進する。一方で、反発する者を抑える治安維持法をはじめ、思想そのものを犯罪とする法制化が進み、言論統制など異論、批判や風評抑制の体制整備も強まった。

こうして次第に戦争自体が必要視され、兵役服従が定着、この空気は次第に兵役拒否を思う宗教人や政治方向の異なる人々にものを言いにくくさせる。「非国民」「国賊」「卑怯者」「恥知らず」などとされて、ますます居心地が悪くなる。逆らうことはすべて悪で投獄、といった空気が蔓延していく。

権力者は、さらに力を得て、おのれの道の正しさを過信。反省の余地もなく、ひたすらに全国的な組織、団体に戦争への協力を強制し、思想統一を図って異論の余地をなくし、国民を手なずけていく。

・・・・・・・・・・

兵役拒否の姿を歴史的に見てきた。政治は何らかの目標のもとに、一定の路線を将来に向けて敷こうとする。権力の狙う方向はあまり開示されず、徐々に蓄積されていくが、国民には見えにくく、追随するしかなかった。

「民主主義」を得たはずの今は、どうか。権力の示す目標はもっともらしく抽象化され、美辞に包まれ、見定めにくい。しかも、権力の見せる手の内は、大きな展望ではなく、特定の政策や方向付けなど、コマ切れである。一定の方向がはっきり見えてくるのは、20年、30年後になる。その間に周辺が固められ、積み上げられた制度と現実から逃れることは難しくなり、既定の事実として抗えなくなってくる。沖縄の新基地建設がその典型例といえよう。

しかも、「民主主義」は建前上、世論や情報のなかに多様に存在しており、それが対立すれば選択や判断をますます難しくする。その分断のなかで、権力路線はひそかに望む方向を積み上げ、抽象的で理解しがたい説明を重ねたあげく、あきらめを誘う環境作りに成功、すでに異論も出にくくなって、多様なものの見方のはずがいつしか狭められ、望ましいあり方も消えていく。現代の民主主義の陥穽ともいえる手口である。

　政権が長期化して、一部勢力におもねる人々を擁し、世論を操作して、かつ批判勢力の姿勢が弱まるなかで、強引な姿勢を貫けばどうなるか。戦前の権力構造は硬質の強さだが、「民主主義」下の権力は軟質で、一見ソフトである。硬質は失敗すれば崩れるが、ソフトな民主主義は、結論を出しにくく、言をも左右にすれば、グラグラして、まとまり切れずに流されることになる。広い範囲から情報を選択せず、あまり考えることのない階層も少なくなく、これは権力側の貴重な予備軍になる。

　権力に対してチェック機能を持つはずの国会ではあるが、首相官邸のもとの、自立せずに右顧左眄する官僚群の行政府は、批判する野党を相手とせず、与党もまたものを言わずに追随、結果的に国民に虚偽や疑惑の説明や答弁を繰り返すことを許容してしまう。

　本来、権力をチェックすべき野党自体も、「数」不足のみならず、不勉強で非力ぶりをさらけだす。そうしたとき、「民主主義」は意外にもろく、意外に「民主」の意向に沿わないものになる。時に、衆愚の民主、にもなりかねない。

　たとえば、安倍政権下の特定秘密保護法（２０１３年）、集団的自衛権容認の安全保障関連法（15年）、共謀罪の組織犯罪処罰法（17年）などは、運用面でいかようにもなる余地があり、不穏である。そして虚偽、改竄、隠蔽など不正の示された（モリカケ問題）、公的文書の不当に扱われた問題（18年）などは、将来的に記録を残さず、将来の法律、制度の運用にリスクをとどめている。

戦前の強制兵制の権力と民意の格差、さらにそのなびく、あるいはなびかざるを得ない実態を見ていくと、将来の日本を考えるとき、政治と民意との距離の差がもたらすことに、なにか気持ちにひっかかるものがあり、ふと不安がよぎるのである。

第9章　戦争遂行、メディアの責任

戦争が仕組まれる初期、戦争に踏み込んだ戦闘段階、そして戦争終結時の対応などにおいて、メディア、とりわけ戦前のメディアは新聞、ＮＨＫにほぼ限られていた時期、その果たす役割は大きかった。国家権力を動かすことはできなかったが、国民の世論形成に及ぼす影響は極めて大きく、したがって当然、その報道の責任は問われるべきだし、報道を通じて戦争の遂行に果たした任務についても、歴史的に長く追及されなければなるまい。

筆者は戦争報道に関わらなかった世代だが、戦後の新聞社内部で感じたことも含めて書いておきたい。

「戦争というもの」は動きだしたら、止めにくい現象だ。戦争が仕組まれていく前段の症状を見逃し、しかもそれを許容したならば、人間の生命が失われ、積み上げてきた資産も灰燼に帰す結果を受け入れざるを得ない。それほどに、走り出した戦争状況は突き進むばかりで、ブレーキを利かせようのないものなのだ。過去の歴史が、そのことを証明している。だがそれも、戦争体験者がいなくなるころには、過去の反省や教訓は除去され、もっともらしい理屈を述べて悲惨な事態を正当化し、繰り返しがちになる。

メディアは、そのプロセスを熟知しながら、戦争という国策に追随しがちだ。大きな歴史的な視野で国家権力の危険な方向、準備につながるプロセスを的確に予知し、報道し、その流れを早めに食い止めることは、そう簡単な作業ではない。

すでに現状の安倍政権下において、集団的自衛権容認などの安全保障法制、秘密保護法制、緊急事態条項、さらには公的文書の廃棄や改ざん、あるいは軍備の増強、原水爆阻止の動向無視、トランプ傾斜の外交姿勢など、将来的にリスクを招きかねない措置が各方面で進められている。総体として懸念を生む状況になってきている。将来の結果として、警戒するような事態がなければいい。しかし、マイナスに作用する事態がない、とも言えまい。右するか、左するか、の見えにくさが将来の日本のありように絡んでくること、そのような長期的な視点が乏しかったことが、戦前の報道に潜んでいたことを強く感じざるを得ない。

そのような「今」との対比を念頭に置きつつ、戦前の報道のありようを点検してみたい。

外圧・内圧にもろかった新聞

新聞と戦争との関係は、さまざまな角度から取り上げられている。ここでは、第二次世界大戦中の15年間にわたる日中・太平洋戦争を中心に取り上げたい。新聞を取り巻く環境は、一見強く、影響力があるように見える。世の中が順調な場合にはそう言えるだろうが、「いざ」という重大事態になると、意外にもろいことがある。

長らく新聞記者として、新聞社内のいろいろな意思決定の過程を見てきた。その経験から結論的に言えば、緊急的な大事にうろたえないためには、①大まかな可否の原則を踏まえ、②日ごろから物事を継続的に、長期的な視点をもって、広角的に見ていくこと、だろう。抽象的だが、そんな姿勢を、より多くの記者たちが日常身に着けていくことが必要だ、と感じている。

新聞はとかく、目先の動向を追うために、視野狭窄、目前の出来事、利害にこだわりがちになる。あれこれ心がけていても、習性的に目先の状況に左右されかねない。プラス・マイナスさまざまな事象に左右されがちな状況に迫られ、つい短視的な判断を下す。日ごろの目先きに追われる取材、編集の仕事が、かえって新聞が問うべき将来に待ち受けることへの長期展望を見誤らせる事態にもなりかねない。現実主義的な対応に慣れてしまうと、権力側の動向に引きずられ、先行きの分析・判断よりも、当面の流れに乗る方向に身をゆだねがちになる。

しかも、そのぎりぎりの決断は、読者を巻き込んでの方向付けになる。先の戦争推進役の一端を担った戦前の朝日新聞の周辺から見ていきたい。

＊外圧

日本政府、軍部の中国大陸への侵出の夢は、明治維新以来脈々と続いていた、と言えよう。軍備の増強が整い、財閥等の経済力が高まり、列強の侵略が進むにつれ、また国内の不況や人口増加などが大きな政治課題になるにつれ、相手側の弱みに付け込むように、大正後半から日本のかねての夢を具体化する動きが強まる。国民の意識は天皇国家にまとまり、一部の反政府、反戦などの左翼批判勢力の抑圧も徐々に進む。

新聞を取り巻く「外圧」を整理しておこう。

（1）国民精神総動員運動、国家総動員法、大政翼賛体制

日本軍の謀略による盧溝橋事件に端を

発して、日中戦争が拡大する（１９３７＝昭和12年７月）。前年には日独防共協定が生まれていた。日中戦争直後には、中国の国民党と共産党の第二次国共合作が組まれ、これに対応して日本では第１次近衛文麿内閣の下に「国民精神総動員運動」が推進された。全国民による戦争遂行と社会的な不満解消が狙いで、八紘一宇・挙国一致・堅忍持久をうたった。政府に「国民精神総動員委員会」、民間に「国民精神総動員中央連盟」ができて、大宣伝が展開された。

１９４０（同15年）４月、米内光政首相を会長とする「国民精神総動員本部」に改組。日中戦争の長期化、経済の不調などが増大する中で、ナチスに倣う強大な国民組織を目指すもので、併せて６月以降には政党や労組の解散が進む。一方、軍部などには米内政権を倒して、近衛の再登場を求める狙いがあった。７月には、国民的人気のある第２次近衛内閣が生まれ、10月には一部の反対をはらみながらも「大政翼賛会」が結成され、国民精神総動員本部は吸収された。

この組織は首相が総裁、各知事が支部長の官製の国民統制組織だったが、隣組、町内会、大日本産業報国会、翼賛壮年団、大日本婦人会などを広く傘下に置き、国民を拘束することにもなった。その下に、東條英機首相主導の42（同17）年４月の翼賛選挙が推進された。

このような国民統率の組織は、今では考えられないが、「戦争というもの」の土台になったことは間違いない。新聞が国家権力に着実にからめとられ、身動きのできないフレームが徐々に出来上がるのだ。

それ以上に強大な力を発揮したのが、１９３８（同13）年４月施行の「国家総動員法」だった。

もとは20年前に第一次世界大戦の経験から、そしてシベリア出兵に備えて生まれた「軍需工業動員法」だったが、この機能をさらに拡大強化して、国家の総力戦体制をとることのできる法制だった。議論もほとんどなく、国民はほとんど知ることなく、法律が生まれていくこわさ、と言えるだろう。

この法案は、第一次近衛内閣の下で、当初は西尾末広ら社会大衆党などの小会派が賛成しただけで、民政党、政友会など既成政党は、政府が強大な私権制限の手立てを握ることに反対論が強かったが、近衛による衆院解散への恐れもあって、最終的には同調した。また、この法律は41年の大改正により、総動員の対象を物資にまで広げ、これに反する場合には罰則を強化する、というものだった。

このような社会全体の枠組みができていく中で、新聞報道はどこまで自由でいられるのか。

(2) 各種広範な言論統制法規　戦争遂行にあたって、社会全般に多様な規制措置が取られるが、ここでは二・二六事件（１９３６＝昭和11年）以降の法規名だけを挙げておこう。それだけでも、新聞、出版等の身動きの取れなくなるフレームが垣間見えるに違いない。

なお、新聞については、新聞紙条例（１８７５＝明治8年）、その後新聞紙法（１９０９＝同42年）ができており、新聞社は発行ごとに納本、検閲を受け、常時検閲官庁の内務省、情報局、検事局、警視庁検閲課、府県庁特高課などの検閲を受けていた。

以下の法規の特徴は、文言が抽象的かつ一般的で、官憲が自在に解釈を拡大して、対象者を検挙できるものだった。そこに立法上、運用上の怖さが隠されていた。

・１９３６年５月　**思想犯保護観察法**―広田弘毅内閣
（思想犯検挙５万９千人、入獄中５０９人、うち非転向１２０人に）

・１９３７年６月　**不穏文書取締法**―第一次近衛文麿内閣（二・二六事件後、陸軍皇道派一掃の人事を進めるとともに、軍内部等の怪文書などを追放）

・１９３７年７月　**軍事事項の新聞紙掲載禁止（陸軍省）令**―同
（日中戦争勃発に伴う措置）

・１９３７年８月　**軍機保護法全面改正**―同
（軍港、港灣、空港、要塞、砲台等の測量、撮影などを禁止し、刑罰を強化）

・１９３７年８月　**海軍軍事事項の新聞紙掲載禁止（海軍省）令**―同

・１９３７年12月　**外務大臣示達の外交関係事項の新聞紙掲載禁止（外務省）令**―同

・１９３８年４月　**国家総動員法**―同

・１９３８年８月　**悪徳不良紙の整理統合**―同

・１９３８年９月　**新聞用紙供給制限令**―同

・１９３９年３月　**軍用資源秘密保護法**―平沼騏一郎内閣（国家総動員法による人的物的資源の徴用に関する秘密事項のうち、軍機保護法の及ばない軍用資源の情報が外国にもれるのを防ぐもの）

・１９３９年４月　**映画法**―同（従来の内務省による映画フィルムの検閲、都道府県の興業取り締まりをさらに厳格に）

・1939年7月　**国民徴用令**（勅令）—同（国家総動員法による。政府が国家総力戦に人的物的資源を統制運用できる。朝鮮人強制労働の徴用もこの法令によった）

・1941年1月　**新聞紙等掲載制限令**（勅令）—第二次近衛内閣（国家総動員法による。国策遂行上外交、財政経済など対外国秘匿の記事の不掲載と規制や発禁や差押え措置を規定）

・1941年3月　**国防保安法**—同（国家機密漏えい、諜報活動、治安妨害などに対する法律で、ゾルゲ事件で適用

・1941年5月　**治安維持法改正**—同（国体の変革結社を支援する結社、準備的結社を検挙する項を創設し、罰則も強化）

・1941年5月　**予防拘禁手続令**—同（治安維持法改正に伴い導入した。刑の執行を終えても再犯の可能性がある者は予防拘禁できる対応策）

・1941年12月　**新聞事業令**（勅令）—東條英機内閣（国家総動員法に基づき、新聞事業の統廃合の強制権限を握り、新聞統合を推進）

・1941年12月　**言論出版集会結社等臨時取締法**—同（言論、出版の自由を政府統制下に抑え、戦争遂行の一助となる）

・1942年2月　**戦時刑事特別法、戦時民事特別法**—同（太平洋戦争勃発直後に決めた戦時犯罪処罰特例法をさらに広げ、厳罰化、裁判迅速化を図った。人権

侵害、冤罪などの生まれやすい法改正だった。民事も同趣旨）

・1943年2月　**出版事業令**（勅令）—同

(3) 新聞統制—内閣情報局、大本営　新聞を直接的に脅かすのは、政府や軍部の報道自体への規制である。

満洲事変（1931＝昭和6年）前後から日本の帝国主義的外交は国際的に非難を浴びるようになる。そこで外務省、陸軍、参謀本部などが対外情報戦略の再検討に入り、1936年7月に内閣書記官長のもとに**「内閣情報委員会」**を設置、翌年9月に内閣官房、外務省、陸軍の関係を調整する狙いもあって**「内閣情報部」**が設けられて、対中国戦略のみならず、公安維持のための情報統制、国民向けの情報提供、マスコミ関係の統制などが強化された。折から日中戦争、国民精神総動員運動の始まる時期で、外務、内務、逓信、陸軍（情報部＝38年9月までは新聞班）、海軍（軍事普及部）の情報、報道関係の部門を集結させた。

1940年12月、**「内閣情報局」**として、さらに権限を強化、国内の情報収集、言論・出版・文化関係の検閲などの統制、文化人ら各界の組織化、国民へのプロパガンダ、そして新聞記事の規制や検閲などにあたった。国民への宣伝活動も大きな任務だった。重要な任務は、新聞記事や出版物などの検閲で、その要員の多くは内務省警保局検閲課の面々だった。

また、戦闘地の取材、激励などに従軍画家、カメラマン、文学者、芸術家、芸能人など多数が組織されて派遣された。大半は戦争賛美に傾き、愛国の機運を醸すものだった。これも、戦争の「流れ」に流される怖さ、を示すひとつの姿だっただろう。

情報局の総裁は外務官僚が多かったが、戦争の激化に伴うように１９４４年には朝日新聞の主筆、副社長だった緒方竹虎が小磯内閣の国務相を兼ねて情報局総裁に就き、次いで同じ朝日新聞で副社長、日本放送協会会長を務めた下村宏（海南）が就任した。統制の現場の実務を担うトップは情報局次長であり、この職には内務官僚のほかに、東京日日新聞の政治部長、日本放送協会専務理事や出版会会長を務めた久富達夫が２回にわたり就任した。これは、報道現場を知る幹部を据えることで報道機関にニラミを利かす狙いもあった。

陸海軍は、形としては内閣情報局に組み込まれながらも、別の報道管制の機能を持った。それが**「大本営」**だった。戦時、事変にあたり設置される、天皇直属の最高統帥機関で、天皇の輔弼機関として政府機関から独立した強大な権限を握った。日清、日露戦争時に置かれたが、１９３７年の日中、太平洋戦争時には常設となり、戦争の状況報道などはすべて大本営の発表に従った。だが、戦況など偽りの内容も多く、各地での戦勝ばかりが伝えられることになり、世論を大きくミスリードした。新聞社などは大本営発表以外の報道は許されず、やむを得ない状況に置かれたが、とはいえ結果的に報道がもたらした責任から逃れることはできない。

それでは、どうしたらよかったのか、その答えは出せない、というしかない現実の壁があった。

大本営設置以前は、**「参謀本部」**が天皇直属の中央統帥機関として機能していたが、37年の新設により大半の任務は大本営に移された。

戦局が厳しくなった終戦1年前の44年8月、それまでの大本営政府連絡会議を廃止して、**「最高**

戦争指導会議」が設けられた。内閣の下に国務（政府）と統帥（大本営）の一元化を図ろうとするもので、首・外・陸・海の４相、参謀総長、軍令部総長が参加した。

しかし、一元的な戦争指導はできず、政府と軍部の連絡調整の機能にとどまった。

（４）民衆に蓄積された好戦気分　国民大衆にとって、戦争とは「勝って、賠償金や領土の配分を受けるもの」といった意識が、日清、北清、日露、第一次大戦などの戦争の勝利経験によって根付くようになっていた。神風の吹く日本が負けるわけがない、といった信仰である。

しかも、政府や軍部は実態以上に強国日本を宣伝し、日本民族の優秀さを過大にアピール。その一方で中国や朝鮮の民族について、劣等で貧しく、国は乱れ、日本を敵視する集団、といった差別、侮蔑の意識を鼓吹していた。そのような民族に負けることなどあり得ない、と信じ込ませた。大衆は、現実の姿を知らされず、軍部が危ない橋を渡り、運によってなんとか勝ち進んだこと、財政規模に見合わない過剰な軍事費をつぎ込んだこと、などは知らされていない。海外諸国の帝国主義的侵略の実態も、ほとんど知ることもない。比較のない、井の中の蛙状態だった。

さらに、国民皆兵として徴兵され戦場で死んでも、家族たちはその悲しみよりも、靖国に祀られ、国家や天皇のために命を投げうったという誇りの方を信じたがった。あるいは、信じ込まされた。身内を殺した敵国の人間を恨み、憎み、さらに報復を思う。身内が命を捧げた以上、勝利の分け前があって当然、といった気分も生まれた。報道に惑わされ、島国の狭い世界からは、戦争事態の裏側、侵略された相手民族の苦衷や嘆き、国家による誇大宣伝の実像などは読み取れるはずもない。

したがって、日本の大衆は、戦勝時の美酒に酔い続け、旗行列に浮かれ、次の戦争も勝つものと信じた。

この状況では、政府や軍部の宣伝が全面的に信じられ、徴兵でも、供出でも、内心はともあれ応じざるを得なかった。それは、否応なく戦争待ちの好戦的な気分につながっていた。異論も議論もない一枚岩の社会では、ブレーキも利かない。

そうした土壌に乗る新聞は、この大衆の気分に逆らえない。彼らは、大切な購読者であり、新聞の経営者にとって、この市場を黙視した紙面づくりをすることはできなかった。

＊内圧

では、このような環境に置かれた新聞報道と経営は、どのように振舞ったのか。社会的な外圧に対して、新聞内部の計算や迷いを「内圧」として考えたい。

念のためだが、あまりにも巨大な「外圧」に抵抗しがたく、内圧がもろくも戦争支持に傾斜した、やむを得なかったのだ、と言うつもりはない。ほかに打つ手はなかった、とも言いたくない。

結果的に、そのようになったことは、明らかに批判されるだろう。ただ、不十分ながらも戦時の状況を見つめ、先人の言動をトレースし、新聞人としての責任を感じつつ、この経験が将来にどうすれば生かせるか、という視点から考えるしかない。

もうひとつ、当時「承詔必謹」なる言葉が飛び交っていた。天皇のおっしゃることは必ず謹んで受け止めよ、という意味合いだが、これは国家権力にとって、言論を封じるにもってこいのセリフで、これを守らないことは非国民の証しにもなった。天皇を利用した言論統制の装置であり、この効果も戦時の報道に重くのしかかっていた。

（1）経営か報道の使命か

新聞事業はあくまでも営利事業の上に成り立つ。一方で、報道の内容に責任を持ち、伝えるべき情報を的確に提供する暗黙の了解がある。読者迎合の興味や面白さ本位の売り方、権力の代弁や一方的攻撃・擁護といった報道姿勢は採らない。基本的に公平、公正で客観的、極力広い視野で報道にあたることが、記者、編集者の理念だといえよう。難しいことだが、そのようにありたい、と多くの記者たちは願う。

記者や編集の立場とは相容れない要請が、新聞事業には付きまとう。経営の基盤は、一定の読者からの購読料やスポンサーからの広告収入にあり、この収益が事業自体を成り立たせている。その経営の立場は、読まれやすい記事を求め、社会の大きな流れに逆らい過ぎない姿勢を求める。

この相克が、小資本の新聞社のなかで繰り広げられる。報道の原則か、経営基盤の維持か、である。「戦争というもの」を避けるべきだ、という本来の主張と、片や読者の求める戦争期待の報道でなければ、事業の存続はできなくなる、とする現実路線との衝突である。

現時点でなら、かつての事態に可否を言える。だが、戦争の始まろうとするなか、推進する国家権力がさまざまな法的、制度的な統制を仕掛け、ガンジガラメにされていく環境のもとを考えると、机上の空論は述べられない。当時なら、気弱に妥協し、権力に追随したに違いないからだ。とはいえ、その姿勢でよかったのか、と問われれば、やむを得なかったにしても、認めたくはない。

（2）岐路になる満洲事変　ここでは、日中戦争を迎えたとき、戦争に向けて社論を転換していく朝日新聞の幹部たちの苦悩の言動を紹介したい。『朝日新聞社史　大正・昭和戦前編』（1991年）などを参考とする。

1931（昭和6）年9月18日夜、日本の関東軍の策謀で旧満洲・瀋陽（当時奉天）に近い柳条湖付近の南満洲鉄道の線路が爆破され、その直後に中国軍への攻撃を開始した。19日の東京朝日（以下東朝）の紙面は、発端は中国側の仕業として、「奉（天）軍　満鉄戦を爆破」との見出しを載せ、大阪朝日（以下大朝）は「日支兵衝突激戦中」とし、文中で電通報として「暴戻なる支那兵が満鉄駅を爆破し我守備兵を襲撃」とした。

東朝は9月8日付社説で「支那側の対日態度にかんがみ、外務といわず、軍部といわず、はたまた朝野といわず、国策発動の大局的協力に向って、その機運の促進と到来とをこの際日本のため痛切に希望せざるを得ない」としたため、編集局整理部員は、社論は対中国強硬論に転換した、と判断した、という。だが、社は満蒙問題の社論をまだ決定していなかった。

この直後に、大朝本社にやってきたのは右翼の笹川良一（のち国粋大衆党総裁）、次いで内田良平（黒龍会主幹・大日本生産党総裁）だった。一方、東朝の緒方竹虎編輯局長は、「満洲独立論」を説いた小磯國昭陸軍軍務局長を訪ね、美土路昌一（戦後に社長）は参謀次長に会うなど、状況掌握に努めた。小磯は「現地軍任せ」といい、参謀次長は「朝日は反軍の張本人」といったという。

9月20日、東朝の社説「権益擁護は厳粛」で、中国側の日本権益侵犯を批判し、「一日も早く外交交渉に移して、これを（満洲という）地方問題として処理」すべきと主張。23日には、前々日に朝鮮軍司令官林銑十郎が独断で満洲への越境出動を開始したことで、「帝国陸軍が帝国政府と別個の行動を執り得るはずはない」と警告した。これらの指摘は妥当だが、侵略の実態からすれば、穏やかに過ぎるが、刺激を避けたい配慮がうかがえる。

まだ影響力を持つ朝日に対する、軍や政府、世論の波に乗じる右翼などのプレッシャー、あるいはそれなりの配慮が字面に現れているようだ。大朝は20日の社説で、事件の局地化で対応することを望み、「特に此際出先軍部に対して必要以上の自由行動をせざるよう厳戒すべき」と書いて、大朝への軍部や右翼への攻撃をやや強めた。

ところで、大朝の立場を見ておこう。かねて普選を説き、軍縮を主張し、大正デモクラシーの陣頭に立ったメディアである。大正の中頃、普選阻止、米騒動、シベリア出兵決定などに批判の高まる寺内正毅首相に対して、関西新聞界はこぞって批判、記者の批判大会も盛り上がっていた。大朝は1918（大正7）年8月、この大会を伝える記事のなかで、世相の不穏を意味する「白虹日を貫けり」の言葉を掲載したとして、激しい攻撃をかけられた。

その結果、村山龍平社長、鳥居素川編輯局長、長谷川如是閑社会部長、丸山幹治通信部長（丸山眞男の父）、論説の大山郁夫らが総退陣している。満洲事変はその10余年後で、やっとこの騒動の打撃から立ち直った時期でもあった。

満洲事変に先立って、現地では中村大尉虐殺事件、万宝山事件といった不穏な事態が続き、国内には反中国の機運が高まっていた。満蒙強硬論の南次郎陸相が「門外無責任の位置にある者」が「みだりに軍備の縮小を鼓吹し国家国軍に不利なる言論宣伝を敢てする」といった激しい演説をぶてば、これに対する東朝、大朝はともに厳しい姿勢をとった。このように、朝日新聞と政府や軍部との関係は極めて対決的だった。

社説の変化を見ていこう。

満洲の扱いについては当時、諸説があった。①満洲は国民政府統治の中国の一部（民政党の浜口雄幸ら）、②万里の長城以南の中国本土は国民政府の統治を容認し、長城外の満蒙は張作霖ら奉天財閥に（日本の影響下／政友会の田中義一首相ら）、③中華民国の主権存続のもとに満洲を分離し、日本の実権掌握下の新政権樹立（関東軍の一部）、④満蒙を領有し、対ソ戦争に備えるため、中国主権を認めない（陸軍中枢と参謀本部第一部）、などに分かれていた。

満洲事変後、ハルビン特別区、黒竜江省などの独立の動きが出ると、10月1日の東西朝日の社説に大きな違いが出た。

東朝は、厳格な不干渉主義を求め、独立国家のできる、できないよりも、日本がなぜ権益擁護、懸案解決に必死であるかを国際的に認識させることが急務であり、根本だ、と主張。一方、大朝は「満蒙の独立　成功せば極東平和の新保障」とうたった。さらに、国民政府が満洲にまで日本権益の一掃を図れば、日本と衝突して、満洲の各州は独立運動により国内紛争、国際紛争防止の措置が必要になる、といった趣旨で「満洲緩衝国設置」の論を説いた。

大朝は、中国ナショナリズムを肯定し、満洲の東北各省は中国の一部、という認識を示していたが、この緩衝国化の論はその持論を捨てた、ことであった。

10月12日、大朝は幹部や各部長らの会議を開き、「社説を統一して国論をつくる大方針」を協議、翌日には部長会、次いで整理部、支那部の現場記者に説明した。だが、「この事変で英米を刺激、ひいては世界戦争に拡大しないか」「このまま軍部の独走を許すと、日本は破滅を見ないか」など、反発は収まらなかった。その一方で、現役・予備役の軍人らは、事変関係の記事の扱いが小さい、といった大朝不買運動を続け、右翼などの数々のいやがらせが頻発した。

12月に、若槻礼次郎から犬養毅の内閣に代わる。大朝は、その衆院、貴族院での荒木貞夫陸相の謝辞を掲載しなかったことを機に、整理部員らのかつてない大量の配置転換が進められた。これが一応の幕引きとなったのだが、整理部員たちの主張にもかかわらず、事態は悪い方向に進んでいった。

朝日新聞にとって、「広く先を見る」大切さと、周囲の巨大な外圧の回避策との、厳しい対立だった。こうした場面は、いまも決して珍しいことではない。このような厳しい体験が新聞を生き残らせていく糧となり、新聞記者を育てる土壌になるように思われる。

(3) 購読者の存在

先に触れたように、読者あっての新聞である。経営の基盤でもある。したがって、この対応は重要だ。そこで、読者たちの受け入れやすい「流れ」に乗るか、説得して「筋」を通すか、という厳しい選択を迫られる。読者は世論を表すものであり、「筋」だけで紙面を作っていていいものか、読者の空気に沿う紙面の方が優先すべきではないか……当時の朝日社内では、そのようなありようが議論、ないしは論争の前提になっていただろう。

当時の読者の多くは、戦争支持論が大勢だった。日清、日露、第一次大戦と勝ち進み、大筋では賠償金などのメリットを手にしており、この戦いに勝てば当然、中国大陸への侵出が可能になる。それによって、一般の国民は、日常の苦しい経済状態を打開してくれる、と思う。当時、天皇、政府や軍部の国家権力がアピールする状況からすれば、そのように信じるのが当然でもあった。言論統制下での、権力の宣伝は国民に信じられていた。世論は誘導され、大勢は好戦的だった。

だが、メディアは長期的、かつ国際情報を見てきた経験から「筋」を紙面化したい、と基本的には考えたことだろうが、国家の検閲の分厚い壁を越えることは極めて難しいことだった。

そこで、新聞社として二者択一に追い詰められる。編集局のかなりの部分には「筋」論があり、経営幹部や収入部門の販売、広告の立場からすると、売れない新聞では納得できない。売れなければ、あるいは不買運動が広がれば、経営は続け難いのだ。

それが、先に触れた社論の転換につながった。

もちろん、記者たちの間でも、戦争推進の軍部や政府内部、議会関係などの担当者は取材しにくいし、あるいは政府などの言い分に同調する者もいる。戦争に向かう世相からすれば、現実路線になじむ記者がいてもおかしくはない。

路線を転換した新聞のあがき

戦争回避、日中関係の柔軟対応、軍部台頭の警戒、といった路線を変えざるを得なかった朝日新聞だが、大阪と東京の社説はそれぞれ筆者も内容も別々に書いており、時折立場の違いを見せていた。政府や軍部との接触の多い東京は情報も早いが、気遣いしがちになる。一方、距離的にも離れた大阪は、ある意味で第三者的な視点から、クールに状況判断ができる。

当時の東京主筆の緒方竹虎と、それに大阪で論陣を張った主筆の高原操、彼に先立つ編集局長鳥居素川（白虹事件で引責）が東西朝日の双璧で、緒方自身が東西朝日の足場の違いを指摘している。緒方は戦後に首相候補と目されたほどで、当時も政府や軍部に知人が多く、高原は白虹事件後に編集局長、主筆になり、大正期には「普選と軍縮の高原」といわれていた。両者の主張に違いが出て不思議はなかった。しかし、二・二六事件（１９３６＝昭和12年）のあと、東西の論調の開きが問題になると、緒方の意向もあり、筆政一元化、単独主筆となって、高原は満洲事変勃発直後に筆を折り、１９４０年に身を引くことになる。

以上が、満洲事変を支持する立場に変わった朝日が次第に軍国調を高めていく節目だった。

ちなみに、二人はともに福岡県出身、修猷館（中学）では緒方が11年後輩、という関係にあるが、立場はかなりの違いがあった。余談だが、高原の五高時代の先生は夏目漱石で、朝日入社は一緒の年だったという。

大阪の朝日新聞記者だった後藤孝夫は、丹念に当時を分析して、４５０ページに及ぶ『辛亥革命から満洲事変へ―大阪朝日新聞と近代中国』（１９８７・みすず書房）を書いた。１９１１年から31年までの20年間の大朝の社説１２８７編を解読して、朝日は国内の大正デモクラシーのよりどころであった立憲主義と、海外進出の波に乗る帝国主義という矛盾のうえに立脚し、進歩的とされてはいたものの、この矛盾が戦争にのめり込む岐路になった、と見る。余談ながら、若い記者には、この労作を読むことを勧めたい。

＊大朝社説の抵抗

朝日新聞の立場が次第に厳しくなるなかで、大きな路線の転換はあったが、それでも東朝、大朝とも弱いトーンながら、権力を監視し、問題点を指摘して、2、3年は従来の主張の維持に努める。満洲事変勃発、満洲国建国のあとの五・一五事件、国際連盟脱退のころの社説を見ておこう。

だが、激動の続くなか次第に、紙面全体が戦争礼賛に染め抜かれていく。時代に呑み込まれた多くの記者自身の変容もあり、その風潮が紙面を変えていった。一度選んだ道は変えようもなく、加速され、ゆがみ、ひずみを増すばかりだったことが示されている。

（1）ファッショ化批判　右翼血盟団による井上準之助前蔵相の暗殺（1932＝同7年2月）、團琢磨三井合名理事長射殺（同3月）のあと、東朝社説は「議会政治の現状に対する不満は直に議会政治の打倒の結論に導く必至関係を持って居るかどうかであり、改善修正に一指も染めずして直ぐに打倒に急ぐ一部憂国者の性急短慮を惜む」（4月13日）と書いた。トーンは弱いが、朝日は政情を批判するにあたり、各種の見解が出されるべき議会がものを言わず、本音としてはそのだらしなさを嘆きつつ、このように言わざるを得なかった。新聞報道は、多様な意見が出されてこそ、その対比において是非を述べ、方向も示すことができるのだが、その舞台である議会が、国家権力のもと、かつ迎合的姿勢に陥って、言論を麻痺させてしまった。

5月7日には、「何を語る？　政界の無風　政治、諸党派みな不安　頻に動くファッショ勢力注目される臨時議会」を、夕刊一面トップに置いた。

（2）五・一五事件批判　直後の5月15日、国家改造を叫ぶ海軍、右翼らが首相官邸などを襲い、犬養毅首相らを殺す。五・一五事件である。大朝の高原は、「言語同断、その乱暴狂態は、わが固有の道徳律に照しても、また軍律に照しても、立憲治下における極重悪行為」と、軍部を「痛烈に批判」（『朝日新聞社史』）した。のちに注目されたのが、福岡日日新聞の菊竹六鼓の社説だった。犬養に傾倒しすぎる感はあったが、「敢えて国民の覚悟を促す」との社説で「暗殺というよりも一種の虐殺であり、虐殺というよりも革命の予備運動」と看破し、「近来右傾的運動の勃発に乗じ、左傾運動者輩（註・国家社会主義に転じ軍部に接近した一部の社会民衆党などを指すか）が、国家民族の仮面をかむり、ファッショという流行語を仮り来たりて、ややもすれば国民を煽動せんとするあり、或は政治的野心家輩が、その政権欲を遂げんが為に、陛下の軍隊と軍人とに誘惑の手を延ばさんとするあり」と、この先に起きてくる危険な事態を見抜いていた。

（3）政党政治の擁護　この事件後の5月17日から26日までに大朝、東朝とも8本の社説を通して、政党政治、国民政治の確立、憲政の常道を擁護し、これを否定する風潮、そして「挙国一致内閣論」「軍部の政治関与」に反撃した。そして登場したのが、〝温厚〟とされた海軍出身の齋藤實首相だった。これは「政党内閣」から「挙国一致内閣」という、ある意味で民意を反映せず、政権の決定がそのまま遂行される体制の始まりになる。斎藤のもと、「満洲国」建設、国際連盟脱退などファシズムの道を進み、斎藤自身が二・二六事件で殺害される、という皮肉な結果になった。

（4）国際連盟脱退に「慎重」　1933（同8）年2月14日、国際連盟でリットン報告書が出され、満洲国不承認が全会一致で決まる。24日の総会では、42対1で対日勧告案を可決、松岡洋右全権は退場、3月27日脱退を通告する。この国際的孤立について、大朝社説は「この勧告に憤慨して早まった行動を採ることはこの際慎まなければならない」、東朝は「勧告書は判決文にあらず」として「勧告を応諾すると否とは、一に当事国の裁量に存する」「勧告書がたまたま日本政府と見解を異にした事実そのものは、決して憤慨に価しない。国策は冷静透徹せる判断の下に決せられねばならない」とした。いささか生ぬるい論調だが、当時の政情としてはこれが精いっぱいだったのだろう。

（5）滝川京大事件に怒り　1933（同8）年、まず超右翼の慶応大教授蓑田胸喜らが、京都大学教授滝川幸辰の姦通罪、尊属殺人、内乱罪の考え方をめぐり「赤化教授」として、美濃部達吉、牧野英一、末弘厳太郎らとともに攻撃。鳩山一郎文相や議会も、これに便乗して追及した。その結果、滝川はじめ佐々木惣一、末川博ら6教授が依願免職となった。反発する教授らはすでに39人が辞表を出していた。学生たちは抗議の大会を開き、東大でも同調する怒りの大会、デモが行われた。

朝日をはじめ、各紙が批判したが、この事件を機に学者や学生への弾圧が強まり、右翼らを勢いづかせて、美濃部の「天皇機関説」など、学問や言論への抑圧が強まっていった。

このころ、獄中の共産党幹部佐野学、鍋山貞親はじめ三田村四郎、風間丈吉、田中清玄らが相次いで転向して、反政府、反軍部などの抵抗勢力は大きく減退していくことになる。

＊戦時下の社説の変容

開戦当時の迷いや抵抗は次第に弱まり、戦争の支持・正当化から、戦争礼賛・激励にトーンを変え、さらに敗色濃厚になると悲壮な、神がかり的な論調になっていった。冷静とか、客観性とかの新聞の使命からすっかり外れてしまった。あえて、終戦2年ほど前からの、いくつかの社説を引用しておこう。いくらでも、愚かな社説を拾い出せるが、数本にとどめておく。

戦争勃発時の悩ましい思いなどは消えて、「神風」来援の期待、精神力のみが頼り、天皇尊崇の表現はうつろ、説得力を欠く非論理的表現など、これがかつての朝日だったか、と思わせる稚拙な社説が続く。記事も同様だ。しかも、なによりも、戦局の不利を書き続けながら、敗退の結果に思いを馳せることなく、国民鼓舞の文言を連ねている姿はみじめというしかない。

（1）不滅の大精神を賛う（１９４３＝昭和18年４月25日）「大義のために死を見ること帰するがごとく、純忠至誠、後世国民をして感奮興起せしむる忠臣烈士の亀鑑はわが国史を飾っているのである。しかしてこの大精神は今日わが国民の何人にも強く把持せられ、醜《しこ》の御楯《みたて》として大君の辺にこそ死なめの念に燃えないものは一人としてないのである」

（2）山本（五十六）元帥を悼み且誓う（同年5月22日）「誠に武人として至高至大の栄誉たると同時に大御心のほど恐懼《きょうく》感激に堪えざるところである。……刻下内外の情勢極めて重大、戦局また最も深刻にして事態は一瞬一刻の苟且偸安《こうしょとうあん》（将来を考えず一時の安楽に逃げる）を許さない至厳なるものがある。……ここに恭しく元帥の戦死を悼むとともに国民をあげて元帥の崇高壮烈なる精神に生きんことを神明に誓い奉る」

（3）報道と盛り上がる戦意（同年6月4日）「（山本元帥戦死という）悪材料発表による国民士気の沮喪を、極端に恐れる米英としては、かつは怪しみ、かつは日本国民の士気低下を期待したであろう。だが、かれらは、日本人は日本人である、という簡単明白な事実を、認識しえないのである。そして、わが大本営発表の正確さ、迅速さに対する信用が、世界の果てまで浸透し、それがやがて、米英政府に対する米英国民の不信となってゆくのを、当惑しながらも、どうすることもできないでいる」

（4）学徒兵士に栄光あれ（同19年11月29日）「（この年9月、東條内閣は学生らの入隊を決定、10月に第一回入隊学徒の壮行会を明治神宮外苑競技場で開いた。いわゆる学徒動員である。）人生の行路を味い尽したとも、学の蘊奥《うんのう》を極めたともいい難いものが珍しくないかも知れぬ。……祖国永劫の発展は諸君五尺の短身を要求している。……諸君こそ誠に選ばれたる至幸の者といわねばならぬ。……良き学徒と良き軍人とがその精神において完全に合致する事実を、今こそ学徒軍人は身を以て立証すべきであろう」

（5）ガ（ダルカナル）島の勇士に応えん（同年8月18日）「（ガ島に飛行場建設完成直後、米海兵隊に占領され、少数兵力で守れるとの大本営の目算が外れ、再攻撃も敗退、米軍勝利の第一歩になった時点で）七生報国は皇国武人の素懐である。不屈必勝といい、見敵必殺という、いずれも七生報国の熱禱から迸り出づる我が陸海軍の伝統的精神にほかならない。……道はある。戦力増強の一途がこれであって、これ以外にない。戦力を急速に増強して太平洋戦局に攻勢転移の好機を捕えることである。これ以外にはない。そのためには驕敵撃滅の翼を増産することである。今なおガダルカナル島に展開している密林の戦場は、銃後の生産工場に通じている。孤立無援の最悪なる条件下に苦闘する勇士の闘魂は、これ斉しくわれら銃後国民の闘魂でなければならない」

（6）宸襟《しんきん》を安んじ奉らむ（同20年4月18日）「（沖縄戦は4月に米軍上陸の事態となっていた。）琉球島を挟む彼我の攻防戦は正に激烈を極めておる。思えばサイパン、レイテ、硫黄島と順次その野望を西太平洋上に擅《ほしいまま》にし、暴戻飽くところを知らぬ敵の北上戦略は刻一刻、前進の一途を辿っているかに察せられる。琉球の運命の如何にかかわらず、敵の我が本土侵寇は愈々苛烈の度を加えるものと見なければならぬ。……時ある哉、畏くも優渥なる勅語を拝するを得ると共に、特に救恤《きゅうじゅつ》振作のために御内帑金《ないどきん》を賜う、誠に感奮の極みと申上ぐるのほかはなく、挙国一致、総蹶起の赤心を愈固くしたのは素よりそのところである。……唯々宸襟を安んじ奉らんことを誓い奉るのみである」

社説と雑報記事・イベント等との落差

当時の社説といえば、東朝の場合、大体3ページ目にベタの扱いで15字、80行程度、つまり400字詰め原稿用紙3枚程度で掲載される。場所はページの最上段ではあるが、横一段、タイトルの見出しのみで、「社説」とかのカットもない、極めて目立たないものだった。よほど関心の高い読者でなければ読まないし、影響力も乏しい。表現も難解で、趣旨判断に至りにくい。

＊時流に乗る報道記事

社説に比べて、報道記事の扱いは紙面上当然大きく目立つし、読者によく読まれて、反応も大きい。記事は次第に、先に紹介した社説同様に、日本軍礼賛・連戦連勝の様相・敵対国への分析なき攻撃と誹謗といった色に染め抜かれていった。

だが、クールに記事を読んでいくと、戦争の当初はともあれ、日本が敗退の道を歩み続けていることは明快にわかる。戦争礼賛の記事ながら、そこには「事実」も読み取れる。読者も、冷静さを欠き、大本営などの発表を鵜呑みにし、先入観となっていた「日本は勝つ」の神話に溺れていた、と今なら感じざるを得ない。「戦争というもの」を幅広い情報のもとに考え、徐々に進められる戦争への体制に巻き込まれない判断力があれば、日本の数百万、諸外国も含めれば1千万台といわれる死者、不明者、負傷者を出さずに、別の道があったのではないか、と今さらのように思う。こうした経験を知り、国家権力の誤りを早期に読み取れることが、戦争状態を生み出す流れを着実に食い止める一助になるのではないか。

「大本営発表」の記事でさえ、日本の敗退間近、を感じさせるものが多く、せめてヒロシマ・ナガサキの悲惨を体験する前に、国家権力にはなすべき任務があったはず、と思わせる。ただ、法的にも、制度的にも、国民の大勢の意識にしても、戦時体制にガンジガラメにされ、異論の出しようのない社会を作り上げてきたことも、あらためて思わざるを得ない。

ここでは、朝日新聞の太平洋戦争以降の見出しを大まかに見ていきたい。ちなみに、記事は強軍、援軍の表現に満ち、国民の鼓舞に徹底している。

・「ハワイ・比島に赫々の大戦果」「米海軍に致命的大鉄槌／戦艦6隻を轟沈大破す　航母1、大巡4をも撃破」（１９４１＝昭和16年12月9日）

・「我奇襲作戦の大戦果確認／白堊館当局も甚しく驚愕／死傷者三千、損害予想以上」（同月10日夕刊）

⬇白堊館＝米ホワイトハウス。

・「我損害、率直に公表／米、苦しまぎれのデマ」（同月11日）⬇帝国海軍が航空母艦1隻を失った、との米側情報に対して。

・「米英撃滅国民大会／八社共同主催／正義の矢放たれたり／先勝に酔はず鉄の団結肝要」（同月11

日）⬇緒方竹虎主筆（朝日）、徳富蘇峰社賓（東日＝現毎日）、正力松太郎社長（読売）はじめ報知、中外商業新報（現日経）、都、国民（ともに現東京）、同盟通信（現共同、時事）の8社出席。

・「大東亜戦争／大理想、直截に表現／対米英戦の呼称決す」（同月13日）⬇「大東亜10億の民族を圧迫搾取し、その支配を永久化する」米英に対して、「『共存共栄』の理想的新秩序を建設する」帝国政府、とその記事は書く。

・「この万歳、全世界も聞け／一億の歓喜と感謝けふぞ爆発／神前に赤誠の人並み／首相ら靖国社頭に感激の祈念」（１９４２＝同17年2月19日夕刊）⬇英国統治のシンガポール陥落により、「大東亜戦争戦勝祝賀第一次国民大会」が開かれた。東京市と朝日共催の大音楽行進では、野村秀雄編輯局長が陸海軍万歳の三唱。その見出しは「絢爛　勇武の捷歌／帝都に轟く音楽行進」

・「けふ帝都に敵機来襲　九機を撃墜、わが損害軽微」（同年4月19日夕刊）⬇米軍による初の空襲。翌日の朝刊見出しは「初空襲に一億沸る闘魂／敵機は燃え、墜ち、退散／バケツ火叩きの殊勲　我家まもる女手／街々に健気な隣組群」

・「けふ出陣学徒壮行大会　沸る滅敵の血潮／進め悠久大義の道　敵米英学徒を圧倒せよ　首相訓示」（１９４３＝同18年10月21日夕刊）⬇記録映像では雨の中での大会だったが、雨の様子は触れられていない。気象についての報道規制か、デスクによる削除だったか。

・「数万の大軍兵糧攻め　インパールの敵、重大危局」（１９４４＝同19年5月28日）⬇牟田口廉也司令官による無謀な戦闘はこの戦争での最大級の失敗とされるが、特派員のこの記事では弾薬、食糧名護に苦しむのは敵側、と書く。

・「神鷲の忠烈　万世に燦たり　敵艦隊を捕捉し必死必中の体当り／機・人諸共敵艦に炸裂／誘導の護衛機、戦果確認」（同年10月29日）⬇敵艦船に爆弾を積んだ飛行機で、死を前提に出撃した神風特別攻撃隊（大西瀧次郎海軍中将発案）は終戦10ヵ月前に始まり、片道飛行の約3千機で3700余の若い生命を失った。同日紙面の解説記事には「身を捨て国を救ふ　崇高極致の戦法中外に比類なき攻撃隊」の見出しが立つ。続いて「神風隊、連続猛威振う　戦巡艦など十隻と空母九隻撃沈破　群がる敵機排除」（同年11月1日）とある。

・「B29約百三十機、昨暁帝都市街を盲爆　約五十機に損害　十五機を撃墜す」（1945＝同20年3月11日）⬇死者8万以上、負傷4万から10万余、被災者100万といわれる東京大空襲。19日紙面では、被災地視察の天皇に随行した記者が「今はただ伏しては不忠を詫び奉り、立っては醜《しこ》の御楯となり……この不忠の民を不忠とも思召されず、民草憐れと思召し」と書いた。どこまでが本音か、美文調の文体が空々しい。

・「沖縄本島に敵上陸　主力は南部地区に　更に十五隻撃沈破／我陸上部隊、果敢の邀《よう》撃」（同年4月2日・大本営発表）、「沖縄　陸上の主力戦最終段階　軍官民一体の善戦関東三箇月／廿日敵主力に対し全員最後の攻勢／殺傷八万、撃沈破六百隻」（同年6月26日）⬇なお、16日の記事では「離れ島消耗戦の意義は、敵に出来得る限りの出血を与え、時を稼ぐところにある。最後の勝負を決するのは、いうまでもなく本土決戦である。……本土決戦のこの大陸作戦的利点を生かすのも殺すのも、戦場に協力すべき一億国民の必死必勝の覚悟如何に懸る」と、本土決戦の覚悟を国民に迫った。

＊戦争に拍車をかけるイベント類

新聞社を支える販売と広告の部門は、「質」もさることながら「量」、つまり購読者の多いこと、その人々の関心の赴くものを重視する。職務上、当然だろう。少数派になっても、正統な社説は重要だが、多くの人を惹きつける記事や行事も必要である。このような立場からは、発言力を握る政府や軍部の意向、そこに傾斜する大衆庶民の性向に逆らうかの論調は、本音として困惑のタネだろう。

一線の記者たちにも、取材現場の動きを追って記事を書くなかで、取材先の空気に染まっていくこともあろうし、相手からプレッシャーのかかることもあろう。また、長期的に世間の雰囲気になじめば、視野も狭まり、目先の現象に呑み込まれることもある。原則に寄り添う記者よりも、現場の現実を選ぶ記者が増えてもおかしくはない。大勢が変化してくれれば、取材現場と営業の職場の受け取り方や取り組む姿勢は接近してくる。

戦争加担の話題に戻して、事実関係を列挙しておこう。営業部門を中心に、購読者から離れたくない、社会の大きな流れに沿うべきだ、との意識が強かったのだろう。

・**「在満将士慰問金募集」**（1931＝昭和6年10月）流される風潮に異論の強かった大阪整理部などの配置転換などに先だって、「満洲事変支持」の社論決定の直後に、この社告を出した。1年足らずで、総額45万円余の多額が集まった。学卒の初任給が7、80円の時代だった。

・**慰問袋2万個**（同年10月）朝夕刊以外に戦争報道の号外も多く発行配布し、感動した読者が各地で慰問運動を広げ、朝日は「慰問の微意を表する」として慰問袋や慰問金募集の社告を出した。

関東軍から感謝状が贈られたことも記事になった。

・**「肉弾三勇士の歌」懸賞募集**（１９３２＝同7年2月）　盧溝橋事件後の上海事変に苦しむ陸軍だったが、３兵士が鉄条網爆破を試み爆死、軍は日露戦争の広瀬中佐にならぶ「軍神」として宣伝。大朝は「これぞ真の肉弾！壮烈無比の爆死」とうたい、この歌の懸賞募集をした。２週間程度で12万5千編近い応募があった。山田耕筰作曲でレコード化され、まさに戦争礼賛の世相に便乗して、当てたのだった。この記事は美辞麗句、大仰のものだったが、実はのちに誇大な作文的報道とわかる。同様の兵士はほかに３人いたこと、戦場光景に誤認報道があることなどが、当時の現場にいた元兵士が証言したのだ。

・**戦争報道と航空機**　満洲事変勃発の１９３１年9月から上海事変中の翌年2月までに、朝日の大陸派遣は記者、カメラマン、航空機関係など１１７人に及んだ。記事、写真の輸送にあたった飛行機は11機で、飛行回数２９６回、距離は14万キロを超えた。号外発行は大朝２０４回、東朝１４６回。社有機のほかに、陸軍省は新聞社機の活用を重視し、31年6月末には朝毎電通3社に軍用機を貸与した。軍との関係は強まる方向にあった。

社機に海軍参謀ら要人を乗せて最前線の偵察飛行もして、朝日、海軍の連携飛行は1年余続いたという（『新聞と戦争』朝日新聞出版）。

・**主催イベントに大人気**　「満洲事変一周年記念展覧会」（１９３２年、大阪）、「支那事変聖戦博覧会」（１９３８年、西宮球場など／１４５万人の入場収益15万円を軍用機献納義金に）、「戦車大博覧会」（１９３９年、靖国神社・名古屋・関西）、「大東亜建設博覧会」（同年、西宮球場）、朝日社員出向の会社による「国策紙芝居」政策や興業（１９４０年）など多様で、戦争機運を高めた。

・**神風号の訪欧飛行**（１９３７＝同12年4月）朝日社機が1万5千キロ余のロンドンに、51時間20分ほどで飛び世界新記録を出した。全国的に話題をさらい、朝日は飛行時間予想の懸賞募集を出したところ、応募は実に４７４万通。また、全国の小学生に１２００万枚の航空絵葉書を贈るなど、増紙によって購読、広告収入が増え、社益を潤した。

・**出版事業も好調**「アサヒグラフ」は太平洋戦争で内容が一変して聖戦完遂型に。「映画朝日」は「航空朝日」に。「大陸画刊」（華字誌）、南方向け「太陽」（情報局の委嘱）、「ちから」（大日本産業報国会の委嘱）、「週刊少国民」など、かつての文化的傾向から戦時色に変わっていった。

・**「軍用機献納運動」**（１９３７＝同12年7月）日本人居留民２００余人が中国保安隊に虐殺された「通州事件」、上海派遣隊長大山勇夫中尉ら2人が中国保安隊に射殺された「大山事件」を機に、この運動を呼び掛けたところ、約４６２万円の献金があり、陸海軍に爆撃機、偵察機、戦闘機など計60機を献納した。社としても10万円、飛行機の朝日、の面目躍如か。

・**軍歌も募集**（１９３８＝同13年）この年の「皇軍将士に感謝の歌」で生まれた「父よあなたは強かった」のレコードは3カ月半で50万枚近く。朝日は戦争ごとに歌を募集、満洲事変が始まって「満洲行進曲」、32年の上海事変で「肉弾三勇士の歌」、日中戦争がはじまると「皇軍大捷の歌」、40年に「興亜行進曲」など。東京日日、大阪毎日は「爆弾三銃士」と名付け、同工異曲だった。

・**満蒙開拓青少年義勇軍の壮行会**（１９３９＝同14年）明治神宮外苑競技場での大会のあと、カーキ色の制服、戦闘帽、リュック姿の16－19歳の青少年が上野まで大行進。広田内閣が36年、関東軍の20年間１００万戸・５００万人派遣の計画をもとに政策化した一環で、朝日主催の壮行会。終戦までに8万6千人が送り込まれた。引き揚げた若者も、大陸の土に埋もれた子も。朝日は、義勇軍の入門書、満洲開発の啓蒙書や小説を出版、またこうした事業を推進した「満洲開拓の父」とされ、この義勇軍の訓練所長だった加藤完治に41年、「朝日賞」を与えた。

・**「撃ちてし止まむ」**（１９４３＝同18年２月）　陸軍の決戦標語として選び、朝日は当時の有楽町本社の壁面に百畳分の、星条旗を踏み、手りゅう弾を持って突撃する兵士の大写真を掲げ、紙面でもこのタイトルの連載記事を掲載した。ちなみに、戦時標語として知られた「欲しがりません勝つまでは」は前年、大政翼賛会と朝毎読３紙が募集した「国民決意の標語」だ。「聖戦へ　民一億の体当り」「国が第一　私が第二」「贅沢は敵だ」などの標語もあった。

・**社長も軍用機献納に率先**（１９４１＝同16年12月）　太平洋戦争開始後、献納運動の社告を出して、社が10万円、社長村山長挙と社主上野理一が各1万円を寄付。１９３７年の運動以来、７４０万円余で１１６機を献納。社告に「千機、一千機われらの手で」とある。

・**「銃後婦人の一日入営」**（１９４２＝同17年12月）　２４００人を対象に、朝日と大日本婦人会支部が主催。この年10月には「敵国米英豪実相報告講演会」を日比谷公会堂で開き、中村正吾ら特派員が講演。

権力への迎合と記者の立場

厳しく言えば、権力者への迎合である。権力を凝視し、世相風潮の非を説き、国際社会の空気を伝えるべき新聞の姿勢が、次第に変わっていく。前に触れたように、すさまじい権力による外部からの圧迫、比較や選択のできる情報や環境を持たず、国家・天皇尊崇のみの教育に染められ、権力側になじみ、信じる人々…国際感覚や判断力もある知識層や一部の報道関係者が声を出すに出せない状況で、生きていく道はいわば「転向」あるのみ、といった現実だった。

緊迫しない、穏やかな当初はともあれ、時代のゆがみは次第に拡大していく。戦争の準備段階が進み、戦闘の激化に伴って、新聞記者は二者択一の状態に追い込まれる。踏み絵の前の信仰者の心境だろう。目先を利かす者、強さと流れに沿う者、家族や生活を思う者など、さまざまであることは、日常生活のなかでも経験するところだろう。

「筆を折る」という道もある。しかし、記者にとっては精神的に厳しい選択で、その決断もまた容易ではない。

社説、記事の見出しや内容、そして新聞社の諸行事に見えるとおり、激しい権力寄りのトーンになっていくところに、その時代の姿がはっきり示されている。社内人事についても、その時代や社会の空気になじみやすい人材が起用される。

新聞記者として、すべてを捨ててでも、あるべき筋を通すか、迷いつつ最小限の妥協で済ますべく進むか、どっぷりと流れにのまれても強靭に残るか……追い込まれての生き方は、そこに生きた者にしかわからないだろう。その生きるプロセスにおいてはさまざまな瑕疵を感じ、内心では「これでいいのか」という葛藤が絶えずあったに違いない。後世に論じるとき、客観、冷静に見直さなければならないが、当事者の立場、心境、反省の思いなどと齟齬の出ることは覚悟せざるを得まい。

戦後の朝日新聞に継続性をもって関与した人物は少なくない。野村秀雄、千葉雄次郎、関口泰、田中慎次郎、長谷部忠、笠信太郎といった人材は、どのように戦前と戦後のおのれを考えただろうか。緒方竹虎、細川隆元といった、別の世界で活動した人々はどうか。わずかな記録が残されており、多少追って後述したい。

戦後の紛糾の高まるなかで、戦争報道の責任が十分にとられず、明白にされなかったことには問題が残る。彼らが新聞社という世界で蘇ったことに、何らかの許容の余地があったのだろうか。

戦後に、戦争責任の一端を問われた各界指導者らが多数、ＧＨＱによって公職から追放されたが、朝鮮戦争勃発に伴い、一気に釈放され、戦後の政界、官界等に社会復帰して、制定時の新憲法の理念から離れて、その後の日本の針路を大きく変えることになった。

新聞社にも、そうした責任を棚上げするような空気があったのか、と共通した印象もある。新しい時代にふさわしい人材がいなかったわけではないはずで、そこに日本的な姿を感じる。時代を動かした人々が結果的に針路を誤り、国民や読者に望ましくない影響をもたらしたような場合、その責任を明確にし、終止符を打ったうえで新たな道に進む、といった風潮があるべきではないか。

どのように反省したか

朝日新聞の変貌を、社説で見ていきたい。終戦直前をまず見ておこう。

＊終戦直前

昭和20年8月11日の記事は、「一億、困苦を克服　国体を護持せん」の大見出しがあり、一方に阿南陸相の訓示を「死中活あるを信ず」として「断乎神州護持の聖戦を戦い抜かんのみ」といった徹底抗戦論が掲載された。社説には、鈴木貫太郎首相の応援なのか、趣旨不明の**「重臣論」**が載る。当時の、国体護持第一とするポツダム宣言受諾の和平路線と、阿南惟幾《これちか》陸相らの一億玉砕の徹底抗戦論の対立があり、終戦前の象徴的な紙面でもあった。

翌12日。「大御心を奉戴し　赤子の本分達成」「最悪の事態に一億団結」「戦雲全満洲に及ぶ」などとあり、社説は**「興国沈着なれ」**として、「天皇に帰一し奉るべき万邦無比の我が国柄として一切が大御心に出づべきこと申すまでもない」とする。天皇の意向を押し出しての和平路線の主張だった。

終戦前日の14日の社説は**「敵の非道を撃つ」**として、原子爆弾の残忍性をアピールしつつ、「ただこれに対しては報復の一途あるのみ」「わが当局が早急にこの対策を樹て」と、まだ「報復」の意思をのぞかせた。この機に及んで「当局の対策」をいうあたり、どこか他人事であり、責任の所在つくりを感じる。そして、国体、天皇、精神論を説きつつ、戦時下中の主張をダメ押しするところに、まだ動揺が見えている。

このころすでに、報道幹部はポツダム宣言の受諾を感知していたはずで、なおも論調におかしさを感じるところもあるが、軍部などの強い玉砕論があるなかでは、天皇を前面に押し立て、世論の鎮静化を狙うためだったのか。要は国民の生命をいかに守るか、こそが焦点のはずだった。

＊降伏直後

8月15日当日の大見出しは「**戦争終結の大詔渙発さる**」。社説は「**一億相哭の秋**《とき》」。隣に大きな「**再生の道は苛烈　決死・大試煉に打ち克たん**」との第2社説的な主張が載る。前者には、「大君と天地神明とに対する申訳なさで一ぱい」「誓って宸襟を安んじ奉らんとの決意を今こゝにまた新に堅くせん」など、天皇の意向に沿う終戦の決着に賭けている。別稿の第2社説でも「軍官民それぞれ言分もあろう、だが今はいたづらに批判し、相互に傷つけるべき時期ではない」「国体を護持し得るか否かは……日本国民の魂の持ち方如何」「特攻魂に端的に現れた七生報国の烈烈たる気魄は……永劫に子孫に伝へねばならぬ」と、それまでの流れを踏まえ、まだ過去と離れない足場に乗っている。手のひらを返すようにはいかない現実と、過去を正当化したい気持ちがあったのだろう。

15日の玉音放送を受けた16日の社説「**噫　玉音を拝す**」として、「端的にいふ。問題は今後にある。将来の新日本にある。」として、食糧、住居、結社、インフレ、労務、そして対外折衝を挙げて「挙国一家の大和によってのみ可能となろう」「功を焦らず、一歩一歩進んでゆかう」と書く。

これは、当時の細川隆元東京編集局長による『実録朝日新聞』によると、15日の村山社長出席の編集局部長会議で、細川が「今まで一億一心とか、一億団結とか、玉砕とか、醜敵撃滅とかいう最大級の言葉を使って文章を書き綴って、読者に訴えてきたのに、今後はガラリと態度を変えなければならない。これはしかたのないことだが、それだからといって、昨日の醜敵が今日の救世主に変わったような、歯の浮くような表現もとられまい。まあ、だんだんに変えていくようにしようじゃないか」と述べ、社長や長谷部忠政経部長（のち社長）も同調した、という。このような協議から、社としての姿勢自体が「一歩一歩」の取り組みになった、と思われる。

18日の社説「**勇断し突破せよ**」では、「君民一体、官民協力して」東久邇宮新内閣の「施策をば、徹底的に支援してゆかう」と活路に乗ろうとする。是々非々、ではない。20日の社説「**国民思想の転換**」では、「有体にいへば、国民の精神的挫折は無理からぬ事」と述べたうえで、「今日の敗戦は、過去におけるわが政治指導の失敗であろうが、現実にはその苦杯は、国民全体が嘗めなければならぬということ」「上からの指導に引きずられ、これにのみ全運命を託したわが国民の、過去における重大な誤謬への厳しい反省の要である」と戦争責任の一端が国民にもあり、国民が乗り越えるべきことを説く。それはそれとして、戦時下の新聞自体の責任には触れていない。

22日の「**国民は何をなすべきか**」の大型コラムは、なすべきことは①敗戦という事実の直視、②敗戦に直面した理由の究明、③如何なる心構えと方途で再建に進むか、だとする。そして、まずは、従来の政治、経済、社会にみられた独善的な傾向、非合理性、非科学性の打破、とした。国民と官・軍との距離感をまだ感じておらず、「一億国民」という表現にある国民一体的な見方、国民の側に立つといいつつの説法口調、責任の所在や謝罪を明確にしない新聞のありよう――まだまだ新聞自体の混沌が続く。

身もだえる新聞の現実

報道の反省と各界への批判

８月23日に辛うじて「**自らを罪するの弁**」の社説が出る。天の時、地の利のほか「人の和についてなほ遺憾な点があった」とし、その責任は「決して特定の人々に帰すべきでなく、一億国民の共に偕《とも》に負ふべきもの」ながら、「その責任には自ら厚薄があり、深浅がある。特に国民の帰趨、世論、民意、などの取扱に対して最も密接な関係をもつ言論機関の責任は極めて重いものがある」、さらに「過去における自らの落度を曖昧にし終ろうとは思っていない」とダメを押す。

その一方で、「吾人」つまり朝日のすべての個人が優柔不断だったわけではなく、組織を守り通す必要から、「十分に本心を吐露するに至らなかった」、「言論人として必要な率直、忠実、勇気、それらを吾人の総てが取り忘れてゐたわけではない」とも言う。

「自らの罪」を認めつつ、全国民の責任を言うあたりに「一億総懺悔《ざんげ》」論がにじむ。間違いなく、国民に責任もある。ただ、権力の圧力はあったにせよ、新聞が読者に大きな影響をもたらしていた事実からすれば、責任の分担を説くことはいささか往生際が悪い。

こうした反省の姿勢のなかに、日中戦争以来の権力追随、時に権力の先を行く迎合的露払いの言動が日常化していった報道の姿が垣間見える。今時点からの、筆者の印象である。

戦後新時代の幕開けに必要であることを強調しはじめる。「**吏道刷新の要**」（24日付）は、「官僚、政党、軍部、その時々の有力者と、国民一般との間に立って、いかによくこれを結びつけるかを苦心するといふよりは、むしろ自らもまた有力者の側に立って恣意を逞しくする」かの姿勢を批判。「**議会の新生**」（31日付）では、従来の官製選挙、言論圧迫、推薦の名を借りた干渉選挙などの原因は、軍・官だけでなく、「過去の政党人こそ、最も重大なる誤謬への発足」だと指摘、日中戦争以来の「政党政治の腐敗堕落といふ最も大きな一つの過去の事実に直面する」とした。

「**我国外交の再出発**」（9月2日付）では、「我国外交の無定見、無施策、無理想が」破局に投じた、とし、旧来の無批判、独善的、固陋な思想ではやっていけず、「日本自身の自主的な主張と態度」を要し、「外交はも早や技術的問題ではなく、一国の世界政策、信念、理想の問題」とする。

前日の議会開院式を報じる9月5日、天皇が「平和国家を確立して人類の文化に寄与」と勅語を述べたことで、社説のタイトルは「**平和国家**」。具体性はないが、「心ある国民はそもそも一部官辺のナチスかぶれの思想が今日の禍ひを齎したことを痛感……独裁者気取りの指導者の介在……を嫌悪」、陰険、謀略、不忠、無智、独善を払しょくした平和国家の途は「かくて世界的に客観性を立証するに至る」。これは8月28日社説「**世界的日本の建設へ**」に通じている。

ただ、この時点までは、軍部の反乱を恐れてか、軍隊への批判は乏しい。「畏くも、大元帥陛下の股肱たる帝国軍人について問題があろうはずがない」（「**一絲乱るゝ勿れ**」8月25日付）と牽制的だが、その内情批判は出てこない。

ぬるめの軍部批判

軍閥、軍部に対する批判が本格化するのは終戦1ヵ月を過ぎてからだった。最初に注目されたのは9月17日社説の「**東條軍閥の罪過**」だった。第一当事者である軍部に触れなかったのは、一億玉砕論、和平に動く皇室への反動、対米嫌悪などの残る軍部内を刺激、挑発し、さらなる混乱を警戒してのことだったのだろう。この筆者は、終戦時の社説「一億相哭の秋《とき》」を書いた論説主幹佐々弘雄だった。

この社説は「まことに恥多き戦争であった。」の書き出しで始まる。文中では「目的なき支那事変」とし、名分が浮動的だった支那事変の「暗闇の如き事態に、木に竹をついだやうに起った大東亜戦争」であり、その「傲慢、無智、独善、虚栄」を敢てした「代表的なものが東條軍閥」と断じる。さらに「その反映はたゞに国際的のみではなかった。手先官僚を通じて、国内的にも耐へ難き圧制を強化し漸次奴隷制的様相をさへ呈し始めた。その根拠には、ファッショ謳歌の反国体的独裁思想があった。民衆抑圧の官僚（一字、縮刷版不読）独善の習性もあった」とし、それを先鋭化し、極端なものにしたのが「特種の性格を持った東條的軍閥」「それがこの大戦を不可避のものとした」「(昭和16年）十月中旬東條内閣成立のときに世紀の悲劇は、すでに決定的のものになっていた」と明快だ。第3次近衛内閣の崩壊は、日米交渉の余地があるとする近衛、海相、外相に対して、東條はその余地なしとして「対立抗争」した結果だ、さらに「東條内閣成立に立ち至った経緯ほど奇怪至極のものは世にも稀なり」と弾劾した。

東條は、この社説の出る6日前の9月11日に拳銃自殺に失敗した。陸相だった東條は１９４１

年1月に「生きて虜囚の辱めを受けず」という戦陣訓を示し、これが捕虜になるくらいなら自決を、といった風潮を生みだして多くの犠牲者を出していた。その人物が自殺の失敗はあるまい、と歯切れの悪い自殺劇を指摘されていた。

社説は、東條首相の追及はともあれ、この戦争の事態を、満洲事変、つまり１９３１年の柳条湖事件による日中間の戦争に始まるとしながら、この15年戦争の責任を東條政権にのみ求めている感がある。だが、戦争責任を問う以上、本来なら大正末、あるいは昭和初期の戦争準備段階から取り上げるべきだった。当時の朝日新聞社としての雰囲気は、ほとんど敗戦後の米国の出方ばかりに配慮し、独立前の、混乱さなかの支那（中国）には目が向いていなかったのではないか。

さらに、9月21日の社説「**重臣責任論**」では、固有名詞は一切なく、「まづ重臣自ら衆に抜んでて仮借なき自己批判冷酷無比の自己所断を加へねばならない」とする。対支那問題について「恒に逡巡狐疑して事を敗《やぶ》ったものは、重臣であり、準重臣であり、外交技術家であり、軍人であった。彼らは徒らに偏見と先入主とに捉はれて問題の独占排他に努め、局外よりの解決策に水をさして時務を遷延せしめる外に能はなかった」と厳しい。ただ、満洲事変による東亜分裂の悲劇、三国同盟の出現、東條内閣台頭の不可避、「蒋介石を相手にせず」の責任などの具体例を挙げ、近衛に責任を集中させていることがわかる。また、ここでもなお「一億総懺悔」の必要を説く。

だが、おかしなことに、戦争進展の経過に触れて「これらの諸点に関して、陸海軍将兵はすでに完全に責任を採ってをり、有史以来、初めての非武装国家の実現に協力しつゝある」と書く。だが、軍隊幹部はどのような責任をとったのか。数人の軍人、閣僚らが自決した程度だ。混迷の当時としても、まったく説得力を持たない。まだ「戦犯」への対応すら動き出していない時期だ。当初の朝日新聞の軍部に対する表現は抽象的に過ぎ、核心に触れようとしていない。天皇の軍隊として、政府も議会も触れられない制度のもとで、天皇の威を借りた軍部の跳梁こそ戦争への道に拍車をかけ続けていたのではないか。

揺れる国民責任論

朝日内部で論争があったのだろうか、９月22日の社説「**戦争の責任果して如何**」は、国民の戦争責任を取り上げる。日本の新しい出発には既往に対する峻烈な批判、厳正な自己批判への踏み切りが必要だが、「今まで日本に聞かれたものは、いわく敗戦の責任、国民総懺悔、たゞこれだけである」。敗戦の経過が物的戦力の低下、科学力の立ち遅れという説明よりも、「敗けるべき戦争を何故始めたか、の巷の声の方に遥に真剣な響きがある」と、明らかに望ましい軌道修正が見られる。

政府の戦争不拡大声明にも拘わらずの全面戦争の展開、国民の意表を突く開戦、公然たる組織的テロの横行、民主主義的諸勢力の弾圧、国民の政治的自由の抑圧……こうして政治的空白のなかに武断政治が進められ、この傾向が防共協定、国際連盟脱退、三国同盟に拍車をかけ、新たな太平洋戦争に進んだ。そうした「国民の耳目を蔽い、行動の自由を阻んだ後に来るものが、秘密外交と武断政治であり、そしてかくすることによって、遂に国民を大戦争の渦中に投じた我国指導者の責任こそ、十分に究明」すべき、と述べている。

さらに、「国民総懺悔といひ、戦争の責任は国民全体の頒つべきものだといふ。……しかし、一面国民は、すでに戦争の結果として流血と災害とを身をもって負担してゐることも事実である。もし国民に戦争に対する責任がありとすれば、それは武断政治による我国政治、外交の壟断《ろうだん》を許したことに最も多く存するとも見られよう」と主張。国民がその責任を自覚するにはこのような「武断政治の宿弊を爬羅剔抉《はらてっけつ》し〈あばき〉、その根絶を強め」国民の政治的自由を取り戻して確固不動のものにすること、軍閥の非違、軍閥の強権を利用して行政を壟断した者、軍閥を援助し私利を追求した者などの罪過も糾弾すべきだ、と述べる。好戦的、専制的、強圧的、非国民的諸勢力の殲滅によって政治の転換、刷新が成就されよう、と指摘している。

戦時色を温存するかの印象のあった社説のなかで、この主張がもっとも説得力のある判断ではなかったか。すでに、というか、まだ、というか、終戦から40日余であった。

立ち直ったか新たな社論

9月28日の社説は「対支態度の究明」。結論は、「(長い伝統を持つ) 大陸政策が犯した誤謬を詳細に検討し率直に反省し、最も謙抑な態度をもって日支の関係の本当のありかたを探求することに真摯に努力するのでなければ、日本の今後の進むべき道は拓かれようはずはない」というもので、これは今日の日中関係の在り方にも通じる理念といえるだろう。

この際、社説が展開する戦争直後の対中認識を簡略に示しておこう。

日本の帝国主義的大陸政策は、第一次世界大戦で資本主義経済が急速に推進され、21カ条要求を頂点とする強硬政策、五・四運動を機とする大陸での強烈な反日運動の展開、さらに旧軍閥の内乱による国内の分裂などがあり、昭和に入って田中義一内閣から対支政策の様相は急激に変化、また蒋介石の国民革命軍による北方軍閥打倒・国家統一の運動が進行、また日本の山東出兵で日本の帝国主義が中国の統一と再建を阻むものとして中国民族の深刻な反発を招く。

南京政府が成立すると、反日教育、抗日運動が進み、両国の関係は先鋭化した。「日本の政策の本質そのものが修正されないために」この趨勢が満洲事変を必然化し、日中間の戦争への移行を不可避にした。事変に入ると、東亜新秩序建設の戦争目的のもと、アジア民族の解放・東亜経済ブロック結成が主張されたが、支那中国との協調は不調になる。「日本の主観的な特殊性を強調するだけに急で……普遍妥当的な客観性を持たなかったことが致命的な欠陥」「しかも、…その政策の裏づけとしての支那に対する認識ないし理解が実に低調」とした。この時代認識も、今日の通常の歴史認識と齟齬はなく、報道はその認識を持ちながら、まるで書けず・書かず、の状態だったことがわかる。

９月26日の社説は「**民主化の要請と国民**」。米国が日本管理政策を発表したことを受けての論調で、軍国主義の絶滅と政治の民主主義化を二大目標としている。単に軍隊の武装解除、解体、諸施設の破壊にとどまらず、軍国主義的、国家主義的諸制度、諸組織の解体、教育の改革、日本の封建的官僚的政治形体の抑止、大産業及び金融コンツェルンの解体の要を指摘する。

社説は、この方針を支持しつつ、民主主義化は「決して米国の指令によって生じた問題ではない」という。「軍閥、官僚、財閥による政治の壟断を廃し、国民自身の手による政治の運営を要求したものであって、これこそいふところの民主主義化にほかならない」とする。

最近の自民党などは引っ込めたが、米国による憲法押しつけ論について、当時からそうした懸念を振り払おう、との意図が見える。「民主主義」の社会的理念は押し付けられたもの、という年来の改憲論者の主張がナンセンスだったことは、すでに見え切っていたといえよう。

報道体質の改革

当初の朝日の論調は、天皇のもとでの国体維持論、皇国・興国意識の押し付け、全国民の総懺悔といった戦争責任の分配論、軍部軍閥への配慮などの旧体制感覚から抜け出せない表現が目立っていたが、9月下旬になると次第に変化して、引き合いに出されがちだった天皇が引っ込み、軍閥や官僚ら旧権力層への責任追及や批判、論理性を取り戻した大陸政策の分析や反省、今後の民主主義のありようなどが主張されるようになった。正気を取り戻しつつあったのか、米側の出方が次第に見えてきたのか、あるいは、これまでの流れを作ってきた旧人たちが身を引く空気が流れ始めたか、とにかく論調の視野が広がってきた感がある。

ここではまず、おのれの報道機関としての反省ぶりを見ておきたい。すでに、8月23日の社説「**自らを罪するの弁**」を示していたが、これは国民総懺悔型で、率直性が乏しかった。しかも、当時はそうであったとしても、普通の読者には読みにくい表現が多く、文章にしても読んで理解してもらおう、というよりも、教条的、抽象的で、自己満足調の内容が目立った。この一因として、そのころの朝日社内での人事抗争、社員らの突き上げなどの揺らぐ内部事情が影響していた。この点は、このあとに触れていきたい。

ＧＨＱが９月29日、日本の新聞紙取り締まりの12法規の撤廃を命じた。これを機に、30日の社説「**言論制限の撤去**」を書く。「憲法の保障する人民の自由に関する大原則は、多くの例外規定、殊に戦時における特殊事情に応じて制定せられた限りなき取締法によって殆ど完膚なきまでに蹂躙せられてきた……手枷《てかせ》、足梏《あしかせ》を寸断する上に十分の効果を発揮することができる」と歓迎する。そのうえで、「これらの自由を享受する立場に置かれた新聞関係者のみならず、国民一般は、徒らに放縦に走ることなく、自ら規矩を心得、準縄〈決まり〉を守るだけの良識を備へんことを切望したい」と述べる。「人民」という左翼的な言葉まで出てきたところに、変化を感じざるを得ない。

10月24日の社説は「**新聞の戦争責任清算**」である。この直前、終戦直後から続いた社内の人事等をめぐる抗争にケリがついたことに関係している。この社説と同じページに「**朝日新聞革新**」「**戦争責任明確化　民主主義体制実現　社長、会長以下重役総辞職**」の記事が載る。この点は後述する。

社説では「新聞紙の戦争責任について我国一般の見解は必ずしも一致してゐない」としても、責任回避はしない、と云い切る。戦時下にあって「吾人は当初は敢然、顕然と、中頃は隠微の裡に懸る傾向への批判及び抗争の態度を棄てなかったことは今日なほ断言して憚らぬ」と胸を張る。二・二六事件の襲撃を受けた朝日新聞が米国ミズーリ大学から「栄誉ある反軍閥紙」の表彰を受けたことを示すのだが、「近衛新体制運動以後、政府と一々歩調を共にするのやむなきに到り、大戦直接の原因の一をなす三国同盟の成立に際してすら一言の批判、一言の反撃をも試み得なかった事実は、固より承詔必謹の精神に基くものであったとはいへ、顧みて忸怩たるものあり、痛恨正に骨に徹するものあり」、新生日本にとって「この種の過去一切への仮借なき批判と清算とが必要なる第一歩」

と反省を見せる。出直し宣言のつもりなのだろう。
戦前の外的な状況からすれば、やむを得ない事情も分からないではない。しかし、今の時点でいうなら、やむを得なかった変節はともあれ、時流以上に率先して戦争を謳歌し、死の待つ戦場に喜々として若者たちを送り込んだこと、あるいは侵略を受け、人心共に甚大な被害を受けた相手国への思い、などが語られていない。「**新聞の戦争責任**」とはそういう大きなものではなかったのか。

そして11月7日、朝日新聞社としての「宣言」を打ち出す。「国民と共に立たん」という短いもので、社長以下幹部らが総退陣、「開戦より戦時中を通じ、幾多の制約があったとはいへ、真実の報道、厳正なる批判の重責を十分に果し得ず、またこの制約打破に微力、つひに敗戦にいたり、国民をして事態の進展に無智なるまゝ今日の窮境に陥らしめた罪を天下に謝せん」とした。

これを受けて同日の社説は「**新聞の新なる使命**」として、新聞が「国民的民主主義戦線の機関たるところに、今後の我等の使命と役割がある」とした。文中には「刻下日本の現状は飢餓、失業、流民、政治的混沌あるのみである。政府は、これを拱手傍観《きょうしゅぼうかん》するかの態度しかとっていない。政党運動もまだ胎動の時期を脱していない」と、珍しく政府の批判が出てくる。

朝日社内の葛藤

終戦直後の朝日幹部らの協議の模様は、細川隆元の著作から紹介した。だんだんと変えることで、先走らずに、というあたりに落ち着いたのだった。

ところで、戦争前後の政界では、朝日関係者がいろいろ登場する。ゾルゲ事件の関係者として死刑となった尾崎秀実。東條首相ににらまれ、謎めいた自殺に至った中野正剛。終戦直後に東久邇内閣の書記官長になり、情報局総裁も続けた緒方竹虎、文相の前田多門、首相秘書官兼内閣参与の太田（木村）照彦（のち東京編集局長）、小磯内閣下の緒方情報局総裁の秘書官に中村正吾（のち政治部長、大阪など編集局長）、東久邇宮内閣参与で石原莞爾に近い田村真作（この参与には児玉誉士夫、賀川豊彦らもいた）、東久邇宮・マッカーサー会談の通訳は鈴川勇（のち東京編集局長）ら、とにぎやかだった。新聞社として、これだけ政治に関わったことは、かつてあり得なかった。新聞のあるべき機能のひとつは、権力の監視のはずだった。

他方、終戦と同時に責任を感じて退社したむの・たけじ（武野武治）もいた。また、西部本社の太田了介は、ＧＨＱの戦時の写真を廃棄したことを責められ、警察署内で自死している。

人事をめぐる抗争に触れよう。朝日新聞創業の村山（龍平）家に入った村山（旧姓岡部）長挙社長は戦時から聖戦完遂路線の指揮を執っていた。その周辺に関わる人々の一方に、編集畑には緒方竹虎に近い人材が多くいて、戦争問題処理にあたって、対立抗争が展開された。それとは別に、社員の間には軍国主義反対の声も高まりつつあり、この方の動きはのちに労働組合の活動につながる。そして、のちに共産党から衆院議員になる聴濤克巳らが従業員の総決起大会を開き、彼等自身の手で新聞を作る、と主張した。

緒方に近い政治部出身者である編輯総長千葉雄次郎、東京編集局長細川隆元、同じく大阪の香月保らが10月に入って、人事異動を進める村山体制に対して会長、社長の退陣などを申し入れる。

このように紛糾の続くなかで、先輩格の緒方や美土路昌一（のち全日空社長）が調停に入り、10

月23日に決着を見て、村山社長、上野会長はじめ全重役、編輯総長、同局長、論説両主幹が総辞職することになる。この決着が11月7日紙面の「国民と共に立たん」の宣言になった。

余談ながら、細川隆元の著書によると、この会議のなかで、特派員、名古屋支社長、出版局長などを歴任し、著作も多い村山系の常務取締役鈴木文四郎（文史朗）が、「僕は今日まで朝日新聞の本流の地位にいっぺんもついていない。自分はどうしても（重役を）辞めたくない。しかも進駐軍が日本に来ているから、（英語のできる）自分が編集責任者として最適任と思う」と言った、とある。この人物は整理部長時代の昭和8年に『新聞雑誌記者を志す人のために』（１９９３・現人社）との書を刊行しており、筆者（羽原）は戦後に読んで「すぐれた先輩」と感じていた。正直ではあろうが、土壇場においてこのようなことを言うのか、と思わざるを得ない。

幹部の反省に想う

伝記『緒方竹虎』（１９６３・朝日新聞社）に収録された本人の『遺稿』に、「責任感のひしひしと胸に迫るものがある。それは前後数ヶ月戦時内閣の末席を汚した政治家としての責任ではない。自分の半生を投入した新聞記者乃至新聞主筆としての責任である。……日独伊同盟が調印された時、日本の新聞幹部の大多数は、これに反対であったろうと思う。……然し如何なる国内情勢があったにせよ、日本国中一つの新聞すらも、腹に反対を懐きながら筆に反対を唱へなかったのは、そもそも如何なる悲惨事であったか。それは誰に向って言ふものではない。日本一の新聞の主筆であっただけ、自分は自分を責めねばならぬのである」とある。

さらに、戦後には社長も務めた長老格の美土路昌一は、その「回顧談」に「顧みて自分の在職中約四十年の最後の十年間は、実にこれらの桎梏と業火の苦しみの両面であった。今になって往時を振り返ってみると、元より軍ファッショの国を誤ったことを痛嘆久しうするが、この非常の時に、全新聞記者が平時に於て大声叱呼した言論自由の烽火を、最も大切な時に自ら放棄して恥じず、益々彼らを誤らしめたその無気力、生きんが為めの売節の罪を見逃してはならぬ、そしてその群の中に自らも首脳部の一人としてありながら、死支度も白装束も役に立たず、唯碌々としてその間何の働きも出来ず、今徒らに軍の横暴のみを責めている自分に対し、深く反省し自責の念に堪えないのである。言論死して国遂に亡ぶ、死を賭しても堅持すべきは言論の自由である」と述べた。

その先人の反省に納得するのだが、それでは、おのれに何ができるか、と思うと、非力のみに思い及ぶ。敢えて言うなら、歴史を長い眼で見て、その曲がり角のおかしさ、危険を見抜いたならば、ただただ言い続けることしかない、ように思う。今に生きる自分が、当時の彼らの過ちを言いつつ、断罪できないのは彼らの深刻、かつ真実に近い反省の弁が、いつか自分の言葉になるのではないか、との危惧のせいかもしれない。

終戦後の「鉄のカーテン」に象徴される米ソによる東西冷戦、その具体化でもある１９５０年6月の朝鮮戦争の勃発によって、日本の針路は大きく変わる。先にも触れたが、約20万とされる戦犯らの公職追放がレッドパージに急転換して、かつての戦争推進勢力が国会や官僚、財界などのリーダー格としてよみがえり、民主化を求めた左翼急進的勢力がまとめて追放されたのだ。日本の政策は、非戦、中立、こじんまりとした平和国家への道だったはずが、大きく変わって、米国の一翼を担い、軍備増強への道に進むことになる。

朝日新聞も、１９５０年8月をもって、追放解除となった村山、そして上野の両社主家が復活し、経営陣に加わることになった。

ＧＨＱの検閲と朝日新聞

戦前のひとつの言論統制は、官憲による検閲制度だった。だが、戦後になっても、今度は米国支配機関であるＧＨＱがそれを担った。民主主義の原点にあるはずの言論の自由というものは、国家権力の判断によって左右されることを示すものでもあった。ただ、敗戦国として統治される立場にあり、言論の自由など縁の遠かった当時の日本の実態としては、比較的素直に受け入れていた。

しかし、米国などにとっては都合がよかったが、戦争の実相を伝え、その責任を追及するためには、いわば口を封じられることになって、現時点からすると、戦争責任の明確化を妨げ、公職追放で復活する旧軍人や官僚、経済人らを救済することにもなった。

ＧＨＱは、終戦間もない9月10日に「新聞報道取締方針」「言論及び新聞の自由に関する覚書」を示し、これでＧＨＱや連合国批判、戦争被害についての報道は抑えられることになる。また、同月19日のプレスコード（日本に与うる新聞遵則）では、新聞記事のチェックが徹底されることになった。

検閲対象は、上記のほか、極東裁判、憲法起草、検閲自体、冷戦、軍国主義的な神国日本や戦争擁護、ナショナリズム、大東亜共栄圏、戦争犯罪の正当化、闇市、飢餓の誇張、解禁外の報道などが挙げられた。また、個人の手紙などの検閲は、占領後期に始まった。

朝日新聞がその最初にやり玉に挙げられ、発行停止処分を受けたのは、９月19、20の両日。15〜17日の紙面で、とくに目をつけられたのは、新しい議会、政党に臨むインタビューで語った鳩山一郎の弁。原爆使用や病院船攻撃、毒ガス使用は戦争犯罪だとし、米国人らの惨状視察などによる日本復興責任の自覚などに言及したこと、などに反応したもの。

また、９月28日紙面では、前日に天皇とマッカーサーが会見した際の写真が大きく載った。長身で襟元のボタンをはずしてリラックスしたマ元帥に対して、モーニング姿で緊張した様子の天皇、という両者の姿は、まさに勝敗を決した両者といった印象があり、まだ生き残っていた情報局はこれに納得せず、命令発売禁止令を出したのだ。だが、ＧＨＱはこの新聞の配布を認め、日本側の判断を覆した。

内閣情報局の解体は45年12月末。終戦によって一部ＧＨＱの指示に従ったが、旧制の法規も生きており、その権限の行使だった。この端境期には、治安維持法も生きており、哲学者三木清の獄死も９月26日、終戦から40日も過ぎてのことだった。

朝毎読など５紙の事前検閲は10月９日から始まるが、すでに同盟通信などがＧＨＱから処分を受けていた。新聞の検閲などは３年ほどで緩むが、実際にプレスコードが失効したのは１９４８年４月の講和条約発効のときだった。

他社の対応

朝日新聞を中心に検討してきたが、ひとつにはこの新聞が筆者40年間を過ごした母体であったこと、また他紙を引き込むことなく自己点検をしたかったこと、が理由である。ただ、全国各紙とも、①戦前の国家権力の渦中で圧迫を受けてきたこと、②戦時下で大本営の統制以上に戦争賛美に走っていたこと、③戦後になって、戦時の論調をめぐる賛否、戦時の幹部らの責任をめぐる人事問題などで混乱を招いたこと、などの問題を抱え、共通する点も多かった。

毎日新聞では、西部本社の編集局長高杉孝二郎が戦争報道の責任の反省から廃刊を主張、白紙状態の新聞を作ったという異例があり、社長奥村信太郎はじめ高杉ら幹部は退陣。だが、本格的な新体制は10月に全従業員名で人事刷新の上申書が出され、11月に入って奥村のあとを継いだ高石真五郎が社長に選ばれている。まずは、穏やかな対応だったようだ。

一方、混乱したのは読売新聞。10月に従業員の組合が、中興の祖であった社長正力松太郎の戦争責任を追及して退陣と民主化を要求、組合が自主的な生産管理闘争に入るが、社側は組合リーダーを解雇。ところが、12月には正力が戦犯容疑で拘引され、組合が勝つ。その後に外報部長、論説委員を努めた鈴木東民ら左翼勢力が伸長、これに対する抗争も激化し、大混乱が続いた。

共同通信理事伊藤正徳によれば、全国56新聞社のうち44社で戦争責任をめぐる「一種の革命」が起きたという（『新聞五十年史』１９７５・鱒書房）。

今に残されたもの

戦争の回避

長々と、新聞と戦争の関わりについて書いてきた。

影響力の強い新聞メディアも、国家権力やその手で作られた法制度には弱く、いざとなると崩れ、迎合し、お先棒すら担ぐ現実を見た。

また、戦後75年を超えるまさに今、テレビ、出版、さらに各種の電子メディアなど、多様な発信機能が展開されるようになって、戦時下を経験した報道機関、あるいは新興メディアのなかには「戦争の教訓・反省」を踏まえないものも増えてきている。さらには、偏向するヘイト・メディアや、奥行きの見えない見出しだけのような短行の発信にとどまるメディアもあり、若い人々に「戦争というもの」が伝わりにくい状況になってきた。過去の戦争謳歌の社史を忘れ、ネグレクトする出版社も生き残る。

報道する側も、それを受ける視聴読者も、ともに若返って、戦争の実感はなく、戦争的な状況に思いが及ばない以上、やむを得ないことなのだろう。

ただ、戦争が再びないという保証はない。現実に、国際的な緊張は消えることなく、その危機を過大にアピールし、軍備拡大に余念のない政治がある。本来交流を深め、相互理解を高めるべき外交の前面に、軍事が躍り出ている。そして、相手国や民衆への嫌悪の情が煽られる。

しかし、このまま追従したままでいいのか。戦争は、時間をかけつつ、大義名分を求めて、準備を進めていくところに発生する。振り返り、あの時が曲がり角だった、と気付いた時にはもう遅い。

では、どうしたらいいか。まず戦争の勝敗ではなく、戦争の起こる背景を、さかのぼって歴史から見ていくべきだろう。また、戦争の大義名分は、いつも一方的であり、だからいがみ合う相手には理解されず、ますます緊張を高める。さらに、徐々に徐々に、相手への憎しみ、罵声、ヘイト感情を育て、相手との国情、習俗、文化、宗教、歴史環境、地勢的環境などの理解を遮る。

また、「自国ファースト」の思考は、建国途上の諸国では「誇り」として自らのエネルギーをかきたてるうえで必要だとしても、すでに国力をつけ、一定の繁栄を擁し、生活に一応のゆとりを生み出した諸国の「ファースト」思考は、単なる「おごり」や「うぬぼれ」に変形しやすく、望ましいものではない。豊かさは「謙虚」「寛大」でありたい。

朝日新聞はどうか

ところで、昨今の朝日新聞はどのような心理状態にあるのだろうか。

すでに戦争を直接には知らない世代ばかりの新聞社だが、朝日新聞と戦時の軍部、官僚などの権力との関わりについては、ただそうした知識があるというだけではなく、先人の思いや反省が記者たちの中に吸収、定着しているように思える。つまり、権力の実態、権力の報道をゆがめる力、権力の都合による立法行為、なびきやすい政治家や官僚たちの環境と構造——そのような実態を、取材を通じて感知し、その轍を踏まない気持ちを抱き、また過去の誤謬を思いながら、権力と距離を置いて付き合い、聞くことと書くこととの峻別ができるような姿が定着しているのではないか。

そのことは、毎日の紙面を見て、権力に厳しく、社会の事象を多角的にとらえようとする姿勢に示されている。この点は、概して次々の世代に伝えられているから、全般に一貫した紙面つくりが果たされているように思う。権力にすり寄ってネタをとる、という短視的な姿勢ではなく、権力の監視・チェックという報道の原則を守ろうという姿勢である。

もちろん、動く事象を追い、知識のない対象をさぐる仕事であり、稚拙や確認不足、中途半端な記事を読者に提供したり、訂正、誤報や軌道外れだったりすることも決して少なくない。これらはメディアに付きまとう課題だが、それを許容することは許されない。この努力は永遠の課題だ。

大きな流れの中で、権力の狙う方向を読み取ろうとする素養は、大半の記者たち編集の陣に大まかには認められるのではあるまいか。総体としての話だが、戦前の先人たちの過ち、苦しみを繰り返さない姿勢は貫かれているように思っている。

それは甘い、との批判の出ることや、物足りないことも少なくないことを承知で言えば、日々の紙面を見ている限り、まずは一貫した姿勢が感じ取れるのだ。国家権力に臆することはない。

「過ちは繰り返しませぬから」とでもいうことなのだろうか。

そうしたうしろ盾として、一、二の先人のことばを紹介しておきたい。

戦後に入社、占領下で取材活動をし、のちに社長となった一柳東一郎は「権力の抑圧によって筆を曲げるよりは、筆を折る、つまり死を選ぶくらいの気概を秘めた企業だということを、諸君もハラの中に入れておいてほしい」と、新入社の記者たちの前で話している。この人物をよく知る筆者は、これが単なる掛け声でないことを信じる。

　また、先に触れた終戦と同時に退社したむの・たけじは89歳の時、その退社について「失敗だった」

「今まで『報道責任をとって辞めた』と冠付きで紹介されていい気になっていたが、こっぱずかしい」

と、琉球新報の記者に話したという。

　それは、同紙が「沖縄戦新聞」という当時の、日本兵に壕から追い出された住民の話など、本当の戦況を特集した新聞を作り、送ったところ、むのは「そうだよ。これなんだよ。戦争の報道にかかわった人間が戦争とは何だったのかを検証しておれば、今のような時代にはならなかったなあ」

「こん棒で後ろ頭をぶん殴られたようなショックを受けた」などと、この記者に電話で話したという（２０１８年10月2日朝日夕刊）。

第10章　世界を動かせなかったヒロシマ・ナガサキの悲劇

ヒロシマ、ナガサキを襲った原子爆弾は、かつて類を見ないほどの驚異の殺戮兵器だった。両都市の死者や行方不明者は投下時点で20万を超え、しかもその殺害ぶりは単に悲惨とか暴虐とかの言葉では言い表せないものだった。生き残った人々もまた、身体と心に痛みと苦しみを負い、長い歳月を病苦にさいなまれたのち、やがて消されていった。

それだけの被害を負いながら、75年を経た今も、原爆どころか、水爆までもが登場して、これらの殺人兵器が大量に蓄えられ、廃絶どころか、削減の協議すら行えないでいる。あるいは、新たに開発することで、国際的な発言権を握ろうとする国まで出ている。

なぜ、このような「悪魔の兵器」が持ち続けられ、持たない方向への外交交渉が成り立たないのか。傲慢な権力者たちは、この兵器のうえにあぐらをかき、多数の犠牲者への思いなどみじんも感じようとはしない。爆弾あっての和平、に固執する。

国家権力を振り回す指導者たちは、ヒトラー、ムッソリーニら歴史上の独裁者を批判するが、果たしてその資格があるのか。一人ひとりの生命をないがしろにし、ひとたび間違えれば、ヒロシマ、ナガサキを再現しかねないボタンを握っていることに自覚がない。

また、原水爆廃絶をうたうグループが、内部抗争に陥り、掲げた旗を穢しているのも、核廃絶の大義を見落としているともいえよう。

このような指摘自体が、青臭い非論理的感慨にすぎないと一笑に付されることを承知でいうのだが、「戦争というもの」を考えるとき、最終的にはこの「イロハ」の原点にどうしても戻らざるを得ないのだ。

どの国家指導者も「平和」を唱え、「いのち」の大切さをいう。だが、その行動は伴わず、大量死を招く殺戮兵器を手放そうとはしない。廃絶への交渉も持とうとしない。また、その傘に依存する国は、これが国家の使命といった、ゆがんだ施策を国民に押し付ける。

あれだけの原爆被害を体験しながら、なぜ世界にアピールできなかったのか。終戦後の米軍による日本での報道規制（検閲）、米国の原爆正当化の論理、国際政治のゆがみ、「王道」であるはずの原爆廃絶という主張の虚しさ……この章では、当時を振り返りつつ、今日の核の扱いを見ていきたい。

まずは、原爆の登場から、活用までの周辺を見ていこう。

原水爆の登場から終戦まで

（主に『破滅の決定―世界を変えた〝マンハッタン〟計画』マイケル・アムライン著・野間寛二郎訳／1962・三一新書）

	原爆関係	国際動向
1937年		**7月7日**：盧溝橋事件で、日中戦争勃発
1939年	**8月**：アインシュタインがルーズベルト大統領に「ウランから超強力な爆弾可能」と書簡（ナチスの核兵器開発について、ユダヤ系物理学者らがアインシュタインを動かす）	**9月1日**：第二次世界大戦始まる
1941年		**12月8日**：真珠湾攻撃、太平洋戦争始まる
1942年	**10月**：原爆開発の「マンハッタン計画」を承認（レスリー・R・グローブス陸軍准将主管）	**6月**：前年ミッドウェー海戦（日本敗色の第一歩）
1943年	**5月5日**：ルーズベルト大統領が軍事政策委員会を設置、原爆の対日使用を決める **9月18日**：ルーズベルト、チャーチル会談で、日本降伏まで爆撃継続を警告すべき、とする この年「超空の要塞」長距離戦略爆撃機B29の生産始まる	**5月**：アッツ島全滅 **11月27日**：カイロ宣言（対日無条件降伏まで戦う） **9月8日**：イタリア降伏
1944年		マリアナ沖、サイパン島、レイテ沖等で日本敗退

1945年

6月1日：米「スチムソン委員会＝陸軍長官」原爆問題の秘密委員会設置
（このころまでにオークリッジ、ロスアラモス、ハンフォードは原発開発都市として整備）

6月初旬：亡命のユダヤ系ドイツ人物理学者ジェームス・フランク（1925年ノーベル物理学賞）らがスチムソン長官に報告書を出す。日本に降伏か、ある地域を無人化させるか、の最後通告を出すこと、無警告攻撃は望ましくない、と提案。フランクらは、この無差別、破壊的な新兵器の使用は米国世論も認めがたく、また人類は歴史上最も危険な軍備競争に突入するとの懸念を持っていた。しかし、オッペンハイマーらの科学顧問団は、戦争終結策としては公開実験で脅威を示すことではなく、直接的な軍事使用以外にはない、との態度を示した

6月：スチムソン委員会が無警告投下を勧告。トルーマン大統領の判断待ちに
このころ、シカゴ冶金研究所長ファリントン・ダニエルスは150人の科学者に投票を求めた
1原爆使用の前に日本に軍事的示唆をし、続いて降伏の機会を与える＝46％
2米国内で、日本立ち合いの示威実験をし、原爆使用の前に降伏の機会を与える＝26％
3米側に人的損失を最小限にし、日本降伏をもたらすため、軍事的見地から効果的な方法で原爆を使用＝15％
4原爆の軍事的使用をやめ、公開の示威実験でその威力を示す＝11％

7月16日：米、ニューメキシコ州ロスアラモスで、人類史上初の核実験成功

7月17日：米英ソ首脳のドイツ・ポツダム会議。米国はスターリンにどう伝えるかに苦慮（24日）

2月：ヤルタ会談
（ソ連の対日参戦、米英が了承）

3月：東京大空襲
（6大都市中心に空爆相次ぐ）

3月〜6月：硫黄島全滅、沖縄に米軍上陸し終結

4月12日：ルーズベルト死去→後継トルーマンに

5月7日：ナチス・ドイツ無条件降伏

年	原爆関係	国際動向
1945年	**7月24日**：トルーマンがポツダムの帰途、機中で日本2都市への投下を命令。テニアン島の第509部隊はすでに20日から日本本土への訓練攻撃を開始。投下候補地は広島、小倉、新潟、長崎で、当初の京都案はスチムソン、トルーマンの意向で除外。ポツダムから帰国直後に、選挙敗退のチャーチル辞任 **7月26日**：ポツダム宣言発表。日本の無条件降伏を迫る **7月28日**：鈴木貫太郎内閣は「宣言黙殺・戦争邁進」を表明する **8月6日**：広島に投下 **8月8日**：ソ連、日ソ中立条約を破棄し、参戦 **8月9日**：長崎に投下 **8月10日**：御前会議で「終戦」の聖断 **8月14日**：ポツダム宣言受諾を決定 **8月15日**：天皇、戦争終結の詔書を放送 **9月2日**：ミズーリ号艦上で降伏文書に調印	
1946年	**7月1日と25日**：ビキニ環礁で原爆実験2回	**3月3日**：「鉄のカーテン」とチャーチル、東西冷戦 **5月3日**：極東国際軍事裁判開廷 **11月3日**：日本国憲法公布／施行は47年5月
1948年		**11月12日**：戦犯の25被告に有罪判決 **12月23日**：東条ら7被告の絞首刑執行

1949年		**7月〜8月**：下山、三鷹、松川事件続発 **8月29日**：ソ連が原子爆弾の実験に成功
1950年	2月以降、原爆資料の対ソ連スパイ事件が摘発され、45年に情報をソ連に流したとしてユダヤ人ローゼンバーグ夫妻が逮捕（51年4月に死刑判決、53年6月に死刑執行） **3月15日**：ストックホルム・アピールで「原爆絶対禁止」。全世界5億の署名実る **11月30日**：トルーマン大統領、朝鮮戦争での「原爆使用もありうる」	**6月25日**：朝鮮戦争／東西冷戦激化 **8月10日**：警察予備隊令公布（52年10月保安隊・54年7月自衛隊に発展）
1951年	**3月24日**：マッカーサー最高司令官「中国本土への原爆使用を含む攻撃辞さず」表明 **4月11日**：トルーマン大統領、マ元帥を罷免	**9月8日**：対日平和条約、日米安保条約調印
1952年		**4月28日**：日本独立。平和条約など発効
1953年	**8月12日**：ソ連、水爆実験に成功	**7月27日**：朝鮮戦争休戦協定
1954年	**3月1日**：第五福竜丸、米国のビキニでの水爆実験で被災。久保山愛吉犠牲となる	

＊当時の状況　日本国内に原爆を投下するかどうか、については、いくつもの見方があった。
①原爆使用によって、25万の米国人の生命、おそらく数百万の日本人を救える
②警告なく投下し、かたくなな日本に早急な無条件降伏を迫る
③ドイツ、ソ連なども原爆開発に取り組んでおり、米国の力を一日も早く示すべきだ
④日本への投下でなく、あらかじめ投下実験により、原爆被災の脅威を知らせて、日本の降伏を図る
⑤大規模の被害は、米国民や国際的な非難を招き、国際的に米国が非難を受ける
――このような意見が出されていたが、結局は無警告で甚大な被害を生み出す結果になった。

さらに終戦を前に、⑥核の開発競争で一歩先んじたい軍部の意向、また⑦ソ連よりも早く実績を示すことにより、米国の力を示そうとの軍拡競争的な発想、さらに⑧新兵器だからこそ終戦前にその威力を実戦的に試しておきたい意図、などが判断の陰に隠されていた。

従来の爆弾よりも格段の殺傷力を持つ新兵器、ということは理解しながらも、放射能の後遺症、その治療方法などへの研究などはなく、極めて非人道的な威力のみに関心が集中していた。

筆者は、米国が原爆実験（7月16日）を急いだのは、戦況からすれば日本の降伏が近い、と知りつつ、米軍が原子爆弾の効能、つまり殺傷能力を確かめたかったからだ、と思っている。

そのひとつの理由は、トルーマンの投下命令が7月24日にポツダム会議終了後の帰途の機中だった、というあわただしさのなかで、最終協議もなく発せられていること、降伏を求めるポツダム宣言はその2日後の26日に公表、さらに鈴木貫太郎首相がこの宣言を黙殺し、その表明は28日で、と

にかく「降伏前」の時期を急いだこと、またテニアン島の原爆投下部隊が20日には、日本への空襲として訓練攻撃をし、先を急いでいたこと、やがて対立が予想されるソ連への対抗上、新兵器の実力を早期に確認し、優位を示そうとしたこと、などからである。

米側は、原爆を使ったのは日本の降伏を早めるためだった、と正当化し続けるが、じつは「殺傷実験を急ぎ、実績を確認しようと急いだ」ことだったに違いない。また、かつてない死傷者を生む殺傷兵器を使用する以上、米国内の世論を「非人道的な兵器使用はおかしい」といった方向に向かわせないことが為政者にとっては重要だった。また、仲間である多くの犠牲兵を出し、多数の敵兵を殺傷した米兵たちには、「犠牲を最小限にとどめた」「疑問のない正当な攻撃」といった信念を与えるためだったのだろう。

疑問として残るのは、新型爆弾の放射能問題について、科学者たちはどう考えていたか、である。放射能の被害が想定される以上、その治療方法はどうか、といった研究はなされていなかったのか。戦争というものは、本来むごい結果を生み出すものだが、医科学者らの道義的責任はやはり問われなければならないのではないか。７３１部隊の所業と類似することを感じさえするのだ。

そして、科学者の権力に対する弱さ、つまり科学は善にも悪にも使われる、という自覚の乏しさが、彼らの研究の成果がもたらす是か非かの判断を鈍らせ、流れに乗せられてしまった傾向があるのではないか。

科学は、一般人に理解し難く、また科学者には敬意と信頼を寄せがちであることからすると、研究の持つ社会的意味、研究の使途、その功罪、資金の出どころなどを判断する身構えが必要だろう。

その意味で、「戦争というもの」を考えるとき、これに参画する科学、科学者の姿勢を問わざるを得ない。

また、政治、軍事の国家権力を握る指導層の、最終判断に至った際の混乱や虚偽、無能力は、戦前日本の末期のうろたえや、日中戦争途上の「転進」の判断、真珠湾攻撃前の短慮などに見られたばかりではなく、米国権力の原爆をめぐる行動のなかにも共通していたように思われてならない。

これが「戦争というもの」の実相の一端、なのだろう。

もろかった終戦時の和平工作

ヒロシマ、ナガサキに触れたついでに、降伏前の終戦時に進められた和平工作について、簡単に見ておこう。１９４４年７月、強硬策一辺倒だった東條内閣の倒壊後に、こうした動きが出て来ている。だが、時すでに遅し、の状況だった。東條の責任以外で言うならば、〈情報の過疎と乏しい判断力〉〈軍事優先で非力の外交能力〉だった。

軍事重視、情報過疎と思い込み、日常的な外交力の低下、そして民間交流の沈滞化、という状況が、戦争に結びつく。そのことは、終戦時の権力の動きのなかに明確に読み取れよう。

いずれも、敗色濃くなっての工作のため、受け入れられなかった。また日本は、無条件降伏以外の和平的な終戦策を求めており、しかもその策がきわめてあいまいで、斡旋を求めようとした各方面とも乗ってくることはなかった。とくに、対ソ連工作などは、外交不在のような恥ずかしいほどの事態だった。

＊小磯國昭首相　1944年7月に東條後の首相に就任。本土決戦を打ち出す一方、宇垣一成元陸相を中国に派遣、蒋介石政権との和平交渉を打診しようと、45年3月に同政権国防部長何応欽《カオウキン》にも近い繆斌《ミョウヒン》を東京に招いた。だが、重光葵《まもる》外相が彼を信用せず、木戸内大臣、陸海相も反対して小磯と対立、小磯の望んだ陸相兼務もままならず、内閣総辞職に追い込まれた。

＊近衛文麿　1945年2月14日、対中軍事行動を進めたあと、首相の座を去った近衛文麿を取り巻くグループが、近衛による上奏文を昭和天皇に送り進言した。その内容は簡単に言えば、戦争の長期化がさらに続くと、ソ連軍の日本占領の事態にもなり、赤化を招く、というもので、和平に動くよう求めたもの。だが、これは徹底抗戦の軍部が反対して、天皇が却下する。

この動きはすぐに憲兵隊に漏れて、4月には、のちに首相となる吉田茂、政治評論家岩淵辰雄、近衛側近の大蔵官僚殖田俊吉らが憲兵隊に検挙される。吉田の「ヨ」と戦争阻止グループとして「ヨハンセン」グループと言われた。

＊軍人、記者も　ベルリンの特派員田口某は5月末、旧知の東郷茂徳外相に、5月7日に降伏したドイツの二の舞にならないよう、和平の提案をすべきだ、との書簡を送った。また、スイス駐在の

米国大使リーランド・ハリマンに会い、中立国の調停を斡旋するよう要請した。

スイスでは、海軍のドイツ駐在武官藤村義朗が、アメリカ情報機関ＯＳＳのアレン・ダレスに接触を図った。これには、朝日特派員笠信太郎も動いていた。

＊鈴木貫太郎首相　１９４５年4月、鈴木首相、東郷外相は中立条約を結ぶソ連仲介の和平工作に動き、5月に最高戦争指導会議構成員会合で、ソ連の参戦防止、中立確保の交渉を持つことで合意。6月の御前会議で、「国体護持と皇土保衛」のため戦争完遂という「今後トルヘキ戦争指導ノ基本大綱」が決定され、ソ連を通じた和平斡旋に動き出して、天皇も早期戦争終結に同意、広田弘毅元首相が、マリク駐日大使と箱根で会談を持つが不調に。
6月末の国会演説では、降伏を考える可能性を示すかの含みを見せた。だが、国体の破壊や民族の滅亡は受け入れられない、として無条件降伏については拒否した。米側の受け止め方は「あいまい」というものだった。2月のヤルタ会談の決定通り、8月6日にソ連は中立条約廃棄を通告しており、日本の対ソ認識の甘さ、外交力の弱さを見せた。

＊駐ソ大使　6月21日、佐藤尚武大使がクレムリンに対して、公式に和平仲介を嘆願した。天皇は近衛文麿を和平のため派遣しようとしたが、4月に日ソ中立条約廃止通告の期限を迎えたソ連は、近衛派遣の理由は不明確、として拒否。「無条件降伏でない和平」策は崩れる。

＊昭和天皇とバチカン　『昭和天皇実録・第八巻』（2016・宮内庁）によると、1941年10月13日、天皇は内大臣木戸幸一に対して、日米交渉は次第に望み薄になっているので、「戦争終結の手段を最初から十分に考究し置く必要があり、そのためにはローマ法王庁との使臣の交換など、親善関係を樹立する必要がある」と述べている。翌年2月14日、東條首相に会った際、「ローマ法王庁への外交使節派遣等につきご下問」とある。天皇の和平策への関心とともに、バチカンへのこだわりが見える。終戦前の動向は、寺崎英成による『昭和天皇独白録』（1991・文藝春秋）、『バチカン発・和平工作電―ヒロシマは避けられたか』（マーティン・S・キグリー著、仙名紀訳、1992・朝日新聞社刊）に詳しいが、ここでは概要にとどめる。

天皇は皇太子として、1921（大正10）年3月から英国製の御召艦「香取」で渡欧した際に、ローマ法王庁を訪ね、ベネディクト15世と会見している。法王は第一次世界大戦を見続け、世俗国家の仲介者の立場で平和貢献に努めようとした人物。法王は「カトリックの教理は確立した国体・政体の変更を許さない」「将来日本帝国とカトリック教会と提携して進むこともたびたびあるべし」と発言した（『昭和天皇実録・第三巻』同）。

この時の印象が20年後に蘇ったのか。国体の変更を認めない、との発言は、天皇制を中心とする政体を存続させることが終戦時最大の課題であったことから、その期待を込めたものだったのか。

昭和天皇の言動は、国家牽引の主体である以上、戦争当事者としての責任を問われ、許されざる道のリーダーとして歴史的に追及を受けることは当然、と論理的には思う。その一方で、情状酌量の余地というべきか、戦時下の行動は無謀な政府や軍部の「傀儡」的な側面も強く、また個人としての発言には和平願望も強く読み取れて、そうした面をどの程度に割り引いて考えたものか、難しく、筆者にはいまだ結論に至っていない。

ここで、あえてわき道に入りたい。

皇太子としての訪欧から間もなく１００年。外遊のころはまだ独身だった。すでに訪欧の３年前に、父は皇族・久邇宮邦彦（のち陸軍大将）、母は島津忠義（最後の薩摩藩主）の娘、との間に生まれた良子（ながこ・のち香淳皇后）との結婚が内定し、19年6月に婚約した。だが、そこへ難題が起きた。いわゆる宮中某重大事件である。良子には色弱の可能性があり、これが天皇の血筋に入ってはならない、として、婚約廃棄の動きが始まった。その張本人は、枢密院議長で維新以来要職に在り続けた山縣有朋で、彼は西園寺公望、松方正義、首相の原敬らを賛同させていった。ところが、当時隠然とした発言力を蓄えた杉浦重剛、頭山満ら右翼などから、鹿児島の血筋に、長州の山縣がクレームをつけた陰謀説なども流れ、政治がらみに取りざたされた。久邇宮は態度を硬化させ、ついには宮内省が「婚約の変更なし」と発表、結婚式は24（大正13）年１月にやっと行われた。

この件で、中村雄次郎宮内相は辞任した。山縣は枢密院議長はじめ政府要職などを辞任しようとするが、これは却下された。だが、式に至る前の22（同11）年2月に失意のうちに病死している。

昭和天皇は、スタートからあらぬ話題に翻弄され、内心に反する動きに巻き込まれがちだったのかもしれない。

原爆投下後の新聞報道

日本は、広島の原爆投下を事前に察知できず、8月6日午前9時15分にエノラ・ゲイ号から新型爆弾が投下された。8日には、ソ連は日ソ中立条約を破棄して、2月のヤルタ会談どおりに日本に宣戦布告する。そして9日、長崎に2発目の原爆が投下された。

当時の報道を、朝日新聞紙面から見ておこう。

＊朝日に見る原爆報道

・8月7日付　1段のベタ記事として「広島を焼爆」の見出しのあとに、「焼夷弾爆弾をもって攻撃／同市付近に若干の損害を蒙った模様」といった5行の記事があるだけ。それも、「B29四百機、中小都市へ／前橋、西宮を焼爆」という4段分の記事のあとにつけたされたにすぎない。

この扱いについては、後述したい。

ちなみに、この日のニューヨーク・タイムズ紙は、「原爆第一号　日本に投下／破壊威力はTNT火薬二万トン級」と、大きく扱った。先進的に開発した国としては当然の扱いだろうが、日本の情報の過疎、情報の統制のひどさが改めて浮き彫りにされている。

トップ記事を見ると、「燦たり・海上特別攻撃隊　聯合艦隊司令長官　殊勲を布告」「沖縄周辺の敵艦隊に　壮烈なる突入作戦」「伊藤大将ら以下　大義に殉ず」――終戦間際になって、3月から6月までに、日米20万ともいわれる戦没者を出して壊滅した沖縄の戦闘を報道させた大本営の狙いは何だったのか。「本土決戦」の覚悟を求めるためなのか、文中には「敵もしわが本土に来らんとするも本土を繞《めぐ》って空と海と海底に全軍特攻の帝国海軍あり、断じて敵を洋上に撃滅せんとするものである」とある。

・8月8日付　1面トップの見出しは「広島へ敵新型爆弾／B29少数機で来襲攻撃／相当の被害、詳細は目下調査中」「落下傘つき　人道を無視する惨虐な新爆弾」。

その脇に、大きく「けふ大詔奉戴日」として、天皇の「東亜永遠ノ平和ヲ確立シ以テ帝国ノ光栄ヲ保全セムコトヲ期ス」との詔書全文が載る。毎月8日は当時、戦時体制への国民動員強化の日とされていた。

前文は「大本営発表＝7日15時30分　一、昨八月六日広島市は敵B29少数機の攻撃により相当の被害を生じたり　二、敵は右攻撃に新型爆弾を使用せるものの如きも詳細目下調査中なり」。本文には、敵の非人道なる行為を敢てする裏には戦争への焦燥を見逃せない、として「かくのごとき非人道なる残忍性を敢てした敵は最早再び正義人道を口にするを得ない筈」とある。

負け惜しみにも聞こえるし、中国大陸などでの日本軍の犯した非人道的行為はどうなのか、と聞きたくなる文言である。指導者の手前勝手で狭量な判断が改めて「戦争というもの」を作り出しているのではないか。

・8月9日付　トップ記事の見出しは「敵の非人道、断乎報復―新型爆弾に対策を確立」、隣にはボックスに囲んだ「火傷の恐れあり／必ず壕内退避／新型爆弾この一手」。とはいえ、その内容は防空壕に退避、毛布や布団をかぶる、手足を露出させない、火の用心、といった程度で、何の足しにもならなかっただろう。また、チューリッヒの同盟電で、スイス紙が、米国の無差別爆撃の停止を勧告すべきだ、との社説を出した、との記事がある。海外では、この非人道的な兵器が許されていいのか、といった問題提起がなされていた。

・8月10日付　この日の紙面トップは、「ソ聯　対日宣戦布告」が大きなスペースをとり、「極東戦争に対する調停に関するソヴェート連邦に宛てられた日本政府の提案は一切の基礎を失った」というソ連の宣戦布告文が掲載された。

新型爆弾については、「屋外防空壕に入れ／新型爆弾に勝つ途」「地下生活に徹せよ」などの3段記事があり、そこには現地を見た軍参謀の談として「新型爆弾恐るゝに足らず」とある。軍部は、新型爆弾の性能などについてはほとんど知らなかったようで、熱線、風圧には触れているが、放射能についての記述はない。

・8月11日付　初めて「原子爆弾」の名称が登場。「原子爆弾の威力誇示／トルーマン・対日戦放送演説」として、チューリッヒ電が掲載された。ポツダム会談から帰国したトルーマン大統領の9日のラジオ放送で、日本が降伏しなければ、今後も引き続き投下する、と警告している。

Ｂ29が約１００機、帝都に近い千葉、茨城の軍事施設、工場などを爆撃するなど、九州、関西、東北なども数百機による攻撃が続いた、とある。

・**8月12日付**　小さい2段見出しで「長崎にも新型爆弾」と9日の投下を伝えた。7行の記事には「被害は比較的僅少なる見込」とある。

また、広島に入った3記者は「一瞬に広島変貌」の記事で現地ルポ、「鉄筋建を除く市民住家はほとんど例外なく消え　通行中の市民は異様な熱さを皮膚に感じて負傷した　負傷者の露出部分とくに顔面は火傷から出血した者が多い」などと書いた。末尾には、一番大切なものは「戦う意志」を持つことで、「恐怖を越えて、また死してなほ敵に屈服せざる『意志』である」とある。これが記者の本音なのか、どのような気持ちで書いたのだろうか。

日本政府の訓令により、スイス公使館は、スイス政府を通じて米国に原爆使用について厳重な抗議をした、という。

・**8月13日付**　3段の囲み記事で、「原子爆弾　〝なぜ都市を狙ふ〟／欧州紙、牧師　囂囂《ごうごう》の非難」として、スウェーデン紙の「原爆の威力を示すためにはもっと他の目標を選ぶべき」「もっと以前に住民の立ち退きに十分な時間を与えるべき」「米国今回の挙はまことに非人道的な驚くべきもの」との記事を紹介している。

・**8月14日付**　「文明・人道への『逆手』／日欧でも／近く糾弾の言明」の3段記事で、「原子爆弾に対する世界の非難と攻撃は日毎に激しさを加へようとしてゐる」との書き出しで、「エコノミスト」による「無政府状態にさらされた文明」を引用、また〝敵国〟たる英国労働党による使用禁止とその保障についての主張を紹介している。国内では、清瀬一郎が、対ドイツに使わなかった原爆を対日本に使ったのは人種的偏見によるもの、と非難の論を掲載。ベタ記事ながら、スイス紙から、米国の原爆の独占は一時的なことで、いつまでもこの特権を享受しうるものではない、などの見解を示した。

さらに、同じ3段記事「熱線には初期防火／頑丈な壕ならば真下で平気」では、爆発前、爆発時、爆発後、被曝程度、熱線など、はじめて分析に迫ろうとしている。

・**8月15日付**　この日は終戦を迎えて、「戦争終結の大詔渙発」がメイン。タテの見出しは「新爆弾の惨害に大御心／帝国、四国宣言を受諾／畏し、万世の為泰平を開く」。詔書では「敵ハ新ニ残虐ナル爆弾ヲ使用シテ頻ニ無辜《むこ》ヲ殺傷シ惨害ノ及フ所真ニ測ルベカラザルニ至ル」と原爆にも言及した。

・**8月16日付**　理化学研究所の仁科芳雄博士が広島を視察後に、原子爆弾のメカニズムなどの談話を示した。仁科は、科学技術の発展した米国との太平洋戦争に反対したが、結局、1941年春ころから原爆開発に取り組むことになった人物だ。この記事のわきには、阪大教授浅田常三郎博士による新型爆弾の解説が載る。さらに、チューリッヒ特電で、トルーマン大統領の説明として、これまで2年半の秘密のもとに、20億ドルを投じ、12万5千人の労働者、と補助工場の６万５千人、二つの大工場と多数の小工場で生産が進められた、という。このように、日を追って原子爆弾の概要が判ってきた。また、秘密裏の準備は１９４１年末の真珠湾事件以前から取り組まれていたとしている。

＊原爆報道の裏側　終戦前後に朝日新聞の編集局長だった細川隆元は、その著『朝日新聞外史』（１９６５・秋田書店）で、原爆報道をめぐる各紙、大本営との協議のプロセスを説明している。

１９４５年8月6日午前10時ころ、原爆投下の知らせが細川の自宅に入った。その日の午後、各社編集局長の会議があり、毎日・吉岡文六、読売・中満美親、現東京新聞の国民・中根真治郎、現日本経済新聞の中外・小田島定吉、現共同と時事通信社になった同盟・大平安孝の６人が出席、陸軍の担当官から、情報が集まらないので「集まった上で大本営から発表しよう。それまでごく小さく普通の都市爆撃と同じように」と言われた。それが7日のベタ記事だった。広島の被害については、これまでのように政府の「記事掲載禁止」が出ていた。

7日午後の各社編集局長会議では、情報局が大本営発表をするが、これには「新型爆弾と表記する」との説明があった。しかし、すでにチャーチルから政権を継いだアトリー首相が議会で「原子爆弾」と述べ、米トルーマンも同じような声明を出すとの短波ラジオによる情報があったので、細川らは「原爆」の表記を認めるよう求めたが、「学者による現地調査の結果を見てから」と蹴られている。

このように、被爆国が「原爆による」と知らされるのは、投下から5日も経った11日以降からだった。目の前にある惨状については、まだ現地以外の国民には知らされていない。9日の長崎投下の報道でも、「原子爆弾」との表記は使われていない。

この時点での報道管制は、まだ軍部の握る情報局と大本営によるものだった。

そして、米側の司令部が機能を発揮し始めると、新たに報道などに対する「検閲」が強化される。原爆の被害状況などの報道も次第に抑圧され、国内はもちろん、海外に対してもあの悲惨な現実は広くは知らされず、狭い範囲に閉じ込められることになる。

その結果、ヒロシマ、ナガサキの悲劇と、この非人道的兵器の実相は、世界に喧伝されることなく、結果的に原爆、あるいは水爆などのもたらす人間に敵対する兵器の拡散を許すような展開になっていった。もしこの残虐な実態が早く、広く世界に伝えられていたなら、世界の良心的な人々によって、この兵器は規制され、廃絶の方向に向かっていたのではないか。

そのような思いを込めつつ、次の現実に踏み込んでいこう。

現地入り第一報記事の明暗

▼1945年8月30日、連合国軍総司令官マッカーサー元帥が厚木に到着
▼9月2日、ミズーリ艦上で重光葵、梅津美治郎全権が降伏文書に調印
▼同9日、間接統治、自由主義助長などの日本管理方式の声明発表

▼同10日、GHQが「新聞報道取締方針」「言論及び新聞の自由に関する覚書」（報道範囲・進駐軍と連合国に関する報道制限など）を発した。これを機に検閲開始
▼同11日、GHQが東條元首相ら39人の逮捕命令
▼同19日、GHQ、プレスコード（報道遵則）を発令、21日発布（1952年4月28日サンフランシスコ条約発効まで、部分的な緩和はあったが、約6年半ほど続けられた）
▼同20日、ポツダム宣言に伴う命令交付
▼同22日、GHQが「降伏後における米国の初期の対日方針」発表
▼同24日、新聞、通信社に対する政府による直接間接のすべての統制の撤廃をGHQが指示
▼同27日、新聞および言論の自由への追加措置覚書
▼10月9日、東京5紙に新聞事前検閲開始（すでに9月24日同盟通信社、25日NIPPON TIMESに実施）

このように、GHQの日本統治が進む中で、報道に対する規制措置が整っていく。それでも、外国人記者はヒロシマ、ナガサキを目指す。現地の悲惨な状況、原子爆弾の非人道的な威力を暴く記事は、事実であればあるほど、検閲の門を狭くした。

世界の人々が、鉄の熱いうちに知っておくべきこの現実は、結果的に世界の世論を動かすほどの広がりを持ち得なかった。原爆の恐怖が他人事のようになり、情報過疎による原爆論議も冷え込んでいった。それから75年間、世界の要人たちが時折、ヒロシマ、ナガサキを訪れ、その被害に触れ

て予想以上の罪悪を感じることになる。

だが、そのときは遅く、すでに核兵器保有国はどんどん増え、地球数十個をも壊滅させるような保有数になり、手のつけようもない現実を作り出している。しかも、そのような惨劇を招く兵器と知りつつ、国連においても核保有を容認するかの態度が横行、軍縮の協議も進められようとしない。

もし、ヒロシマ、ナガサキの空に閃光が走った直後から、被爆地の惨禍が隠されることなく、世界中に伝えられ、語り合われる空気が作り出されていたなら、そしてその後も原子爆弾を握る国々が増える前に、危険兵器の保有や生産の可否が議論されていたなら、水爆をも含めてこの大量殺戮兵器を生み出すような状況は避けられていたかもしれない。

それほどに被曝の実態は、何のかかわりもない数多くの人々を最も残虐な方法で殺害し、無数の被爆者や被曝者を長期にわたって苦しめた。だが、あの犠牲者たちへの思いは形式的な祈念にとどまり、多くの人々はあきらめのもとに過ごし、為政者はなお核兵器に頼ろうとしている。

当時の一線の報道記者たちは、それでも抑圧された中で取材を続け、その記事はいまも慰霊と核廃絶の思いを呼び起こしている。

＊レスリー・ナカシマ　広島出身の両親がハワイに移民した2世。8月27日広島入りし、米通信社ＵＰを通じて打電。その第1報は31日付ニューヨーク・タイムズ紙に掲載。のちに広島入り第1号の記者とわかる。彼は放射線の被害についても報道した。すでにナカシマが現地の状況の中で証

明しており、米軍の隠蔽的な発表を覆したことになる。いいがたい具体的な惨状の報道は、米国人には想像できなかったのではないか。

＊ウィルフレッド・G・バーチェット　オーストラリア人で、デーリーエクスプレス、ロンドンタイムスなどの特派員をやり、のちに中国、ベトナム報道でも活躍した。当初は広島一番乗りとされたが、ナカシマが先行していた。また、「ノー・モア・ヒロシマ」と原稿末尾に書いたように伝えられたが、この表現は記事になかった。

「忘れられぬ無言の抗議─私はヒロシマで何をみたか」（「世界」1954年8月号）という彼の小論がある。それによると、彼が書いた放射能被害の記事が米側によって否定された事実があり、「広島では何びとも原子放射能の余燼のために苦しんでいるものはない、という全面的な否定が世界中の新聞に発表された。この否定を発表した科学者たちは、そのときまだ罹災地を視察していないのだった」と書いている。ただ、名著『原水爆時代』（1959・三一書房）を書いた中国史研究者で原水爆禁止運動家の今堀誠二は「この粗雑な発表を論破出来なかったのは、バ氏が原爆症に対する医学的知識を十分に持たなかったため、原爆科学者達が、被爆時に受けた放射能障害を、現在この地上に残存する放射能の問題とすりかえ、後者が今ではたいして重要でないという事実から前者の障害はあり得ないといっている、そのトリックを看破できなかった点は惜しまれる」と述べている。

「看護に当たっている家族たちの鋭い、ぎらぎら光る目。患者たちのどんよりした、生気のない、落ち着きのない目。……それは爆弾を作り、これを投下した西欧人に対する、また、西欧人としての私に対する、深い、忘れがたい非難であった」。しかも、新聞記者が現地入りしても、「立ち入り禁止」の地域が指定され、住民の誰とも話を交わさず、患者たちはすでに別の病院に移されていた、という。このようにやむえない一面はあるにしても、「虚偽の公表」「作られた真実」を取材、報道する罪は重い。

＊ジョン・ハーシー　ピューリッツァー賞を受けた米国の新進作家。ライフ、ニューヨーカー誌特派員として来日。１９４６年5月に広島入りして、滞米経験もある谷本清牧師の協力で取材し、8月末にニューヨーカー誌に特集的に掲載、１００紙余の各紙にも転載され、12月刊行の単行本は30万部のヒット作になった。それは、原爆の実態が広く知られるひとつの契機になった。

　日本で訳本『ヒロシマ』（石川欣一、谷本清訳、法政大学出版部）が出版されたのは、2年半以上経った49年4月。ＧＨＱの民間検閲隊が「不当に残酷」として出版を認めないままになっていたが、日本で検閲上の紛争に巻き込まれている5冊の本があるとの報道から、責任者としてマッカーサーの名が出たため、彼は禁止の事実を否定、米国の文献は検閲しない、と述べた。その本が『ヒロシマ』であり、エドガー・スノーの『中国の赤い星』もそのうちの1冊だった（モニカ・ブラウ著・立花誠逸訳『検閲―禁じられた原爆報道』１９８８・時事通信社）。

　検閲が、かなり恣意的、主観的だったことがわかる。被害の大きさ、批判の厳しさが、米側の良心の疼きを誘うものか、率直な現場の報道を冷静、客観的に受け止められない空気がとくに軍部内には強かったのだろう。原爆投下の肯定的な評価が、甚大な犠牲の実態が紹介されることによって覆されるのを恐れたのだ。

なお、牧師の谷本清は一貫して平和運動に取り組み、ノーモアヒロシマズ運動を進めて、被爆孤児の資金活動、原爆乙女の治療などを進め、米国各地で反原爆と平和を訴えた。

戦後日本の紹介に力のあった『ニッポン日記』（井本威夫訳・１９５１・筑摩書房）の筆者マーク・ゲイン記者は、１９４５年12月から1年余日本に滞在、各地を巡り、当時の日本人の様子を活写した。彼が被爆1周忌の続き物を書くために広島入りしたのは46年7月18日。ただ、物的な被害状況はスケッチされるが、そこにはあえぐ被爆者の存在、実態の記事は乏しい。筆致の軽い彼らしいルポではあるが、広島の研究者たちの評価はあまり高くない。発信した被爆1年の企画記事を見てみたいものだ。

＊ジョージ・ウェラー　長崎一番乗り、とされる。シカゴ・デイリー・ニュース紙の記者で、第二次世界大戦の戦場取材を続けていた。ピューリッツァー賞を受けた国際記者。

ミズーリ号上での降伏調印式のあった9月２日に来日、米軍の監視を逃れつつ、６日に長崎へ。当初は被爆の激しさに目を見張ったが、次第に放射線を浴びた人々の惨状に関心が高まる。また、米英豪蘭などの兵士の収容された大牟田、飯塚などの捕虜収容所を訪ね、その実情を見た。連合国の軍人捕虜は大戦を通じて14万に上り、その死亡率はナチスに比べて7倍も多かった、と記している。

ウェラーは軍部ににらまれていたこともあって、その発信した原稿のほとんどは検閲にひっかかり、なかなか日の目をみなかったという。

彼の子息が父親の死後の２００２年、遺品の中にタイプを打った際のカーボン紙の控え、つまり彼のボツになった原稿の控えが大量に見つかった。それを機に、大変な作業の末に読み取って出版に至った。『ナガサキ昭和20年夏　ＧＨＱが封印した幻の潜入ルポ』(小西記嗣訳、毎日新聞社)で、日本での刊行は２００７年7月だった。

米国統治下、日本での『検閲』の姿

これまで原爆投下、終戦前後の状況に触れてきた。国内での原爆報道は当初は日本の軍部、政府の強い統制があって、国民に詳しくは伝えられず、戦後も、ＧＨＱの統治のもとで原爆のもたらした非人道的な被害状況の報道は規制された。この経過を見ると、「戦争というもの」は、すさまじい形で多彩な被害を国民にもたらしながら、その事実は知らされず、国家の権力はさまざまな規制を加えて隠蔽に努めることがわかる。

恣意的な理屈にもとづいて方針を決める権力者、理由もなく死の犠牲を強いられる当事者、その両者の間にあって、その事実関係を知らされず、権力者の説明だけについていかざるを得ない大多数の人々……この3者の関係を狭め、いずれが正義かを問いかける機能を持つのが言論の自由、報道の自覚ある自由なのだが、それを、分厚い壁で遮り、より正しい道に向かわせるべき世論を生み出すことを妨げるのが、権力者による「検閲」という障害だった。

ＧＨＱによる厳しい報道規制が終戦早々に提示され、新聞報道がそれに従わざるを得なかった具体例は先に示した通りだ。戦争をしかけた日本が戦勝国の管理下に置かれることはある程度堪えざるを得ないにしても、その言論の自由への圧迫は、多くの弊害や屈辱を後世に残すことになる。

その最大のひとつが、原爆報道の規制だろう。ヒロシマ、ナガサキへの立ち入り規制、国内ばかりか世界への発信の抑圧、さらには権力サイドによる虚偽の記者会見でのミスリードなど、具体例は少なくない。戦争を引き起こした敗戦国とはいえ、その戦争によってもたらされた地球規模のデメリットについては、次の時代のためにきちんと伝え、新たな前進を求めなくてはならない。

そうした原水爆規制、削減、全廃への方向を立ち遅れさせたひとつは、ヒロシマ、ナガサキの数十万という人間を、あってはならない残忍な犠牲に追い込んだ事実を隠蔽するかのように知らせないことだった。そのような現実を実感を持って見つめ、的確な判断を下すだけのデータを与えない。そうした結果、時間が経ち、記憶が遠のき、世代が変わり、他の課題に追われ、いつしか「原爆離れ」「記憶の薄れ」といった空気が定着する。そこに、権力者らの軍備増強の論理、そして原水爆容認の土壌を許したのではなかったか。

日本の敗戦から1年も経たない１９４６年7月、米国は早々とビキニ環礁（戦前の日本委任統治領、現マーシャル諸島共和国）で、ナガサキに続いて原爆を投下し、実験を重ねている。さらに、この国のエニウェトク環礁で１９５２年11月、初の水素爆弾を実験している。この地域の住民は一時移住のあと帰島したが、放射能汚染でまたも移住を強制された。エニウェトクでも、半減期

2万4千年のプルトニウムが残り、住民の苦労はいまも続いている。災禍の教訓は生かされず、地球へのダメージは残り続ける。貧しい国は、強大国に郷土と住民のいのちを売り渡している。

また、1952年10月にはイタリアでの国際医師会議で、3人の日本人医師が原爆症の学術報告をする段取りだったが、イタリアはなぜか突然中止とした。理由は不明ながら、出席予定の医師は「原爆の被害を正しく伝えることを恐れる勢力がイタリア政府に圧力を加えた結果」と見ている。

このように、ヒロシマ、ナガサキの教訓は生かされず、あるいは事実を隠そうとするかの動きを生み出している。このマイナスの蓄積が、原水爆廃絶の動きを制圧しているのではないか。

ここで、国内での報道規制の具体例を見ていきたい。

＊米側の早い統治体制　検閲の動きについて、さすが米国、と感じたのは、早い時点で日本の敗戦を見越して、敗戦国の統治行政についての研究、準備を多角的に進めていたことである。これは、日本が朝鮮の植民地化、旧満洲の建国に当たって、軍部に支配をゆだねるばかりで、武力に任せてものを言わせない強制統治を図ることに専念していた姿勢とは大違いだった。米国が、日本のありようを民主主義国家に仕立て上げようとし、また天皇全権のもとの官僚、軍部の権力的支配を排除しようとの原点に立って、対日戦略を描いていたことに、ひとつの納得を感じた。

もっとも、民主主義の旗を掲げつつ、検閲制度には強引な手口を使い、また原子爆弾被害のあまりのむごさを知らせまいとする身勝手な手法を行使した事実は黙視できないのだが。

日米の対外支配の違いを目の当たりにさせられたのは、モニカ・ブラウの『検閲一九四五―

一九四九　禁じられた原爆報道』（時事通信社）を読んだことによる。彼女の書から、対日工作の段取りをごくかいつまんで紹介したい。

　１９４２年2月には、米国務省は戦後の対外政策の諮問委員会を設置、省内の日本専門家たちが広範囲に対日政策を研究する一方、各省でもそれぞれの立場からの占領計画を検討していた。43年夏には、陸海両省で、検閲のありようについて検討、45年5月には陸軍省が南西太平洋区域総司令官マッカーサーに対して、民間検閲に関しての命令書を出した。占領現地の民間検閲はその地域の最高軍事司令官の責任であること、検閲を通して価値ある情報の入手、破壊分子の発掘と秩序規制違反の企ての発見、占領下での情報伝達の自由制限、あるいは検閲組織の機能などに触れている。

　12月には、国務、陸海三省により、「日本のための軍政」計画ができて、三省調整委員会で政策立案し、これを統合参謀本部に伝え、最終的に最高司令官、つまりマッカーサーに通知することになる。米国検閲局長官プライスの提起もあって、11月には検閲に関する命令書草案を準備、45年４～９月には民間検閲の基本計画が各方面の意見とも調整のうえ、承認された。

　７月のポツダム宣言の前に、対日統治の一環として、かなり詳しい検閲のルールを作り上げていたことがわかる。

＊プレスコードの威力　戦後の報道を規制したのが、このプレスコードだった。ＧＨＱが新聞その他の出版活動を規制するために発した規則で連合国や占領軍に不利な情報が出ないようにと、取締りは厳しかった。52年の講和条約発効によって失効した。

まず9月10日に新聞報道取締方針などが示され、次いで出されたのが「プレスコード」だった。大方針は決まっていたが、日本統治が始まると、具体的な対応が必要になり、急きょ、示されたといえよう。

まず同盟通信社が9月14日、モールス信号による放送を含む全海外放送、国内のニュース配信を24時間停止させられた。国内向けは規制したものの、海外には各種の情報発受信が続いており、これを締め切るための措置だった。次いですでに触れてきたように、朝日新聞が9月18日に2日間の発行停止の処分を受けた。その内容は、鳩山一郎がインタビューで原爆被害、病院船攻撃、毒ガス使用などの批判をした、というもので、この掲載を許した反省であろうか、発行停止を発したその日に「プレスコード」を提示したのだった。

プレスコードは、「日本に言論の自由を確立するために」発布するもので、言論を拘束するものではなく、言論の自由に関する責任と意義を育成するため、と説明をつけている。

10の項目では、「報道は真実に即すこと」「公安を害するようなものは不掲載」「報道記事は事実に即し、筆者の意見は加えない」「報道記事は宣伝目的の色を付けない」といった原則をうたう。戦前の特高の手法同様に、解釈次第ではいかようにも運用できるが、敗戦国としては原則として、まずは受け入れざるを得ない。

だが、「連合国に関して虚偽的、破壊的批評は加えてはならない」「連合国進駐軍に関して、破壊的批評、軍への不信、憤激を招く記事は不掲載」「連合国軍隊の動向に関して、公式の発表解禁まで掲載、論議は禁ず」といった手前勝手なルールが盛り込まれている。敗戦国に対する厳しさは、旧帝国下の日本も、米政府、軍部も同じだ、と思わざるを得ない。

さらに、検閲の際の削除、発行禁止の対象として、30項目が示されている。「GHQ批判」「極東国際軍事裁判批判」「検閲制度への言及」「米ソ英中、朝鮮人、連合国批判」「満洲での日本人取り扱いの批判」「第三次世界大戦、冷戦の言及」「戦争擁護、神国日本、軍国主義、ナショナリズム、大東亜共栄圏などの宣伝」「戦争犯罪人の正当化や擁護」「占領軍兵士と女性の交渉」「闇市の状況」「占領軍批判」「飢餓の誇張」「暴力、不穏な行動の扇動」「非解禁報道内容の公表」などである。

米国などに対する批判、過去の日本への回帰的言動を禁じようというものだが、GHQがとくに警戒し、禁じたのは原爆被害の報道だった。

戦争中止のために原爆を投下した軍事的意義は、米国内では肯定的に受け取られ、多数世論になりつつあって、それはまた太平洋戦争に参戦した軍人らが誇りとするところでもあった。少なくとも、血みどろのなかで生き残った軍人たちは、そう思いたかった。

だが、表面上はそうであっても、予想を超える陰惨さで人命を奪った事実が、米国内はもとより世界中に知らされ、原爆否定の風潮が高まることは、米国政府、軍部として、何としても避けなければならなかった。

戦争を起こした側、対抗して戦った側、いずれも陰惨な事態を引き起こしたその結果責任を、なんとか覆い隠し、批判の刃に突き刺されないよう、正当化のためのウソや隠蔽、否定や矮小化に弁舌を振るう。このことは、「戦争というもの」には付きものなのだ、と言って過言ではない。

このような背景を受けて、9月以降に東京発行の朝日、毎日、読売報知、日本産業経済、東京の

5紙の事前検閲が始まり、10月末には大阪地域の7新聞、2通信社、2放送局が検閲対象になった。

＊国内での検閲事例　報道だけではなく、書籍、雑誌、映画などのメディアの検閲も始まった。ここでは、原爆被害に関して話題になった出版物のうち、いくつかの事例を取り上げたい。とくに文芸作品は情緒性に富み、原爆の悲惨さに心を揺さぶられる表現が多く、残虐な行為に及んだ米側としては、その種のアピールは何としても抑えたかったに違いない。逆にいうなら、その出版物の規制措置が成功したということは、原爆の脅威、罪悪性を世界の人々が気付く機会を狭められ、原子爆弾を生き永らえさせることになった、ということだろう。言論の抑圧が、世の中を悪い方向に向かわせた具体例、と言っていいだろう。

・栗原唯一・貞子夫妻「中国文化・原子爆弾特輯号」　検閲の強まるなか粘りに粘り、削除に遭い、表現を緩めたうえで、1946年3月に月刊で出版された。貞子の詩「生ましめん哉」が掲載される。被災後の地下室で新しい生命が生まれ、翌朝には取り上げた産婆が血まみれで死ぬ。その8月、検閲による削除や、自己規制をしながら原爆詩歌集『黒い卵』を刊行。終生、反戦、反核、反原発、反差別、反天皇制を貫く。

・正田篠枝『さんげ』　ヒロシマの爆心地から1キロほどの地で被爆し、長く苦しんだ正田の歌集で、1947年末に広島刑務所でひそかに150部が作られた。46年春には編集できたものの、日の目を見なかった。非合法である。扉の見返しに、廃墟となった原爆ドームのカットと、「死ぬ時を強要されし同胞の、魂にたむけん、悲嘆の日記」とある。「殉死の母」として「帰りて食べよと見送りし子は帰らず、仏壇にそなふ、そのトマト紅く」などがある。戦死を意味する「散華」ではなく、「一億総懺悔」の意味で、戦争から原爆に至ったことを思い、２度と繰り返すまい、との趣旨だろうか。篠枝は原爆症による乳がんで悶死する。

・**大田洋子『屍の街』** 疎開先のヒロシマで火傷と放射能を浴びたなか、この朝日新聞懸賞小説1位の作家は、被爆者の無残な命運を「障子紙や便箋など雑多な原稿用紙」３５０枚に丹念に書き、中央公論社に送るが、検閲でストップ。それでも、３年も経った48年11月に日の目を見た。ただ、言いたいことはかなり削られ、その思いを薄められた。阿鼻叫喚の巷ヒロシマではなく、そこは死を待つ静寂の街だった。

・**原民喜『夏の花』** 疎開先での、この被爆記は45年秋に書かれ、検閲通過は無理とされていたが、47年6月の「三田文学」に掲載され、水上滝太郎賞を得た。事後検閲だったが、原文はかなり削られた、という。次いで11月の同誌に「廃墟にて」を発表。だが、51年3月、東京で鉄道自殺する。朝鮮戦争2年目で旧軍人の追放解除、翌年の社会党の鈴木茂三郎の「教え子を再び戦場に送るな」演説、そしてマッカーサーの原爆使用発言などの混迷期だった。

・永井隆『長崎の鐘』　ナガサキで被曝し、死の床に就くこの牧師は46年8月に、精神科医で文芸、芸術に関心を寄せる式場隆三郎の支援もあって書き上げ、また吉田健一（茂首相長男）による英訳も用意されたが、検閲が通らない。GHQ作成による、日本兵らのフィリピンでの悪行を記した「マニラの悲劇」との抱き合わせの1冊なら、ということで49年に刊行された。原爆の悲劇を伝え平和を求める趣旨は十分に生かされなかった。だが、名著として、長期のベストセラーになった。『原水爆時代』を書いた今堀誠二は、郷土ヒロシマにいたプロレタリア作家、細田民樹の『広島悲歌』（世界社）などを含め、このころから情緒的な原爆エレジー調のものが出だした、という。「ああ長崎の鐘が鳴る」の映画、歌謡曲もその代表的なものだとしている。

・記録映画、記録フィルムなど　ヒロシマ、ナガサキの記録映像もまた、検閲をかいくぐりながら奮闘していた。フィルムの没収、立ち入り禁止などの妨害のなか、それでも「原子爆弾の効果」など米側への提出以外にプリントを残すなど、努力が払われた。その後も、断片的に米軍などが入手した貴重な被曝写真類が発掘されている。ここでは、それ以上深入りしないが、活字の世界同様の苦労が語られている。

　また、医学界でも早々と現地入りし、治療に当たるとともに、研究、調査も進められた。米軍は、医治療よりも原爆の威力を確認する作業を重視していた、との指摘があるなか、日本の医学者たちは今もなお不治の闘病患者の治療に向き合っている。しかし、この点もここでは触れない。

＊ビキニ環礁での核実験　マーシャル諸島のビキニ環礁は、米国の核実験場だった。１９４６年7月～58年7月の12年間に23回の核実験が行われた。ヒロシマ、ナガサキの患者たちが苦しむなかで、また原爆を語る出版物が検閲によって発信不能になるなかで、第二次世界大戦後初の原爆が炸裂したわけで、最初となった46年7月の2回の実験は米ニューメキシコ、ヒロシマ、ナガサキに次ぐ第4、第5の事態だった。

さらに、54年からは4回の水爆実験が行われた。この時、日本のマグロ漁船第五福竜丸はじめ、約1千隻の漁船等が被爆、久保山愛吉さんが死んでいる。原水爆の被害の大きさを知る米国が、島民たちを強制移住させて、実験を強行したのだ。

このように、実験が無神経に強行され続けたことは、人命より戦争重視の表れであり、民主主義や人間尊重といった理念が単なる飾りものであることを示すものだった。兵器は、国民の平和的な生活を守らない。

ただ、こうした事実は当初、原爆禍に泣いた日本で辛うじて反核運動に火が付いた程度で、世界に十分には広がらず、核兵器の横行を暗黙のうちに許容する結果をもたらした。

核世界の実情

核保有国は世界で9ヵ国。一発の原爆、水爆で小国なら壊滅するほどの核兵器だが、その保有量は馬鹿げたほどの数量である。ストックホルム国際平和研究所（ＳＩＰＲＩ）の発表した推計は、ロシア６５００基、米６１８５、仏３００、中２９０、英２００、パキスタン１５０～１６０、インド１３０～１４０、イスラエル80～90、北朝鮮は20～30基ともいわれる。

その実験は数千回とされる。実験だけでも、地上、地下、空中と地球を汚染させ、犠牲者も少なくない。核保有量は、ピーク時よりは削減されたとは言え、1万数千に及び、地球をいくつも破滅させるほどで、核を保有することが国際紛争の抑止力になるとの論理を仮に認めるとしても、なぜそれほどの数量を保有するのか、理解しがたい。

＊核兵器廃絶と存続保有の対決　国家として核兵器の保有を容認しているいくつかの国に対して、大半の国家は核を持たない方向を求めている。一部の権力者は核が自国を守る、と考えるが、普通の人々の多くは核兵器を排し、その脅威を回避したい、と願っている。

一部の国家は核を持たないながら、この「力」が国民を守るとし、近隣の保有大国を敵視ないし警戒して、その大国に対抗しうる別の核保有国の下に組み込まれることを望み、核兵器を容認する。現在の日本もその一例で、米国の同盟国として、核の保護下に身を置く。だが、ヒロシマ、ナガサキの、悲惨で長期にわたる原爆の脅威を知る人々は、その状態を繰り返すまい、と核絶滅を叫ぶ。ただ、核支配が長引くにつれて、あの悲惨な経験は記憶から去り、核保有の実態を容認する風潮が強まる。核廃絶は単なる理想にすぎない、との扱いを受ける。

それが、現代の国際的な状況だろう。だが、それでいいのか。核の保有は、それだけにとどまるのか。「自国ファースト」の考え方のもとで、他国の立場、状況への配慮を欠く政治姿勢が、紛糾の末に、核使用の方向に進まないという保証はあるのか。

＊オバマとトランプ　オバマ前米大統領は「核廃絶に向けて、核なき社会を」と発言し、ノーベル平和賞を受けて、ヒロシマにも訪れた。だが、次のトランプ大統領は、中距離核戦力（ＩＮＦ）全廃条約を破棄するとの方針を表明した。冷戦末期の１９８７年、レーガン・ゴルバチョフ両首脳の決断による条約締結だったが、この動きを逆行させようとするのだ。この条約自体、ごく一部の核抑制の動きに過ぎなかったのだが、それをも止めるのだという。

＊核兵器禁止条約の存在　国際ＮＰＯのＩＣＡＮ（核兵器廃絶国際キャンペーン）の運動による貢献もあって、２０１７年7月の国連では、核兵器禁止条約の賛成の国・地域は１２２になった。50カ国が批准した90日後に発効することになっていた。だが、9月の時点では、批准は19カ国、その一歩手前の署名は69カ国にのぼるが、核保有国はすべて採決不参加、また核の傘のもとにあるドイツなどのＮＡＴＯ諸国、日本、韓国、豪州なども不参加だ。大国は核禁止に反対ないし消極的、小国は禁止に同調的だが、大国の論理がまだまだ強い。

＊微妙な核廃絶決議　２０１７年、ＩＣＡＮがノーベル平和賞を受けた。この年、国連での日本が提出した核廃絶決議案は、賛成１４４カ国ながら、前年より23カ国も減っており、棄権した国

は前年よりも10ヵ国増えて、過去最高の27だった。

これは、日本が核禁条約への言及を避け、「日本が、核兵器の非人道性の表現を弱めた」から、と解説された。この決議案は、「勧告」する程度で、拘束力を持たないものだが、１９９４年から継続して提出されている。被曝のすさまじさを知る日本提出の決議案だからこそ、その姿勢が妥協し弱まることに納得しない国が、賛成から棄権に回ったものだろう。

またそれほど、核禁条約への賛同が増えている現状に対して、核保有国やその傘の下にある各国が警戒的になったのかもしれない。

核禁条約主導のオーストリアは、この条約への早期批准を呼び掛ける決議案を出したが、非核保有国１１８ヵ国の賛成で採択、核保有国、核の傘に頼る日本など39ヵ国が反対、11ヵ国が棄権した。

核保有国並びにその傘の下にある各国と、非核保有国との立場の違いが次第にはっきりしてきているが、これも核依存の安全保障政策と軍事優先の外交姿勢を第一に考えるか、核を捨て和平構築の外交政策に取り組むか、という考え方の相違だろう。

だが、国際関係に疑心暗鬼を抱き、核にしがみつくか、和平協議のなかで相互理解を生み出す苦労を重ねるか、その姿勢のいずれが、長期的な共存の道を進めるかという点では、すでに結論は出ているというべきだろう。

要は、国家権力者の、とくに大国と言われる国家の姿勢がいずれに向くか、にかかっているといえるだろう。

＊日本はこれでいいのか　日本政府は核廃絶決議案を提出し続けている。これは正しいだろう。だが、核兵器禁止条約には反対の立場をとる。核兵器はやめるべきだ、と提唱しつつ、核の傘は必要だ、という矛盾がある。せめて、長期的に廃絶を目指そうというなら、そのような国際的な活動が必要であり、基本的には必要悪だが当面は必要、ということなら、その姿勢をはっきりさせ、その方向で実のある努力をすべきだろう。ＩＣＡＮの動きにも、距離を置く。この姿勢もおかしい。

　米国の核の傘の下で守られたい一心で、米国に追随し、とくにトランプ政治に密着する。アジアに身を置く日本ながら、アジア地域での和平のあり方にはあまり言及しない。中国との関係は遠く、浅く、信念の語り合いや交流がない。中国や北朝鮮の核への警戒を、トランプ流の対決型ないし言葉のみの信頼関係だけに追随していて打開できるのか。

　日本の軍事予算は、13年度第二次安倍政権発足から8年連続で増え続けている。２０１７年11月の安倍・トランプ会談では「日本が大量の防衛装備を買うことが好ましい」と言われたという。そのためか、２０１９年度の防衛費、じつは軍事費の概算要求は、前年度1千億円超の、過去最大となる約5兆3千億円が計上された。20年度予算でもさらに増え続けている。

　北朝鮮の弾道ミサイルに対応する陸上配備型迎撃ミサイルシステム、いわゆるイージス・アショア2基の輸入による配備を進める。1基１３４０億円を2基用意するという。これは見積もりだが、実際にはこれを上回る。もっとも、これは２０２０年6月に計画停止となった。費用対効果のうえでコストも性能にも問題があったという。兵器の購入は、プロとしての防衛省判断にまかされ、優先的に予算がつけられる。この長年の流れが見直されるべき事態である。政権の責任は大きい。

Ｆ４戦闘機の後継機としてＦ35Ａステルス戦闘機を、18年度の６機に続き、さらに増備して、いずれ67機体制にする。１機１００億円を大きく超える。

北朝鮮の核ミサイルに対抗して、数年前から弾道ミサイル防衛（ＢＭＤ）整備を進める。弾道ミサイル対応のイージス艦８隻も必要とされる。この艦には、ミサイルＳＭ３が搭載、大気圏外で迎撃するという。１発16億円、改良型は40億円とか。それ以外にも、自衛隊の装備はどんどん強化されており、「鳴りを潜める外交・派手な軍事増強」の様相を強めている。

中国、北朝鮮との緊張関係を持続させつつ、両国の軍備増強を理由にして、日本の防衛体制を強化しようともくろむ。一見、もっともらしいが、軍事強化のための理由づけである。日本の外交に、継続的な緊張緩和の外交努力が見えないからだ。

容易ではないにしても、トランプ的な変幻自在の対応ではなく、また緊張を招く包囲網外交や、拉致問題を盾に対話をこばむような姿勢ではなく、緊張緩和の努力を優先させる指針を持たない限り、軍事優先の政策は変わらない。

・・・・・・・・・・・

原水爆の投下を決断する国家権力者は、被害者となる諸国民を想定していない。いや、想定する意識がない。片や、被害に遭う一般の人々は、何も知らされず、ただ巻き込まれて死にさらされる。

一瞬の死に遭遇する人々、またむしろ一瞬の死の安楽すら与えられずに、その後の生涯を苦痛、苦悩に苛まされる人々、その心をも伝えることさえ妨げられた人々……戦争とは、そういう一個の人間を無残に切り捨てる。

戦争を進め、憎しみをテコに敵対をあおり、相互の理解をつぶし、その結果国民のいのちをごく簡単に押しつぶし、人生を奪う。それが、ゆがんだ国家権力の姿だろう。

第11章

70余年後に尾を引く「戦争」の残滓

日中戦争、太平洋戦争の終結から70余年経った２０１８年、平成30年のほぼ一年間の新聞（朝日・毎日・読売）をなんとなく見ていたら、「戦争その後」の記事がやたらに目につき、スクラップしてみたのでメモしておきたい。併せて、印象に残ることなど筆者の若干の思いを書いた。

記事の一つひとつに、戦争のもたらしたさまざまな絵図が描かれていた。一人ひとりの人生を変え、それぞれの生涯に涙、怨念、非戦の誓いを残し、社会に波紋を投じ続ける一方で、再度の戦乱に向かいかねない状況を秘めた現実にも直面する。また、遺骨さえ戻らない、しかも収集の手も伸びていない悲しさがある。

何らかの大義名分をもって起こされた戦争・戦闘の期間だけを見るのではなく、戦争に至る準備期間の状況は長いうえに見えにくく、また戦争完了後の余韻は幅広く、重く、しかも長きにわたる。その当たり前のことを、新聞記事の一つひとつが裏付けている。

また、戦争は国家の名で始め、国民の応諾も問わず、強制したにもかかわらず、戦後の処理、事後の対応は対外的にも、国内的にもまだまだ不十分であることに気づく。お題目としての「平和」でいいのか。将来の世界を、より望ましいものにするために、「今」という時代は正しい歩みなのか、改めて感じさせられる一つひとつの記事だった。

そのような事実を、あらためて示したい。その感慨はさまざまであるだろう。それは当然のことである。ただ、そうした現実をもたらしたものは何か、という一点で、「戦争というもの」の非が示されているのだ、と思う。

8月15日の特集などは、とくに取り上げず、つい見過ごすような小記事にとどめた。

戦禍を温存する硫黄島

＊小笠原諸島返還50年　1968年6月26日、硫黄島を含む小笠原諸島の施政権が、米国から日本に返還された。返還一年前の1967年は、ベトナムの北爆開始から2年経ち、米国各地でベトナム反戦の動きが強まり、日本では沖縄返還要求の高まりのなかで沖縄発着のベトナム攻撃機反対の声が上がった。また、大学民主化要求などの学生運動（いわゆる70年安保闘争）が連動しようとしていた。日本は高度経済成長期に入ってからは、四日市ぜんそく、水俣病などの公害問題が表面化、問題化していた。そのような、反米などさまざまな世論が渦巻くなかで、米側は反米世論の鎮静策として、「小笠原返還」を決めたのだった。

父島、母島などは実質的に返還されたが、硫黄島は即自衛隊の駐屯地となり、1千人余の島民は強制疎開のまま帰島できなくなった。この島では終戦の半年足らずまでの戦闘で、日本兵や徴用の船員ら2万2千、米兵7千近くが命を落としたが、日本兵の遺骨収集は今も続くが、まだ半分にも達していない。「戦後」は残されたままである。（6月26日付各紙）

＊上陸できない洋上の慰霊　旧島民は年1回、1泊だけ、故郷に帰れる。年2回の自衛隊機による東京都の事業もあるが、希望者全員の帰島とはいかない。自衛隊のいない北硫黄島も、硫黄島と同じ処置を受ける。一例として、八丈島（両親の移住）➡硫黄島（強制疎開）➡葛飾区（空襲で家族2人が不明）➡栃木県那須町（火山灰地の開拓地）と転々とさせられた87歳の女性の話が載る（8

月15日付毎日）。

小笠原本島などに住む旧島民約30人が8月16日、硫黄島沖の洋上で慰霊祭。大型船は着岸できず、前日に船で向かい、沖合の船上から献花した（8月17日付朝日）。

一方、防衛省は太平洋側の島しょ部の防空体制強化のため、18年度から3年計画で、硫黄島に固定式警戒管制レーダーを整備する。最近の中国のこの方面への進出を警戒してのこと（4月5日付毎日）。

70余年、遺骨のまま埋もれる死者たちの霊は、どう感じるだろうか。

シベリア抑留者・死者は57万人

＊今も抑留死者の情報　厚生労働省は今も、抑留死者などの情報を扱っている。その努力はともあれ、判明するのはごくわずかずつで、遅々として進まない。当然、高齢化する遺家族の不満は強い。抑留された日本人は約60万人。ロシアは日本政府に50万人以上の登録簿をマイクロフィルムで提供し、なかには出生地、投降日、収容所の移動歴の記録もあるのだが、厚労省は「個人情報」を理由に非公開としており、研究者、メディアだけではなく、そうした事実を知らない遺族も多い、という（7月4日付毎日夕刊）。

11人の氏名、出身地などの身元が特定された（3月3日付毎日、読売）。さらに11人（5月12日付読売）。また9人（6月2日付同紙）。13人（7月7日付同紙）。10人（8月4日付同紙）。22人（10月6日付同紙）。シベリアと千島列島の20人特定（11月3日付同紙）。26人（12月8日付同紙）。

　このようなサミダレ式の発表はあるが、極めて微々たるものだ。ロシア語のできる人材は少なく、カタカナ表記の名前などは判読が難しく、身元捜しも難航しがちで、そうした難しさはあるが、２０１０年にシベリア特措法（戦後強制抑留者特別措置法）が議員立法され、国は実態解明などを進めるよう義務付けられたことからすれば、抑留の事態は戦争を起こし、徴兵制を進めた国家が重大な責任を負っていることからすれば、その取り組みは極めて不十分、と言わざるを得ないだろう。

＊モンゴルでも　モンゴルに残された記録が見つかり、モンゴルに移送された抑留者43人の死亡診断書などを特定した。うち４人は特定作業中（朝日）。旧ソ連からモンゴルに移送されたのは約１万４千人で、１７００人が死亡したという。日本人捕虜は開発などの労働力として扱われ、モンゴルにも対日戦参加の見返りとしての配分、と指摘している（８月３日付読売）。一部を除き47年に帰還したという。（同18日付同紙）。

　旧ソ連が、旧満洲、千島列島、樺太などからソ連領やモンゴルの収容所に連行した日本兵らは約57万5千人。その収容所は約2千ヵ所。収容の最長は11年にも及び、約5万5千人が死亡したとされる。総称としてシベリア抑留者と言われる。厚労省によると、過去に個人の身元を特定した４万１１１１人の名簿を公開している。ロシア政府はこれまでに収容所での死者５万１４５５人、モンゴル政府は1597人の名簿などを提供したが、移送中や行軍中などの死者の名簿はほとんど提供されていない（4月7日、8月3日・同18日付読売、8月4日付朝日）。

＊村山常雄のこと　記事ではないが、シベリアでの抑留死者4千万人を超すデータベースにたったひとりで取り組んだ人物に触れておきたい。

村山常雄　2014年死去、88歳。新潟県糸魚川市出身で、旧満洲ハルビンの水産試験場勤務時の1945年応召。4年間の強制労働を経て、49年帰国。中学校教師を終えた70歳になって、シベリア抑留中の死亡者のデータベース化に着手、05年公開した。4万3千人のリストで、自費出版もした。吉川英治文化賞受賞。

このような隠れた逸材の存在は、あらためて「戦争というもの」の虚しさを感じさせる。

戦犯としての処刑とは別に、抑留者の長期にわたる衰弱、長距離移送の過労、過酷な寒冷地の環境、伐採や開拓などの重労働の強制、食事や休養などの処遇の悪さ、食糧不足と伝染病、体力のない高年齢や弱年兵の存在……そして、食料や薬剤、輸送手段などの欠乏状態ばかりではなく、戦争特有の敵対的憎しみや差別による非人間的な扱いが多くの死者を出す一因にもなった。

なお、ソ連からの帰還は1947年から日ソ国交回復の56年にかけて、47万3千人が帰国した。ポツダム宣言では、武装解除された日本人兵士は家庭への復帰を保証されており、強制労働や厳寒下での不十分な食事の提供などの処遇は認めていなかった。

ただ、ソ連のエリツィン大統領は1993年の来日時に、非人間的な行為は謝罪したが、移送した将兵は戦闘中に合法的に拘束されたもので、戦闘終結後の不当な抑留ではない、と主張した。国際法上、捕虜の抑留された国での労働賃金、捕虜の給養費は捕虜の所属する国の負担、とされるが、日本はこれに反対した、という（この法規的な点は、ウィキペディアによる）。

＊１１４人に銃殺刑判決　シベリア抑留中の日本軍の将兵ら１１４人が軍事法廷で、スパイ罪などで銃殺刑の判決を受けたことがわかった。シベリア抑留問題研究者の富田武氏が調べたもので、このうち33人の執行を確認した、という。対ソ情報工作担当の特務機関の憲兵や幹部が多く、ほかにソ連侵攻時に降伏しなかった者、脱走や強盗殺人などの刑事犯もいた。銃殺刑に処しながら、その通告もなされていない、人命軽視の事実に驚く（4月10日付各紙）。

「戦争というもの」はそういうものだとしても、常識的に納得できるものではない。

＊消えていく慰霊祭　高齢化という現実には逆らえない。8月23日、千鳥ヶ淵戦没者墓苑でのシベリア抑留者追悼の集いに参加した抑留当事者は4人のみ。ロシア、モンゴル、カザフスタンの大使館員とともに約２００人が参列。２００３年から16回目。昨年まで主催者挨拶をした97歳翁が2月に亡くなり、戦後4年間シベリアの炭鉱で働かされた92歳翁が「何を教訓として残し、伝えていくか、日本社会全体として取り組んで」と述べた（8月24日付朝日）。

また、遺族や元抑留者が慰霊などをしてきたモンゴル会は高齢化により、２０１７年が最後の慰霊祭になった（8月18日付読売）。

＊消えない抑留の思い　①19歳で召集、満洲でのソ連軍との戦闘のあと、ソ連軍に拘束され、旧満洲に近いシベリア各地の収容所を転々。3年以上の抑留生活。氷点下40度の山から木材を伐採、搬出する作業。凍傷で足の指をなくす。悲しかったのは、仲間の遺体の埋葬で、枯れ木を燃やして凍土を緩め、4時間ほどかけて埋める。多い時には凍った20体もの遺体が。「ダモイ（帰る）」の一語にだまされ、北朝鮮北部へ。傷病者は手当てもなく、地面に転がされ、息があっても鼻や目から蛆が湧く。「帰れたことは奇跡」という福島県の93歳翁（8月11日付読売）。

②兵庫県の農林技師から43年に陸軍の召集で満洲へ。国境警備中にソ連軍の侵入で捕虜、ウランバートルへ。土砂降りの行軍、ぎゅう詰めの貨車で移送されるが、血便1日30数回、下痢、全身浮腫の急性大腸炎、栄養失調症で10月18日死亡。苦しみの3週間だった。徴兵前に腸の一部を切除していた。徴兵にそのいたわりはない。兵庫出身の同級生に託された遺髪が戻った。家族らは8月、思いがけず死亡現認書を受け取り、「区切りがついた」という。その胸中はあきらめか、深い憤りなのか（8月3日付読売）。

③79歳を迎えた広島市の女性。その父親は南満洲鉄道の関連会社に勤め、44年に陸軍に召集、戦後シベリアへ。70年を経た16年に「病院で死亡」との通知があり、死因は肺炎、カルテには腰椎骨折、睡眠不良、食欲不振、不整脈などとあった。女性は、父の死を「34日間、手厚く看護された」ことに気持ちが少し楽になった、という。その一方で、厚労省に問い合わせたあとの通知に、「肉親の

最期を丁寧に掘り起こして」とあった。遅すぎる「少し楽」なのだ（8月15日付朝日）。

④釜山に住む93歳の韓国人は、「日本人」の扱いで44年に陸軍に召集。旧満洲で爆弾を抱えてソ連軍の戦車に潜りこむ訓練を受ける。終戦後、ソ連に抑留、零下50度のなか、厚底の靴を履いて建設現場へ。食事は黒パンと漬物のみ。抑留3年4ヵ月後の48年に帰国した祖国は南北に分断、その2年後に朝鮮戦争。旧満洲動員の朝鮮半島出身者は約1万5千人で、シベリア抑留は少なくても3千人、70人前後は死んだ。この記録は韓国側が積み上げたが、日本厚労省は「把握してない」。彼は「日本は、日本人として送り出したのに、謝罪はおろか紙一枚送られてこない」という（同日付朝日）。

このような仕打ちが、慰安婦問題や慰安婦少女像建立など、怨念の底流になっている。

⑤2人の元日本兵が、早大での「不戦兵士・市民の会」で、不戦の願いを語る。98歳の元慶大生は人間魚雷の訓練を受け、弟もまた爆薬ボートで体当たりする「震洋」の乗務員だったが、ともに存命。2人で特攻の学徒兵の本を書いた。96歳の元通信兵は、千島列島の占守島で敗戦、「最後の一兵まで徹底抗戦せよ」との命令を聞く。結局、カムチャッカで3年間の抑留に（12月5日付朝日）。

＊絵画に託した反戦　①広島出身で反戦・反核運動に取り組んだ画家の四国五郎。絵本『おこりじぞう』（1979・金の星社）の挿画で知られる。旧満洲侵入のソ連軍戦車に飛び込む「肉攻」要員だっ

たが、決行直前に敗戦。ソ連に連行され、伐採と丸太積みの重労働・飢え・厳寒の三重苦。生死の境をさまよう病気、ソ連の赤化教育への傾斜などを経て3年間の抑留生活から帰国。94年、70歳の五郎は現地に行き、一枚の絵を贈る。没後4年の3月、61歳の子息が現地を訪れ、父の絵に会う。その絵には、穏やかで、群を抜いた明るさがあった。子息は「憎しみ、つらさだけではなく、大事な体験をした」と思う（4月29日付毎日）。

②その四国五郎がナホトカの収容所で描いたスケッチ画を追う。「1947・10・11　ナホトカにて　中村、須藤嬢」とある。五郎がひそかに持ち帰ったＡ４大の8枚のうちの1枚。どうかいくぐることができたのか。

　モスクワの公文書館で「スド・キオコ　看護婦」とロシア語で書かれた写真が見つかる。抑留者の手記本に須藤の書いたものがあった。22歳、出身地群馬、前看護婦、現主婦、とある。旧満洲北部のジャムス（佳木斯）におり、看護要員の菊水隊にいた、と岡山市の95歳の女性が確認。ハバロフスク郊外の病院勤務、と本人は書いている。また帰国後にはナホトカで一緒だった元軍曹の津村謙二と結婚。絵を描いた四国は49年5月、上京時に2人の住む引揚者住宅で晩飯を食べた、と書いた。だが、足取りはそこまで（8月25日付読売）。

　願わくば、取り壊した後の住宅居住者名簿は、出身の群馬や看護婦歴は、など、もう少し追跡を続けてほかった。気がかりが残り、どこかすっきりしない。

③10月末、東京・九段でシベリア抑留時のペン画400点の企画展。ソ連イルクーツクで4年間の抑留生活を終えて帰国した神戸出身・山下静夫の遺作展。悲惨だった抑留の日々の実態が伝えられていないとして、74年から描き始めた。「彫り込むような力強い線を無数に走らせたその作品群は、鎮魂を願う写経を思わせる」と、抑留問題を追い続ける栗原俊雄記者は書く。山下は2007年に『画文集　シベリア抑留1450日』（東京堂出版）を刊行、その絵の原画が並んだ（10月25日付毎日夕刊）。

④東京都福生市がドキュメンタリーの映像記録を制作した。自治体としては珍しい事業だ。タイトルは『行き先も、分からずに――20歳の初年兵、シベリア抑留の記憶』。この記録のもとになった証言者は92歳の近田明良さん。終戦から3年間、シベリア、モンゴル、ウクライナなどに移送、極寒の地で食糧難のなか、強制労働を強いられた。市の平和祈念事業として戦争体験を語ってもらったのがきっかけで、4時間余のインタビューを37分にまとめた（3月20日付朝日）。

⑤生まれた大連から引き揚げ、47歳で亡くなった画家・川崎忠昭が戦争体験を子息に伝えようと描いた25枚の原画展を開催。中国人の略奪、旧ソ連兵による日本兵の連行など。子息の「中国で生まれたのに、どうして中国人じゃないの」との問いを機に、描き始めた、という（12月5日付読売）。

満蒙開拓団の悲劇と怒り

＊開拓団の人身御供　岐阜県旧黒川村（現白川町）は、国策に協力して１９４１年以降、６００余人の開拓団を旧満洲の吉林省に入植させた。終戦直後、旧ソ連兵が現地を襲撃、武器も食料もないままに隣の開拓団は全員自決。黒川の開拓団は、ソ連の駐屯部隊に助けを求めたところ、代償を求められ、17～21歳の未婚女性15人を「接待」に出した。ソ連の兵舎に出したり、開拓団の部屋を提供したりの２ヵ月を経て、46年に４５１人が帰国した。

　黒川分村遺族会長（自民党町議）が、この事実が表面化した意味合いを淡々と語った。記事の見出しは「性接待　伏せられた記憶」「満蒙開拓団の悲劇　犠牲の上の次世代寄り添い伝えねば」だった。遺族会は１９８２年、碑文のない「乙女の碑」を建立。15人の女性のうち４人は死んだという。（10月20日付朝日）。

　そして、碑文を記したステンレス製の説明板には４千字もの生々しい言葉が記されることになり、11月18日に除幕式が。（11月19日付朝日）。

　性接待を認めるか、耐えざるを得ないか、全員自決か……判断は難しく、その場にいた者でなければ分かるまい。ただ言えるのは、戦争が招いた悲劇、ということだろう。

　隠したい現実。だが、事実を後世に語り残したい現実。反省とは、将来をつくる土台だ。

＊慰霊の献花　在学生を満蒙開拓に送り出した東京農大。最後と思われる第14次開拓団約25人を率

いた同大助教授の14歳だった遺児が、88歳の今、慰霊の献花を。父母と子ども4人の家族は、団一行とともに、ソ連軍侵入の6日前に福井県敦賀港から出発。旧満洲牡丹江到着はなんとソ連侵入のその日未明。まもなく末弟が収容所で病死、43歳の父親も翌年2月に死去。異国の凍土に埋められた。家族4人は中国人の世話を受け、46年9月に帰国した。

東京農大には、旧満洲で亡くなった学生56人、教師2人の慰霊碑がある。大学は43年に「報国農場」を現地に開設、延べ200人以上の学生が渡っていた（11月13日付毎日）。

＊開拓団の戦後調査資料が行方不明　国策として送り込まれた満蒙開拓団は1932～45年の間に約27万人。戦後に都道府県が実施した、開拓団の第一次資料である全国実態調査の結果は今、13道府県で確認できず、資料の残る33都府県も保存期間はまちまちで、今後に廃棄の可能性がある、という。

外務省が1950年に「満蒙開拓団実態」、15～19歳「満蒙開拓青少年義勇軍」の調査を指示。入植時、所在地、入植地ごとの人数、旧ソ連参戦時の状況、8・15の移動状況、引揚人数と残留人数など。長崎はすでに廃棄、不明と答えた13道府県のうち富山、岐阜は廃棄済みのよう。永久保存は岩手など9都県、保存は24県だが、いずれ廃棄の可能性がある。

軍国主義下の傀儡「満洲国」が32年にできて、開拓団は人口問題解消と食糧増産のための国策だった。最多の長野は開拓団3万1264、青少年義勇軍6595、計3万7859人。8月9日の旧ソ連軍の参戦で、集団自決、餓死、凍死などで約8万人が犠牲に。多くの残留孤児、残留婦人の問題も残した（8月26日付毎日）。

満蒙開拓団の調査書を追った地方記者は、山形県で約90の調査死傷原本を見つけた。情報公開を求めたら、出された資料コピーには団員氏名、本籍、団名、入植地名、生存者の収容病院名、帰還船名が隠され、つまりマスキングされていた（9月28日付毎日）。これでは、追跡取材だけではなく、遺家族が身内の過去の消息を知ろうにも、何の手がかりもつかめない。

＊手を貸す公務員　「戦争」という国策のもとに生まれた悲惨な結末を、後世に語り継ぐ責任は国家と自治体にある。その公文書を非公開とかわらない「公開」で、「戦争」の色合いを薄め、忘却に手を貸す。過剰な個人情報の保護、という以上に、非情・悲惨な国策についての隠蔽、と感じざるを得ない。

山形県の事例のような70余年後の対応が、官庁の適当な判断にゆだねられるだけでいいのか。「個人情報」の名を借りた隠蔽は、このところ国会で追及された公文書類の扱い、そして官僚答弁などに見られた隠蔽、偽造、ごまかしなどに通じる問題ではないか。

「時」は痛みを次第に軽減させていくものだが、国策だった「戦争」を忘れさせることを、人為的に、しかも国策を担う公務員が手を貸していいはずがない。

南方諸島からのあがき

＊ガダルカナル島から　ソロモン諸島（国）最大の島で、米軍に制圧された飛行場の奪還を目指す日本軍は1942年8月、制空権、補給線を失い、43年2月には撤退した。多数の餓死者を出して「餓島」と言われ、約2万2千人が亡くなった。遺骨7千柱が未帰還。

陸軍士官学校を出て歩兵連隊旗手だった三鷹市・故小尾靖夫は、制圧直後から撤退までの5ヵ月間、最前線で戦い、その後インパール作戦にも参加して生還、85歳で07年死去。妻が約20点の日記や遺品を同市に贈り、展示された（5月5日付読売、6日付朝日）。

＊ペリリュー島から　パラオ（共和国）諸島のひとつで、44年9～11月の米側の攻撃で壊滅。日本兵の死者は1万余、米側は2300余と、8500近い負傷兵。

平塚柾緒の著『玉砕の島　ペリリュー　生還兵34人の証言』（2018・PHP研究所）について、横尾忠則が書評を書いた。激戦の島で生き残った34人の日本兵が洞窟内で、投降か、抗戦か、で対立し死者も出たという。米兵の残留品から食料をくすね、米軍の野外映画会をのぞき……上野駅で米兵の腕にすがる日本女性を見て敗戦を実感する（8月25日付朝日）。

＊ニューギニア島から　インドネシアのニューギニア島西部のマノクワリ。多くの餓死者を出した地で、日本政府の派遣団が1956年に遺骨送還と追悼に訪れ、「戦没日本人之碑」を建てた。

２００８年に新しい台座に据えたが、翌年の地震で倒れた。８年半ほど倒れたまま放置された状態を、２月に設置し直した。

ちなみに、映画『南の島に雪が降る』は、このマノクワリに駐屯した俳優加東大介が演劇分隊を作り、兵士たちに娯楽を提供しようとしたことがテーマで、彼の原稿をもとに、島での生活を映画化した。

厚労省によると、53～56年、太平洋諸島21カ所に同様の石碑が建てられたが、管理不十分のものは今後、政府が整備している大規模慰霊碑の敷地内に移す、という（４月３日付朝日）。

進まない遺骨収集

＊沖縄　沖縄県内には４４０カ所の戦没者慰霊塔がある。遺骨のほとんどは墓苑に移されたが、まだ慰霊塔に残されており、厚労省はこの遺骨の身元をＤＮＡ鑑定で調べるための調査に入る、という。

ＤＮＡ鑑定は２００３年から導入されたが、焼骨前に限られるので、沖縄では再開発地で見つかった5体しか身元が判明していない。ただ、糸満市の「南北之塔」の数百体について、地元の高齢化で管理が難しくなり、県側に引き渡している。ほかにも、遺骨が残されており、対象になりそうだ（３月25日付毎日）。

＊フィリピン　激戦地だったフィリピン。ここで収容された遺骨をＤＮＡ鑑定した専門家が「日本人の遺骨は一つもなし」との結果を厚労省に伝えたが、公表しなかった。同省委託のＮＰＯ法人がずさんにも、現地の人たちに遺骨収集を依頼したところ、日本兵以外の骨を持参したのだ、という。

２０１０年に収容は中断。別の専門家が鑑定した１３０検体〈３１１検体のうち〉について、厚労省は11年に「日本人以外の骨が多数」と報告したが、12年に別途鑑定した、残りの１８１検体についての「一つもなし」という前述の鑑定結果は公表しなかった。

海外の日本人戦没者約２４０万人（うち未収容約１１３万人分）のうち、フィリピンで亡くなったのは最多の約51万８千人で、今も約36万９千人分の遺骨が残る。

そこで5月、日比政府は収容作業再開の覚書を締結、収容作業などを厳密にして18年中に再開したいという（５月９日付毎日、８月17日付朝日）。

10月、人類学者ら３人がルソン島に入り、調査を始めた（９月29日付朝日）。

＊小笠原　硫黄島生まれで、14歳の時に本土へ強制疎開した88歳の山下賢二。当時１２０人いたが、島から持ち出した物はなにもない。１万柱以上が眠る硫黄島の遺骨収容に何度も参加し、灼熱の地下壕跡で遺骨を拾い集めた。６、７月の父島、母島での返還50年の記念式典には出ない。硫黄島への帰還が許されないことに納得がいかないのだ（６月26日付毎日）。

＊まずは遺骨か、靖国か　遺骨の多くは、遺族のもとに戻れず、いまだに野外等に眠っている。国は亡くなった将兵が判明すると、靖国神社に伝え、祀るのだが、遺骨の収集については作業がきわめて遅く、不十分のまま。遺族たちには、祀るよりも、せめて遺骨を、の思いが強い。

国家の徴兵による戦死にもかかわらず、国の取り組みへの不満は強い。遺骨は海外諸国にあり、難しさもあるが、政府が施策の優先順位を低いままにしていることは許されまい。

天皇夫妻が各国の戦没の地を訪ねることで、やっと遺骨収集の動きが刺激されるほどだ。国会での立法作業も戦後かなりの歳月を経て、なんとか具体化される。国家は十分に率先して責任を果たす義務がある。「靖国」祭祀がベストではなく、せめてもの遺族の夢は遺骨との対面なのだ。この点の取り組みがいかにも甘いままに、70年以上を経過させてしまった。

＊肉親にとっての遺骨　遺骨にこだわる気持ちは、肉親たちにとって家族の結びつきを確認する最後の手段なのだ。ほとんどの家族や近親の人々が、故人の別れを火葬場で果たすのも、遺骨との別れが「最期」を告げるからだろう。心の締めくくり、でもある。

だが、かつての戦場などに放置された遺骨の数十年は、肉親たちの思いを絶縁させ続ける仕打ちでもある。徴兵という国策に素朴に従い、あるいは強制を感じつつ戦地に赴いた者たちが、野ざらしの遺骨として放置されること自体、理不尽だろう。

国家として、戦後に最優先で取り組むべき始末を怠り、あるいは努力を傾注しない状態はむしろ異常だ。多数の遺族たちのその怒りは、結集されにくいがために目立たないが、その状況を読み取る努力の乏しい国家・政府はいつか信頼を損なうだろう。

遺骨収集の旅

＊僧職のありようを変える　松本市の臨済宗僧侶の高橋卓志（69）。１９７８年、恩師の山田無門師に誘われて、ニューギニア島北西のビアク島に遺骨収集の旅に行く。小高い山の洞窟内で泥水に足首までつかりながら、水中に手を入れると日本兵の骨が累々と沈んでいた。

　追い込まれた洞窟に、米兵からガソリン入りのドラム缶を投げ込まれ、1千人を超す日本兵が焼死した。「阿鼻叫喚の最期を想像して震えが止まらなくな」るなか、読経を始めた。『お前はそれでも宗教者のはしくれか！』と天の声に一喝されたような衝撃」を受ける。僧侶には、いかに生き、死者をいかに弔うか、この二つの問いかけが今も続く。

　寺を去り、「24時間営業のコンビニ寺」「オーダーメイドの葬儀」を始め、災害、事故現場に行き、またチェルノブイリ原発でも6年間の医療支援を続ける。戒名、お布施に頼る寺の世襲化を批判し、命の学び場をとしての学校を設けた（5月27日付毎日）。

＊北朝鮮の「棄民」　日本の敗戦後に帰国を急ぐ、旧満洲から南下の日本人は約7万、北朝鮮在住約25万。やむない滞留時の死者は３万４６００人という。飢餓と寒さ、伝染病と低体力、それにソ

連兵の暴行。

　これまで日本政府の主導による収集の遺骨は「ゼロ」。約1千人と思われるこの地の残留孤児の情報もない。民間ルートで数度の墓参が実施されたが、国の支援はなく、「北朝鮮を利する」との批判も。被害の中に育ったある記者は率直に書く（10月10日付毎日）。

＊圧力は打開策なのか　拉致問題に強い意欲を示しながら、安倍政権下での朗報は聞こえない。「対話と圧力」の後者に走り、硬直のまま、一筋の細い対話の道もたどれない。核とミサイルを固守し、人道的配慮のなさは、北側が国際的に非難されるべき問題だ。
　ただ彼らには、日本について、朝鮮半島への侵略と国家分断の怒りが根強く、今なお許しがたく、一世紀を超える歴史的な怨念が消えない。彼らは、日本の姿勢について、根底に驕りを感じ、植民地化と戦争時の反省、謝罪意識の薄さにも興奮を禁じ得ない。したがって、その接点を探る胎動が出ない限り、拉致者、遺骨の帰還、さらに望ましい緊張緩和の方向は生まれにくいのではないか。

＊こだわる米国　朝鮮戦争時（１９５０～53年）に捕虜、行方不明になった米兵の遺骨返還問題が6月のトランプ・金正恩会談で取り上げられ、8月に55柱が返還された。返還可能とされる約２００柱のうちの一部らしい。トランプは退役軍人団体や遺族の働きかけに動かされたという。
　朝鮮戦争で約3万7千人の米兵が戦死、今も７７００人が不明で、うち約５３００人の遺骨が北側に残されている、という。すでに１９９０～94年の収集で２０８の柩が返され、混在し

た遺骨は４００人ほどのものと推計、１９９６～２００５年には両国共同で33回の収集作業で２２０柱以上が収集されたという。

「米政府は、朝鮮戦争に限らず、戦時捕虜・行方不明者の調査に国家レベルで取り組んでいる。国防総省の『戦時捕虜・行方不明者調査局』が包括的に対応を担い、粘り強く行方不明者の調査、身元特定を続けている」と記事にはある（7月28日付読売、など）。

米国の遺骨への取り組みは本来、日本でもあるべき姿だろう。日本政府は敗戦、財政難などの混乱期はともあれ、高度成長期になっても、こうした戦後の対応策に素早く取り組まずに、生ぬるい姿勢でいた。その結果が、いまだに多くの遺家族に悲しみを沈澱させている。

戦友会などの民間有志などの慰霊の作業はさまざまに行われたが、その規模では追いつかなかった。国は、御霊の靖国神社奉納・靖国依存で事足れり、と取られても仕方ない姿勢ではなかったか。

戦闘に関わった旧将兵たちが次第に減り、政府や国会議員らには実感が薄らぎ、真剣さに欠けるのではないか。あくまでも率先すべきは、徴兵制の国策のもとに戦争を進めた国家、政府であるべきで、民間から上がる声に忠実でなければなるまい。

「戦争」に捧げた生涯

＊池田幸一　2月10日死去、97歳。終戦2週間前に旧満洲で召集。戦後3年間、収容先のウズベキ

スタンで土木作業を強制される。帰国後、補償運動に取り組み、90年代に仲間5人と「カマキリ（蟷螂）の会」として国を提訴。最高裁で敗訴するも、２０１０年シベリア特別措置法を成立させ、政府に特別給付金を支給させた。その後も、日本兵・軍属ながら支給対象から外された旧植民地出身者の救済、公式の追悼行事などを日ロ政府に求め続けた。シベリア抑留者支援・記録センター世話人（4月23日付毎日）。

＊秋草鶴次　3月30日死去、90歳。群馬県太田市の農家出身。15歳で海軍に志願。17歳で海軍通信兵として硫黄島へ出征。米軍猛攻のなかで、太もも貫通、手の指3本を失い、瀕死時に米軍捕虜となり帰国。２００６年『十七歳の硫黄島』（文藝春秋）を出版、各地で戦争体験を語る。「戦争に『聖戦』などない」という（4月1日付、5月20日付読売）。

＊江橋慎四郎　4月8日死去、97歳。東京帝大の学生として学徒動員され、43年10月の明治神宮外苑で、東條首相の前で答辞を述べた。「生等（自分ら学生）、もとより生還を期せず」とのことばが残り、戦後は沈黙を守っていたが、後年、「自分が語ることが何も言えずに亡くなった人の供養になる」と話した。

東大教授になり、日本ウォーキング協会会長をはじめレクリエーション協会などで、スポーツ振興に努めた。鹿児島、中京各大学教授、また鹿屋体育大学を創立、初代学長になる（4月9日付各紙）。

＊宮崎進　5月16日死去、96歳。山口県生まれ、日本美術学校油絵科に学び、42年応召。旧満洲からシベリア抑留4年。49年帰国後、旅芸人の哀歓を描いた「見世物芸人」で安井賞（66年）。
　抑留時代の過酷な状況の作品にも取り組んでいたが、90年代にライフワーク「シベリアシリーズ」などを本格的に公表した（5月21日付朝日、22日付毎日）。

＊星野弘　6月17日死去、87歳。東京生まれで、14歳時に東京大空襲に遭う。自宅を焼かれ、焼野原や川から遺体を公園に運んだ。川面に浮かぶ死児がなお母にしがみつく姿が頭から消えなかった。97年、定年退職後に仲間たちと死者の名簿つくりをはじめ、01年に遺族８００人の「東京空襲犠牲者遺族会」を設立し会長に。戦傷病者戦没者遺族等援護法で戦地死傷の軍人、遺族への年金支給はあるが、民間人に補償はない。07年、21都道府県の遺族ら１３１人の原告団長として、国に謝罪や損害賠償を求める訴訟を起こす。１１０人の弁護団を組むも、13年に上告棄却。10年、「全国空襲被害者連絡協議会」を設立、遺族への見舞金、追悼碑設置などを求める運動を推進（6月19日付・8月14日付毎日、8月5日付読売）。

＊中川義照　２０１７年8月21日死去、90歳。山形県生まれで、戦前に開拓団として樺太・敷香に家族と移住。戦後、ソ連の捕虜としてシベリアなどで53年まで強制労働に従事。01年、ロシアの日本大使館に一時帰国を要請、身元確認が難航したが、05年にロシア残留の日本人として初めて確認され、06年7月に67年ぶりに一時帰国。北海道美唄市の妹宅に滞在。カスピ海北西部のカルムイ

キア共和国ユージヌイ村でロシア人女性と結婚していた（9月11日付毎日）。

＊土田喜代一　10月15日死去、98歳。福岡県出身。激戦地パラオ・ペリリュー島に44年6月海軍上等兵として出征、陸戦隊として終戦後2年近く戦い続けた生き残り34人のうちの一人。47年5月帰還。戦後も同島で遺骨収集に取り組んだ。15年4月、両陛下が同島に慰霊に行った際に同行した（10月17〜19日付各紙）。

＊大沼保昭　10月16日死去、72歳。山形市生まれ、東大卒後国際法学者として同大学教授。70年代から日本の戦争責任・戦後責任を研究。樺太残留朝鮮人の韓国帰還運動、慰安婦問題解決のためのアジア女性基金設立・推進をはじめ市民運動に積極的に参加。リベラルな立場の言論活動に取り組んだ（10月19日付毎日など各紙）。

さまざまな戦争後遺症

＊７３１部隊の実名開示　旧満洲ハルビンで、中国人捕虜らの人体実験を重ね、細菌兵器、毒ガス開発などをした旧日本軍秘密機関の７３１部隊。その隊員ら３６０７人の名簿が国立公文書館で1月末から開示された。西山勝夫滋賀医科大名誉教授によると、軍医52、技師49、看護婦38、衛

生兵１１１７人など。西山は、軍医の学位論文は人体実験にもとづいた可能性があるとして、学位授与の京都大学に検証を求める署名運動を進めている（４月16日付毎日）。

＊不発弾処理は戦争責任　戦時投下された不発弾処理の費用は国と市が支払うよう求めた裁判で、大阪地裁の判決が国や市が負担する法的義務はない、とした。これに対して、投書した77歳の大阪人は、これは法令規定を論じる問題ではなく、戦争責任の問題だ、と反論する。国民がこぞって戦争をしたかったのではなく、国民は政府の巨大な失政によって戦争に駆り立てられ、多くの犠牲を出したのだ。判決は「一億総懺悔」と同じ論理だ。原告は自分で不発弾を埋めたのではない。国には国民を守る義務がある。なぜ個人が処理費用を負担しなければならないのか、と問うた（３月３日付朝日投書欄）。

＊戦場体験者の映像　東京大空襲の犠牲者は約10万。３月10日で73年。「戦場体験放映保存の会」（東京都北区滝野川）は２００４年12月の設立以来、約１７００人の証言を収録した。「戦場体験者と出会える茶話会」を各地で開き、若い人たちに戦争を語り継ぐ（３月９日付朝日）。

＊原爆写真をカラー化　ヒロシマの原爆投下３日後、毎日新聞のカメラマンが撮った40枚の白黒写真のうち、４枚のカラー化に成功した。被曝当時の記憶を持つ４人に、当時の街の風景や色などを聞いて、色の調整をした。赤茶けた一面の焼け跡にいくつかの焼け残ったビルがある広角の写真が

掲載された（11月15日付毎日）。

＊「ヒバクシャ」を連載　ヒロシマ、ナガサキと言えば8月恒例の記事のような印象だが、毎日は11月から12月にかけて5回、「２０１８年秋」と銘打って連載した。日赤の元看護婦、被爆体験者、胎内被曝者たちの思いを伝えた。

＊サーローさん母校へ　生涯を核兵器廃絶にかけているカナダ在住のサーロー節子さん（86歳）。広島の母校広島女学院大学で11月23日、講演した。前年ノーベル平和賞を受けた国際ＮＧＯのＩＣＡＮとともに活動してきた人物。13歳の学徒動員先で被曝、大卒後に渡米し、結婚後カナダへ。核禁条約に賛同しない日本政府について「被曝者と国民を裏切っている。無数の人間を大量虐殺する用意がある（核抑止論の）戦略に頼るが、誤った幻想だ」などと語った（11月24日付朝日）。

＊国策紙芝居　国民の戦意高揚のひとつとして、１９３０年代後半から各種業界で作製、配布されたのがこの紙芝居。この２４１点を集め、研究してきたのが神奈川大学日本常民文化研究所の非文字資料研究センターで、『国策紙芝居からみる日本の戦争』（勉誠出版）を刊行した。戦時下で表現の自由が厳しく統制されるなかで、皇軍の活躍、連戦連勝、勇猛なる兵士ら、銃後で支える子どものＩＣＡＮたち、などなど。戦時や戦後に廃棄、ＧＨＱ没収などもあり、総数では約1千点ともされるうちの約4分の1を集めた（7月9日付毎日夕刊）。

＊沖縄戦の遺族は　沖縄守備隊司令官の牛島満は、米軍の「鉄の暴風」と言われた猛攻に遭い、１９４５年６月、自決する。この時の日本人の死者は約18万8千人、米軍も相当の犠牲を出した。牛島の孫、65歳の貞満は、命日には家族で靖国神社参拝する一方、高校生の頃から次第に旧日本軍の侵略行為、沖縄戦での住民への対応などに疑問を抱き始めた。

小学校の先生になり、94年家族と一緒に初めて沖縄に行く。糸満市の旧平和祈念資料館で、祖父の「最後まで敢闘し、悠久の大義に生くべし」との命令が掲げられ、その解説に「この命令で最後の一兵まで玉砕する終わりのない戦闘になった」とあった。衝撃を受けた。

彼はその後、毎年のように沖縄に行き、祖父の足跡を追った。「優しい人だった」と多くの人は話したが、彼は「旧日本軍は国民を守らなかったというのが、沖縄戦の教訓」という。

教職を離れて、月に４、５回、中高生に沖縄戦、基地問題などを話す。「有事の際、自衛隊は国民を守ってくれるのか」と思いながら（10月９日付毎日夕刊）。

＊沖縄に散った学友偲ぶ　一橋大（旧東京商科大）で戦没した先輩たちの追悼行事を続ける「一橋いしぶみの会」が11月23～25日、同大で先輩の足跡を追う展示をした。沖縄で戦没した10人の先輩を追った。この会は戦没ＯＢ８２６人の情報を把握しているという（11月24日付朝日）。

＊日台を結ぶ海峡の寺　１９８１年、台湾の高台に日本寺の潮音寺ができた。３年前から毎年、戦没者の慰霊祭が行われる。台湾とフィリピン間のビシー海峡を見渡す。この海峡は戦時、「輸送

船の墓場」と呼ばれたほどで、日本軍の輸送船が米軍の魚雷に沈み、犠牲者は10万ともいわれる。建立は、この海峡で九死に一生を得た故中島秀次さんが、慰霊塔建設の地を探す間に、高雄で土産物店を経営する台湾人夫妻と出会い、一緒に建立の適地を探すうちに心が通い、寺の建立となった。17年には夫妻が寺を全面改修してくれた。日台の戦争を超えた交流が続く（11月29日付毎日）。

＊現上天皇、ご夫妻慰霊の旅　皇太子時代１９９３年の初訪問を含めて、天皇としての沖縄行きは11回目。３月28日、退位前の最後の慰霊として、18万柱の眠る国立沖縄戦没者墓苑に詣でた（３月28日付毎日）。天皇の戦乱の地の慰霊訪問、８月15日の全国戦没者慰霊式、災害地へのお見舞い激励の旅など、国民の苦難への思いの強いことは、その活動から読み取れる。また、それは戦争の愚かさを伝える儀式でもあったのではないか。

＊空襲被害者の怒り　米軍による空襲は東京、大阪のみならず、全国各地の主要都市を狙い、銃後の人命を奪い、家を焼き尽くし、生活基盤の農地や工場などを破壊した。被害者は１９７２年、全国戦災傷害者連絡会を結成、当時の社会党と連携して国に補償を求めた。73年から89年まで、社会党など野党は、戦時災害援護法案を14回提出したが、自民党などの反対ですべて廃案に。２００３年、自衛隊がイラクに派遣されると、運動が再開する。「戦争をしたら、国は被害者に補償しなければならない」ということをわからせたい、そんな気持ちから08年、23人が国に謝罪と補償を求めて訴訟を起こす。だが、大阪地裁、高裁で敗訴、14年に最高裁で確定する。名古屋、東京

でも敗訴。その論理は「戦争被害受忍論」、つまり戦争で被害を受けたのは国民全体、だからみんな我慢、というもの。でも、元軍人、軍属、引揚者、被爆者たちは補償を受けた。国民全体の我慢論は説得力を欠く、として納得がいかない。戦争に奪われたための義足すら、個人のやりくりで買わざるを得ないが、生計が立たない。そうした実態への思いが消えない。

10年、全国空襲被害者連絡協議会が結成され、超党派の国会議員連盟ができる。空襲被害者救済法の制定を求めて、活発な動きが進められる。安倍首相に近い元官房長官の河村建夫が議連会長となった。だが、議連内にも救済対象者の範囲などで異論もあり、相変わらず進展が見られない（5月20日付毎日）。

苦しむ残留孤児

＊中国残留孤児の日本　2018年は日中国交正常化から48年、日中平和友好条約42年になる。40歳になる残留孤児2世の女性が、所沢市に18年7月、デイサービス施設を開いた。17歳で両親と帰国、定時制高校に通ったが日本語がわからず、給食も独りぼっち。両親も日本語が話せない。でも、彼女はヘルパーの資格を取る。所沢には、帰国者が日本に適応するために4ヵ月間学ぶ「中国帰国者定着促進センター」があり、そのまま周辺に住み着く人々が多かった。その孤児たちも老いてきている。

やはり中国から3歳の時に引き揚げてきて、孤児たちとの交流ボランティアに取り組む74歳の元銀行員が、かつての孤児たちが高齢化し介護の必要に置かれていることを知って、彼女とともに動いた。彼女はマンションを借り、自宅を施設として提供した。せめて老後は穏やかに、と記者は書いた（8月23日付毎日夕刊）。

＊孤児だって歳をとる　終戦で、中国から１００万以上の人たちが引き揚げた。子どもや女性が取り残され、暴力の犠牲になり、傷つけられ、子を捨てて、といった苦難・苦悩があった。

　１９５８年、集団引き揚げが終わる。59年、未帰還者特措法ができて、残留孤児らの戸籍は「戦時死亡宣告」の末に抹消される。肉親たちの消息を求める動きが出るが、日中の政治的対立、文化大革命、周恩来の死などが阻んで、遅々として進まない。

　１９７２年の国交正常化、78年の条約締結を経て、81年に初めての残留孤児訪日調査団によって47人の血縁関係が判明、99年までに30回の訪日で２１１６人の血縁関係が認められた。

　厚労省による18年10月の記録では、孤児総数２８１８人（うち身元判明１２８４人）、永住帰国は家族を含め2万９０７人、一時帰国は延べ６０３４人、家族を含めると1万１４０人。

　いま、孤児の高齢化や孤老化が進む。不自由な日本語、不慣れな社会への適応が続く。神戸市では共同墓地が計画される。生活保護の不正受給や犯罪などが報道される……課題は尽きない。

　国家や政治に翻弄された結果、その一人ひとりに苦難、迷い、悲しみ、感謝などの喜怒哀楽を残している。こうした人為的な結果の対応に、国家や政治は鈍感すぎはしないか。

＊山本慈昭のこと　山本は残留孤児問題では、忘れてはならない存在。長野と岐阜県境にはさまれた、天竜峡に近い長野県阿智村の長岳寺住職山本慈昭は終戦の年、この村から満蒙移民の「阿智郷開拓団」派遣に伴い、教え子の国民学校の児童たちと、妻子3人を連れて旧満洲にわたる。だが、3カ月でソ連軍が侵入し、山本はシベリアに抑留される。

47年、やっとの帰国が叶うが、妻子3人は死に、開拓団約２１５人のうち帰還できたのはわずか2割ほど、教え子で生き残ったのは51人中６人、と聞かされる。１９６４年、山本は地元に近い天竜川の平岡ダムで戦前、いのちを落とした中国人労務者の遺骨62人分を携えるとともに、自分たちもせめて遺骨収集を、と思い立って訪中、運よく首相周恩来に会えて歓迎はされたが、遺骨の件は認められなかった。翌65年には残留孤児の存在を知って、厚生、外務省、国会議員などに働きかけたが、これも不調。

69年、帰国した一人が死の直前、意外な事実をもらす。じつは団員のうち、山本の妻と次女は死んだが、長女と15人の教え子はその命を救うため、中国人に預けた、という。これが、山本の孤児探しの気持ちに火をつけた。70年、ＮＨＫなどにより中国にも連絡を求める放送が流れた。

72年の国交正常化を機に、引揚者たちの「日中友好手をつなぐ会」が発足、また孤児と肉親の再会第1号が実る。報道も活発化、国内ばかりでなく中国各地の情報もあって、80年までに３００人余の身元がわかる。

この年、訪中時に、吉林省で30人ほどの孤児に会い、ほかに３００人もの孤児たちが集まった。82年の二度目の訪中調査で、ついに黒竜江省で長女に会えた。彼女には家族もいて、即帰国とはいかず、のちに永住帰国を果たした。山本は86年までに9回の現地調査をしている。

厚生省の調査は75年に開始されたが、芳しい成果は出ず、山本は80年に厚相園田直に会い、山本の進める調査に予算をつけさせた。国は翌81年、集団訪日調査を始めて47人中24人が判明した。

山本は、家庭の事情で近親者のもとに戻れない帰国した孤児を自宅に預かったり、帰国前に日本語を学ぶ学校をジャムス（佳木斯）市に開いたりした。87年、北朝鮮に渡り残留孤児問題に取り組むが、不調のうえ、持病のぜんそくに倒れ、帰国。90年、88歳で他界。

関東大震災での悪行

＊95年前に学ぶ　２０１８年9月1日、関東大震災から95年経った。南関東の東京、横浜を中心に10万5千人の犠牲者が出た。だが、災害の痛みをさらに痛めつける事態があった。
それは、天災による第一次被害のあとの、悪質、かつ人為的な第二次の加害事件だった。朝鮮人が「井戸に毒を入れた」「暴動を起こした」などの流言飛語が広く流れ、戒厳令が出され、軍隊も出動した。組織的な軍部、警察の過剰警備、抑圧に加えて、流言に惑わされて各地に自警団が組まれ、在留の朝鮮人、中国人らに対する暴行、殺害が相次いだ。裁判に出された犠牲者数は２３３人、朝鮮総督府の見込み数は８１３人、朝鮮の留学生によると数千、中国人も数百人いた、という。

今なお続く事件の掘り起こしに、朝鮮人遺族が来日した。「現在と地続きの出来事」と見る作家の記事が取り上げられた。植民地支配の強化に拍車をかけた、とも見る。

一方、東京都知事小池百合子が、この慰霊祭の行事に恒例だった追悼文を送らないことを決めた。震災犠牲者全体の慰霊行事に挨拶を送っているので、それに一本化しただけ、という。記者は「在日コリアンに対するヘイトスピーチの拡大か」と見る（８月30日付毎日夕刊、９月１日付、３日付同紙、12日付同紙夕刊）。

＊樹を見て、森も見よ　よく知られた事例では、甘粕事件（アナーキストの大杉栄、伊藤野枝ら３人を軍が虐殺）、亀戸事件（労働運動家10人が亀戸署に不当検挙され、軍、自警団により刺殺）、朴烈事件（在日の無政府主義者朴烈＝無期懲役＝、妻金子文子＝獄中自殺＝を天皇暗殺の大逆事件がらみで検挙、震災時の混迷隠しに、話題の抱擁写真を撮り流出）、さらに17人が犠牲になった群馬の藤岡事件などがある。

震災に名を借りた当時の反社会分子の制圧行為、その制圧に同調する国民の支持喚起が狙いで、１９２３（大正12）年のこの事件は軍部台頭の契機にもなった。根底には、当時の朝鮮、中国を見下す差別的雰囲気が強くあり、彼らを犠牲にすることで被災についての政府への不満などをかわそうとした、と見られる。この他民族に対する行為は、日本と朝鮮、中国の交流を断つもので、また憎しみによる戦争の大義名分をつくりだすことにもなっていた。

小池知事の行為は、〈95年も前の出来事はもう忘れたい、なぜ当事者でもない私が対応するの、私らの時代にはもう関係なく、批判を浴びてまで挨拶を送ることもない〉といったところだろう。

それにしても、権力者にとって、戦争にまつわる、忘れてしまいたい事柄は数限りなくあり、また鬱陶しいことなのだろう。

回顧される戦争

＊第一次世界大戦１００年　２０１８年11月11日が休戦協定締結１００年目のこの日、パリに80以上の国々の首脳や、国際機関代表が招かれた。大戦は１９１４年、オーストリア皇太子夫妻が暗殺されたサラエボ事件をきっかけに、英仏ロなどの連合国と、ドイツ、オーストリアなどの同盟国が世界規模で戦いはじめた。アルザス・ロレーヌ地方の仏への割譲、ドイツへの過大な賠償金などを課したベルサイユ体制は、敗戦国側の不満を醸成、ついにはヒトラー、ムッソリーニを生み、戦争が戦争を呼び、第二次大戦の火種をまいた。

　マクロン仏大統領は「自国の利益第一で、他国は構わないというナショナリズムは背信行為。いま一度、平和を最優先に」と発言。台頭するポピュリズムにくぎを刺した。一方、ドイツのメルケル首相は「独仏の友好関係は、互いにたくさん顔を合わせること、一緒に様々な事業を手掛けていくことで強化される」。両者はＥＵ加盟国の連携を深めることで一致しているが、見通しは明るいものではない（11月13日付朝日）。

＊東京裁判判決70年　18年11月12日の70年を迎えて、東大で国際シンポジウムが開催。ドイツのニュルンベルク裁判と東京裁判について、「勝者の裁き」以外からの視点で論議される（11月13日付朝日）。関東学院大学での講演会など、各方面でイベントがもたれた。

＊処刑の人、反省の人　文官で一人A級戦犯として絞首刑になった元首相広田弘毅。その孫の弘太郎は18年に80歳。小学4年のとき、判決後の祖父に会う。戦争に積極的に関わった軍人たちと外交官出身の祖父が、同じ靖国神社に祀られていることに「違和感をぬぐえない」と漏らす。

また、ＢＣ級戦犯として重労働20年の判決を受け、56年の減刑まで巣鴨プリズンに捕まった人物が、16年に93歳で死亡。直前に捕虜虐待、住民虐殺など自分の戦争犯罪を告白した。生前、首相の靖国参拝について「戦争を反省せず、逆に正当化しかねない」と批判していた。

その人物が取り組んだのは障害児の医療支援などの福祉財団で、そのもとで働いた77歳の部下が彼をたたえる。エネルギッシュな社会運動家だった、という。その人の著書をアピールし、撮影された映画の上映を支えている（11月13日付朝日）。

70余年後の今は

＊進む学会の軍事研究　日本学術会議が、軍事研究の規制について新しい声明を出したのは

2017年1月。戦後、軍事研究否定の立場を堅持、各学会に研究指針の作成を求めてきたが、各学会の動きは鈍い。一方、政府は「軍事と民生の統合」を進める。要は軍民連携、である。

学会とすれば、政府の研究費削減の傾向が強まるなかで、防衛省など政府機関との協調は研究予算確保のうえで、極めて魅力的だ。政府の「総合科学技術・イノベーション会議（CSTI）」の議長は安倍首相で、首相肝いりの新組織。官邸主導で、防衛相も参加して産学官連携の強化を目指す、という。

防衛省が100億円以上もの資金を出す安全保障技術研究推進制度の説明会には、今年約160人が集まった。公募に応じた大学などの研究者で採択されたのは33件、論文や学会発表は101件、特許出願17件。日本機械学会など96学会の入る日本工学会は、学術会議の声明に対応しないと決めた。人工知能（AI）学会は沈黙という（3月30日付毎日）。

＊軍事研究規定なしが7割　日本学術会議によると、軍事研究に関するルールを決めている大学は3分の2がすでにあるか、検討中だったのに対して、国立研究開発法人では7割がルールなし、だった（9月23日付毎日）。

＊軍事研究に「指針」4割　日本学術会議が135の軍事研究の大学・研究機関を調査したところ、うち59ヵ所が軍事研究に対する指針があると答え、25ヵ所が検討中、だった。回答を寄せたのは183大学と研究機関の4分の3だった。

また防衛装備庁の制度に応募したことがあるものが30ヵ所あった。審査手続きやガイドラインのあるところが46で、半分は学術会議の声明が出てから作った。このほか30ヵ所は「検討中」、41ヵ所は「検討もしていない」だった（4月3日付朝日、4日付毎日）。

日本学術会議の山極寿一会長（京大学長）は、先輩の湯川秀樹、朝永振一郎博士らが「新たな発見や発明が軍事につながることに強い警戒心を抱いていた」と言い、京大では軍事につながる研究はすべきでない、との合意に達した、という。また、防衛省関係の研究のゴールが軍備につながる危険性があることを懸念する。人を育てる場で軍事目的の研究はすべきでなく、留学生が関われないような研究は学内では避けたい、と言い、したがって企業や他の研究機関とは一線を画したい、と述べる。また、「国民の知らないうちに、科学技術に関する国の仕組みがどんどん変わっている現実に議論もせずに黙認する」ことを懸念する（6月4日付毎日）。

北海道大学は、防衛装備品に転用可能な基礎研究を助成する防衛省の公募制度から辞退することにした。「船などが受ける水の抵抗を小さくする研究」で、すでに２３３０万円の助成を受けてきたが、継続を辞退した。15年度以来9大学が助成を受けていたが、辞退は初めて。「日本学術会議の検討結果を参考に」した、という（6月9日付毎日）。

＊原爆投下を容認？　時代が変わり、ヒロシマ、ナガサキの重い認識が薄れたのか。韓国の大人気の7人組による「ＢＴＳ（防弾少年団）」が原爆を象徴するキノコ雲をＴシャツに印刷、テレビ朝日は出演を見送った。ナチス連想の旗をコンサートで使った。また、米人気ミュージシャン「ＤＪ

スネーク」の歌詞に「尻がナガサキのように爆発」とあり、日本法人の変更要請に応じた。日米野球の広島大会に訪れたレッドソックスの投手が原爆ドームの動画に「原爆！」という文字と爆弾のスタンプを張り付けて、謝罪に（11月16日付朝日）。

小さいことのようだが、被爆者はまだまだあえいだ生活の中にある。知らずに、相手国の感情を逆なでするのは、世界的に大きな問題であり、無智とはいえ軽視できないことだろう。時代を経ても、配慮は必要だ。他国、他民族への配慮が求められよう。勝者の米国でも、原爆投下の責任を問う声がくすぶっており、時は流れても慎重な姿勢を維持したい。

将来へのマイナス展望

＊「だまれ！」再現か　防衛省勤務の30代の3等空佐が国会周辺で、民進党の参院議員に「お前は国民の敵だ！」と暴言を吐いた。のちに謝罪し、統合幕僚長が「いかなる理由があっても許されない」と発言。文民統制下での威嚇の言動は、戦前の38年の帝国議会で国家総動員法案の審議中、答弁に立った陸軍中佐佐藤賢了が「黙れ！」と怒鳴った事件を思い起こさせ、話題になった（4月20日付朝日、5月16日付毎日夕刊など）。

＊イラク日報の隠蔽　自衛隊のイラク派遣時に、政府は自衛隊の活動範囲を「非戦闘地域」内とし

てきたが、現地の日報（活動報告）には「戦闘」「銃撃戦」などのことばが使われていて、現地の宿営地周辺で攻撃があったことがわかった（4月17日付朝日など各紙）。

モリカケ問題に絡む首相秘書官のウソ答弁、「首相案件」文書の発見までの官僚の虚偽答弁、責任の下僚への押し付けなどの相次ぐ事態に、評論家の保坂正康は「東條内閣と同様の時代が来ている」と見る。官僚機構の内閣への屈服、官僚機構の腐敗と道徳的退廃、さらに終戦直前の高級官僚らによる記録文書焼却命令などを挙げてもいる（4月21日付毎日）。

＊防衛予算、つまり軍事費の増大　「安倍政権になって、防衛予算の特別扱いが目立つ。」（9月1日付、12月9日付朝日）。以下、同紙のポイントを記そう。

19年度の概算要求は当初予算比で2・1％増、総額は過去最大の5兆２９８６億円。膨大な借金財政のなか、防衛費の要求額は8年連続で増え続ける。

12月にまとまる防衛計画の大綱、中期防衛力整備計画（中期防）の改定では、さらに拡大した軍備増強が盛り込まれた。5兆円前後の規模、ＧＤＰ（国内総生産）1％弱などの現状は破られ、さらに歯止めがなくなっていく。

そして、これからの安全保障上の新課題として、従来の陸海空の区分けにとどめず、宇宙・サイバー・電磁波といった新領域の活用を考える、という。

たとえば、陸上配備型迎撃ミサイルシステム「イージス・アショア」（予算計上２３５２億円）を導入する。また、レーダーに映りにくいステルス戦闘機Ｆ３５Ａ、42機（約6千億円）を米国から買うが、30年間の運用維持費込みだと約1兆3千億円を要するという。しかも追加分として70～100機を買う方針もある。

しかし、このイージス・アショアの決定は突然ひるがえされた。2020年6月15日、河野太郎防衛相は記者会見で、配備計画停止を表明した。

この軍事費の増大傾向は、敵基地攻撃能力に進み、海自護衛艦「いずも」の空母改造化や垂直着艦用戦闘機F35B取得に着手し、北大西洋条約機構（NATO）の対GDP比2％目標に向かいそうだ。自民党内では、中期防への提言として、これらの推進の声が高まっている。

憲法上も国際法上も認めない先制攻撃とは一線を画した「巡航ミサイルをはじめ『敵基地反撃能力』の保有の検討を促進」するという（5月26日付朝日）。

安倍政権下では、トランプの「バイ・アメリカン」政策に乗って、米国から兵器を買う有償軍事援助（FMS）が急増、19年度だけでもミサイル迎撃用の陸上イージス、F35戦闘機購入などで6917億円、12年度の5倍にもなる。しかもこの関係の予算は後年度に膨らみがち。トランプは、対日赤字削減策として米国製兵器を買わせて対応させようとするが、これは歯止めなく防衛費を拡大させるばかり。これでいいのか、と同紙の社説は言う。何しろ、米国製兵器の購入額は、10年前の10倍以上に膨張している。

＊手は打てるか、この現実　これは、敵のミサイル基地をたたく敵基地攻撃能力であり、相手国の緊張と対抗措置を刺激、ひとつ間違えば戦争を招く。つまり、近年の軍事増強計画は、反憲法的逆

コースの方向へ実態として変えていこう、というものだろう。

兵器は次々に性能を向上させ、新型を持ちたくなって、開発が強まる。すると、他国も「国を守るため」として、対抗して増強する。いたちごっこの競争であり、その状況下でたがいに相手側を疑惑と敵対、さらには嫌悪、憎しみの眼で見るようになり、批判非難の応酬がさらに対立を刺激する。そして、戦争の下準備を本格的に始めることにもなりかねない。

「一強政治・弱小野党」のもと、政府・与党は数の力で国会の論議を抑え、一方の野党は心もとない、核心を突かない追及ぶり、という状況下で、兵器増強競争が具体化していきかねない。政治の流れは、氾濫した川のように、流れ出したら勢いのままに突進する。目前に怖さが見えかけている。打つ手はなにか、打つ手はだれが動かすか。そして、国民各層は立ち上がるのか、あるいは気付かず、追随するのか。

核政策の懸念

＊核廃絶か、温存・依存か　核保有国グループ、核の傘依存グループ、核禁止グループの3群がある。日本の多数意見はヒロシマ、ナガサキの経験から禁止グループに入るだろう。だが、日本政府は核の傘の下にあることから、依存しつつ禁止を求めて動く、という。

理想を追い続けるか、現実に妥協するかの岐路で、日本政府はあるべき大きな未来よりも、短視眼的に現実の道を選んだ。どうせ核兵器は使われないさ、との思いもあったのか。ただ、口先では、保有国と禁止主張国との橋渡し役をする、という。原爆犠牲国として、禁止の方向に動かない論理が見えてこない。

いつの間にか、「日米同盟」が定着、「同盟」とは言いがたいほどに追随し、アジアでの日本の姿勢は見えにくくなった。軍備調達だけではない。沖縄でも、不平等条約である地位協定の見直しを言い出さず、宜野湾の基地退去に代えて、辺野古に嘉手納基地同様の永久的な基地を造成、提供する。

核問題以外でも、日本の姿勢は狭くはないか。たとえば、韓国最高裁の判決に抗議するとしても、植民地以来の歴史的な、沈潜した怒りが歴史の根っこにあること、あるいはかつてないほどの教育レベルの上昇に伴って、若い世代に生まれている多様な感情に対する無配慮も望ましくない。おのれと相手との関わりを長期的に見、もっと目を広げてみるべきだろう。

＊核なき世界へ　18年11月の国連総会の軍縮協議の委員会で、「核兵器禁止条約の署名・批准を求める決議案」（条約は前年7月に１２０ヵ国超で採択）に、日本は米国やロシアなどの保有国とともに反対した。

また、日本が主導した「核兵器廃絶決議案」は、25年連続、１６０ヵ国の賛成で採決された。17年同様に核禁条約に触れず、禁止主張の条約推進国の一部と、昨年賛成した保有国の米仏が棄権した。そして、二股をかけたような日本の姿勢に落胆と批判が出た。

被曝者に思いを馳せ、人道的に「核なき世界」の理想の旗を揚げ続ける。それが、日本ではないか、との趣旨を社説は説く（11月19日付朝日社説）。

・・・・・・・・・・

戦前の日本の歴史は自国の繁栄、あるいは、未開発のアジア諸国の支援のためという名目で、「皇国の弥栄」「八紘一宇」「五族共和」などとうたった。

その名目のもとに戦争の道を選び、国民を束ね、統括した。いま、政権党を中心に「平和・安定」を言いながら、他国との外交や交流による理解や和解の道よりも、まずは「防衛」の名による軍備増強政策にウェイトを置く。

軍備増強は国際緊張のもと、いつか憎悪による敵対的な相手を作り出し、軍需産業の繁栄が低迷すれば、軍備を活用→消耗→再生産の道をたどり、破綻寸前にまで進みかねない。

権力者から流れ出す言葉に乗せられてはなるまい。「平和・安定」を真に望むのなら、長期的に具体的な外交・交流の方途を生み出して進まなければなるまい。

「戦争というもの」は、徐々に間違った道に誘い込む。しかも、国家権力は時間をかけて、時に弁舌のうまさによって惑いの論理を提供し、さらに法制度を腕づくで組み立てる。その手口は、熟視していかないと、見落としたり、見抜けなかったりすることで定着してしまう。

それでも日本の戦前は、われわれに大きな反省材料を残してくれた。もういちど、十分に疑問を持ちつつ、国の方向と流れを見定めていきたい。

第12章　「戦争は悪」を原点に

「戦争」をどう考えるか。

成り行き上、やむを得ないものなのか。あるいは、回避する努力が不足しているのか。

「平和」は努力なしに、維持していけるのか。努力することで、守り抜けるものなのか。

国家権力は、戦争によるメリットを求め、あるいは攻撃の危機を感じて、過剰防衛的に軍事力に頼るのか。「平和のために」として、戦争への道を求める論理を説いてはいないか。


民主主義という仕組みは、個々人の考え方を尊重して成り立つ、という。だが、いざ国民全体が難関に立ち向かう事態ともなると、国家なり、自国なりが前面に立って、民意に耳を傾けることもなく、「個人」よりも「国家」を優先させていく。個はもろく、組織・集団が発言力を強めてくる。そして、日ごろの「防衛」に名を借りた「軍備増強」が浮上してくる。軍事的産業が動く。徐々に蓄積されてきた対立勢力への嫌悪、憎悪が高まる。そこに戦争がなくならない一因がある。

こうした状況が進んだ時点で、個々人の「平和」への思いや、それを守る決意が、日ごろどこまで身についているのか、が問われる。「平和」というお題目は、左翼も右翼も、普通の市民も口にする。だが、どこまで「平和」を考え、そのために努力があるのか、それが問われるのは「戦争」の事態に接近したときだが、すでにブレーキはかかりにくい状況になっている。

平和をのどかに謳歌しているだけでは、「戦争」は回避できない。

これまでは、11章にわたって、「戦争というもの」をできるだけ広い範囲でとらえてきた。最後に締めくくりとして、戦争を回避する姿勢について考えてみたい。

〈1〉「戦争は悪」を基点とする理念こそ　戦争は、誰もが求めるわけではない。しかし、ひとたびその方向に進むと、止められない。一部の反対論があっても、ひとたび戦争への傾斜が始まれば、その方向に流されるのが、これまでの史実であり、その傾向は改められてはいない。

だからこそ、根本的に「戦争は悪」という徹底した風潮をつくらなければならない。「殺人は悪」とする気持ちが多くの人々の道義心にあるように、戦争についても、子どものころからそうした考えが徹底して身に着けられなければならない。教育の意味は大きい。

確かに、現行憲法を制定した際に、国民のほとんどは「戦争放棄」の理念を大いに歓迎し、それを守る機運も広がっていった。しかし、今はどうか。イラクを見、米中の関係をさぐり、日本の軍事力拡大などの現象を目の当たりにしてわかるように、憲法制定時の誓いは薄れた。戦争の悲惨さが次第に、若返る国民の胸から遠ざかることで、初心が薄れていく。

だからこそ、不幸、悲惨、非生産的な根源である戦争自体を、「悪」と位置づけ、時代とともに「悪」が蘇らない教育を幼時から徹底することが必要だ。

〈2〉戦争による犠牲・悲惨を心に　第二次世界大戦の犠牲は2千万人を超える。その被害数は、厳密には数え切れていない。日本兵の遺骨は75年が経ついまも、収容されない。一人の犠牲者の家族ら身辺の悲しみ、厳しさは、いまなお癒えていない。犠牲者一人ひとりに、数倍の苦悩が付きまとい、その痛みは数十年、あるいは一世紀を超えても持続する。しかも、それは敵対し殺し合った双方に、あるいは巻き込まれた第三者にも及ぶ。

戦争の痛みが次第に薄れたとしても、おのれの身に降りかかる可能性が否定されない以上、この地球上の各地で今も展開されている戦争の苦痛を思い、その状態にわが身を置いたつもりで、戦争の絶滅を考えることも大切だろう。戦争自体を経験することはないが、より実感に近い形で戦争というものを考えたい。同時に、個々の人々の苦痛にとどめず、政治、経済、各制度に組み込まれがちな戦争の「気配」に敏感でなければなるまい。

戦時の際の人的、物的、心的な消耗は、その差こそあれ、敵味方とも同様である。戦後に求められる消耗損失の復旧には、無駄な投資が必要になる。この分だけでも、前向きな投資に使われれば、どれほど社会全体を潤すだろうか。

〈3〉憎悪のあおりを許さない

近隣諸国、諸民族に対して向けられる憎悪、ヘイトの言葉が、出版物、映像、そして街中の宣伝活動などにあふれ出している。国情、宗教、生活風習、日常の思考、教育の実態といったそれぞれの違いには、立場によって違和感が生まれることはありうる。だが、そのありようを、一方的におのれの側が正しいとして攻撃できるものか。しかも、誤解を誘う誇大なアピールは、相手側にも同様の不快感をもたらし、相互理解の道を閉ざし、差別や攻撃の感情を生み、高める。

かつて、日本人の間には朝鮮、中国への蔑視的言動が流され、普遍化さえしていった。それぞれの国や民族の特性に目を開かない傾向は、均質度の高い島国の日本ではとくに注意が必要だ。

この憎悪の風潮は、対立や確執、あるいは戦乱を生み出す土台になりがちだ。憎み、軽侮し、相手の事情や生活環境、国情の違いなどを誤解させることで、火を放てば極めて燃えやすくなり、敵対感情を高揚させる。そうした愚は、戦前すでに経験済みであり、これ以上井の中の蛙になってはならない。そうした意図を持つ一部のアジテーター・グループの教宣活動に煽られてはなるまい。

狭隘なナショナリズムの広がりは、戦争への準備段階、と言えよう。

〈4〉政治の「大義名分」を疑う　戦争を仕掛けるとき、国家は自らの正当性を主張するために、「大義名分」を考える。国際的な批判を避けるとともに、国内の民意を納得させるためでもある。

日清戦争は、朝鮮側が清国に武力的な国内沈静化を求めたことに対して、日本はこの機を待っていたかのように「居留民保護」を名目として参戦。日露戦争は、ロシアが満洲からの撤兵に応じないことから、朝鮮半島などの「安全保障」を名分に出兵した。満洲事変は、柳条湖での軍部の謀略を拡大させることで、むりな大義名分を立てて戦闘を始めた。日清、日露、日中戦争いずれも、総じて言える本当の狙いは、大陸への侵出だった。

「戦争」を仕掛けた戦前の政府、軍部には、敵対感、憎しみの高揚、それに制圧によって獲得できるメリットのアピールなどが目立ち、国際社会の理解を誘う主張はなかった。国家の不正義、無分別、仕掛けの虚偽などが平然と打ち出されて、自己主張のみが目立ち、説得性を欠くものだった。

では、現代の社会ではどうか。

トランプ大統領の自国ファースト主義は、国内外に波紋を投じている。おのれの国をまず大切にする——その大義名分は間違いではない。だが、それは大国の腕ずくによるところに問題がある。

相手側との協議や配慮、妥協や納得などが省略されていないか。強大国として、わが道ばかりを突き進む、そのような国際情勢ではない。

安倍政治が「戦争」に向かうとは思わない。しかし、トランプ流儀に甘える姿勢は望ましくはない。政治は、自国や支持層にのみアピールできればいいのではなく、むしろ批判層、反対層を納得させるほどの説明がなければならない。安倍政治の「大義名分」はなにか。抽象的な美辞を連ねるが、納得のいく説明責任が果たされないところに、大事に至った場合の日本に不安が残る。日本は、周辺にあるアジア諸国との関わりをもっと強め、相互の理解を高めるといった和平努力が必要だろう。

海上進出を狙う中国にしても、近隣諸国の理解もなく武力大国として人工島をつくるなど、説明と納得の乏しい姿勢で臨むかぎり、どこかで緊張の糸が切れる時がくるのではないか。

〈5〉権力は国民を束ね、支配する　戦前の国家、政府は、意に沿わない国民大衆を各種の法制度で拘束し、戦争という単一方向に向かわせることに全力を投じた。議論などは許さなかった。

今、民主主義の社会ではどうか。多種多様な議論が交わされ、その集約された意思が、現実に生かされているだろうか。議論の省略、説明の不足、強硬な採決、多数の横暴……そのような国会審議の批判が出る昨今、民主・立憲の姿が保たれているだろうか。

強大な権力システムは、崩れだすと早いが、その状況下で決められた仕組みなどはそう容易には変えられない。民主主義は、その統治のために国会であれ、企業であれ、自治体、町内会であれ、一部の代表に決定をゆだねることになる。しかし、その代表機能がゆがんで、一部の意見だけの遂行に堕すなら、民主主義から遠ざかる。その点を、常に監視し、邪道への突進を回避しなければならない。だが、それは容易ではない。

国家権力は、国民の多様な発言を期待しているか。むしろ、さまざまな法制度や運用によって、一定の方向に束ねようとしていないか。うっとうしい多様な民意を、独断的にまとめ、束ねようとしていないだろうか。

個々人への配慮と尊重――これが本来の民主主義の理想だが、事を素早く、意のままに進めようとすると、民意の確認を欠きがちになる。国家の緊張時には、さらにそれが省略される。戦争を招くような事態になると、ますます強烈に発揮される。「個」の尊重こそ、民主主義の根幹であるべきであり、戦争遂行の便利のために「国家」を上位においてはならない。

〈6〉軍事増強のもたらす不安　戦時下の国家予算には、膨大な軍事費が計上された。軍事費の増大は、軍需産業を潤す。兵器や銃弾などの消耗は、さらなる供給を呼び、再生産を促す。銃後の軍需産業は、自らに犠牲者を出さず、作れば作るほど儲かる。大陸に進出した財閥系の企業が戦前、軍部、政府に密着し、新兵器の開発や兵器の消費に力を注いだ。また、徴兵制度によって戦地に送り出した兵士たちは、コストの低い、単なる消耗品のように扱った。

このような仕組みも戦争を生み出しやすくする。

そうした政軍財の一体化による戦線の拡大は行きつくところ、日本では７３１部隊の暴虐を生み、ドイツではヒトラーの独裁と大量虐殺を進め、米国はヒロシマ・ナガサキの新兵器による殺戮を強行させた。戦争が進めば、こうした究極の姿をさらけ出す。

動き出した戦争は止まらない。安倍政権になって軍事予算は膨張し続けて、２０１９年度予算からは５％を超えた。戦前の国家財政の軍事費からすれば、小さいものだが、戦争放棄を打ち出した日本としては巨額だ。しかも、トランプ大統領の要望を入れたかの重装備の新兵器購入である。さらに、敵基地の先制攻撃までが、検討課題にのぼり、攻撃性の高い空母改造が進められる。

軍備の増強は、周辺国に警戒を招き、それらの国でも軍備の増強に拍車をかけることになる。この軍拡競争は、いつか衝突を招くことにもなりかねず、和平を進めるべき外交交渉に疑心暗鬼を生み、破綻に導くことにもなる。

〈7〉繰り返される戦争賛美の風潮

子どもたちは、戦争の悲惨さを知らない。むしろ、戦闘機や軍艦などに、カッコいいイメージを持ち、戦争を否定しない。自分自身は戦場に赴くことはないし、戦闘は見栄えがいい、と思わせる世界にある。だから、戦争をやって、領土を広げ、日本の高揚策はいいじゃないか、となってくる。

戦前の子どもたちの夢は、軍人になり、国のために死ぬ、といった思考を植え付けられた。美化された戦争礼賛の考え方は、とかくものの見方を狭め、自国ファースト、対立国蔑視の立場を盲信しがちになる。偏狭な愛国心は、長い負の歴史に学ばず、いつしか他国との関係をゆがめ、対立を誘う。

このような姿勢は、一定の支持層が生まれると、一部のマスメディアはそうした立場を謳歌するように報道し、その傾向に拍車をかける。過去の歴史から都合のいい解釈を拾い出し、威勢のいい一方的な、狭い考え方を鼓吹する。それは、あまり深く考えない階層をとらえることにもなる。国際社会を広く見ようとしない、はき違えた「愛国心」を育てる。

戦前のメディア、つまり新聞、ラジオ、映画、出版、芸術一般などは、政府や軍部などの強制、弾圧、懐柔、優遇といったアメとムチの施策につかまり、次第に法律や制度の枠に取り込まれ、ついにはメディア自体が権力側と同じ思考を持ち始めて、国民各層を同じ方向に向かわせた。そのような忘れがたい負の歴史を持つ。

メディアの逃れられない「収益」という足かせが、本来の使命を麻痺させ、長いものに巻かれていく。抗うことより、現状に追随する方が楽な道に思えてくるのだ。実際、反権力、理念を貫くことは容易なことではない。いつしか、過去に学ばず、未来を見通さず、狭隘なおのれだけの世界に溺れていく。思考が狭まり、自己弁護と自己正当化の姿勢が強まり、報道人として必要な、将来に待ち受ける歴史的評価への畏怖の念が薄れていく。

戦前、作家や芸能人たちがこぞって戦地に赴き、文字に、絵画に、詩歌に、映像に、軍歌に、キャッチコピーに、その才覚を生かしたことがあった。兵士らの死をたたえ、敵への殺戮をあおり、軍部や政府と共犯関係に溺れたのではなかったか。

このような事実が「戦争というもの」の、大きな推進力になったことを、メディア、報道関係者は肝に銘じておかなければならない。ペンや映像は、「凶器」の一面を持つ。

さらに言えば、宗教も怖い。戦争協力、戦意高揚、戦闘推進など、宗派ぐるみで煽った宗教は、神道をはじめキリスト教、仏教、新興宗教など、広い範囲に及ぶ。生命、そして人々の心を貴ぶはずの宗教が、国家権力におもねったケースは少なくない。宗教は、人の心をつかみ、疑う信者は少ないからこそ、宗教の原理原則（教義）は忠実に守られなければならないだろう。

かなりの昔から、宗教と政治の距離は遠くはなかった。権力に接近して宗派の利害を利する動きや、権力が宗派の信者に取り入るために工作するケースもあった。日本のみならず、世界的にも、宗教と政治は、時に危険な関係を結んできたが、それは宗教側の堕落にほかならない。

〈8〉責任をとらない戦争遂行者たち

第二次世界大戦の責任者は、一部だけがA級戦犯として処刑されたが、その周辺で煽動した幹部らの多くや、憲兵、特高などの直接的な弾圧者は、一時的な拘束や失職はあったが、次に試みられた朝鮮戦争を機に大量に社会復帰し、新時代を創りだすはずの舞台に蘇った。あれだけの犠牲者や被害を出しながら、戦争が国民総がかりの集団的な行動であったということで免罪され、十分な責任をとることなく、放置された。

本来なら、リーダーらの責任を問うだけではなく、戦争を謳歌、順応した国民たちも責任を負わなければならない。身辺に犠牲者や被害を抱えたことで、戦争責任の一端を担ったということかもしれず、その点では戦争遂行者の一群とは異なるのかもしれない。だが、戦争追随の責任は問われよう。

戦争遂行の責任者らは、自らの直接の手による殺戮には加担していない。だが、指揮命令を出して、国民を犠牲に追い込んだ責任は重い。その人々が再出発した日本の首相や閣僚、国会議員などの任務につくこと自体、おかしくなかったか。この点は、許し難く、いまも納得がいかないでいる。

〈9〉「徴兵制」を布いた国家は戦争の犠牲を償ったか　戦争は多くの痛みを残し、悲しみと苦行を強いた。その苦痛はさまざまであり、複雑であり、救済策も分散の方向にある。そのような状況が、戦争の国家責任が果たされない、ひとつの背景になってもいる。それに、経済は復興できても、人の心に受けた傷は、いつまでも消えないということに気付かない統治者が多すぎる。

具体的に話を進めよう。終戦直後、生存して引き揚げてきた兵士、身障者、その遺家族らに対してはまず、遺族会や旧軍人団体などの活動で生活費などの救援があった。

その一方で、原爆被害者の一部は指定の被災地外にいたことで、いまだに救済されずに、やがて訪れる死を待っている。遺骨の収集に至らないままに放置された兵士の遺家族はいまも悲しみを抱き続ける。家屋の強制疎開にあった者、空襲被害を受けた者は、訴訟を起こし続けている。シベリアなどの墓地の荒廃にも手を付けようとせず、外交交渉も極めて不十分のままで、その怒りも収まっていない。

異なる多様な被害状況、救済したくても資金が不足、救済制度の難しさなどの障害はいろいろ横たわる。だが、それらを理由として、対応を逃れ続けてきたのではないか。１９６０年ころからの日本経済の復調ぶりを見れば、もっともっと戦争の尻拭いは速やかにできたはずだ。時代の変化と、戦争の犠牲の多様さにかまけて、国民に対する国家責任を果たさず、戦争の後始末を怠ってきた。戦争を進めた責任感、償うという意欲が、為政者たちに乏しかった。

戦争を指向し、徴兵制度という戦争に駆り出す仕組みを打ち出したのは、ほかならない国家権力によるものだった。ある部分では、戦争に順応して流された国民の責任も問われるべきだが、国家の名において動員をかけ、死に至る戦闘に向かわせ、家族たちに不幸をもたらしたのは、まさに「国家権力」だった以上、戦争被害は極力国家の責任において救済しなければならない。どこかの女性の国会議員は、自分たちの時代のことではない、と過去の責任を放棄するかの発言をしていたが、戦後歴代の国家の責任者は同じように「戦争の始末」という優先すべき宿題に十分な取り組みを見せなかった。

帰還できた遺骨を靖国神社に託すだけで、国家の責任を果たしたというのは、いかにも姑息である。仮に靖国神社に祀ることで心の安らぎを遺家族に与えたとしても、心から取り戻したいのは生きた夫であり、子どもであり、父であったはずだ。靖国に抱かれる満足があるにしても、それは一種の心のまやかしやあきらめなのだ。

このように後継者である戦後の国家責任者は、過去に戦争を遂行した者たちの責任を十分に背負おうとしない。国家の継続性を無視して、国家は成り立つというのか。誤った道を選んだ国家の責任は政治自体が積極的に負う。それを押し付けられた国民一人ひとりは、歴史に学んで反省、誤りを感知して闘わなければなるまい。

その取りこぼしてきた諸問題は、いまだに人々を苦しめ続ける。そして、為政者たちは75年後の今も、「平和と安定」などと口にしながら、軍備の拡張など新たな危機を生みかねない装置を築きつつある。

最後に、永井荷風の終戦直後の「戦争観」を引いておきたい。

「九月九日　小田原御殿場の辺にも米国の進駐軍あり、東京の市中米兵の三々五々散歩するを見ると云、新聞紙上米兵の日本婦女を弄ぶものありとの記事を載す、果して真実ならば曽て日本軍の支那占領地に於てなせし處の仕返しなり、己れに出でゝおのれにかへるもの亦如何ともすべからず、畢竟戦争の犠牲となるものは平和をよろこぶ良民のみ、浩歎に堪えざるなり」

「九月十六日　昨日まで日本軍部の圧迫に呻吟せし国民の豹変して敵国に阿諛を呈する状況を見ては、義士に非らざるも誰か眉を顰めざるものあらむ」

「九月二十八日　我日本の滅亡すべき兆候は大正十二年東京震災の前後より社会の各方面に於て顕著たりしに非ずや、余は別に世の所謂愛国者と云ふ者にもあらず、また英米崇拝者にもあらず、唯虐げらるゝ者を見て悲しむものなり。」（『断腸亭日乗』（岩波文庫））

「戦争というもの」はいまも、矛盾のなかに生き続けている。

あとがき

戦争の鮮明な記憶が残るのは、縁故・学童二度の疎開に送られ、防火帯づくりのために自宅を強制破壊されたころからで、新聞の拾い読みのできるころには朝鮮戦争のきな臭さが漂い始めた。民主憲法、平和、非武装中立とかの言葉を教わる授業と、戦犯らの台頭、自衛隊等の設置、日米の関係強化、中ソなどとの対決、といった現実との乖離が、なんとなくわだかまりの気分を残した。そして、学生時代の日米安保条約の改定と岸政権のもとでの非民主的な国会状況は、ノンポリながらも反発を感じた。

そのような社会の変動の中で、「戦争」を考えざるを得なかった。

戦争について書こうという気持ちになったのは、学校と新聞社で同期だった増子義孝さん（岩手県立大学名誉教授）から話を聞いてからだった。

戦後も70年以上経ったころ、彼のもとに厚労省を通じて、ソ連の地に一兵卒として召集された父親の死亡時の状況などが知らされたのだ。彼は、直ぐにシベリアの地に赴いたが、その墓地はごみ捨て場のようになっていた。帰国後に、せめて墓地や墓碑の整備を求めようと活動を始めたが、すでに遺家族の高齢化と政府の及び腰の前になすすべがなかったようだ。

そのような視点から見ると、国家主導の徴兵制による兵士の死、遺家族の苦境と悲しみ、いまだに進まない遺骨の収集、しかも攻勢をかけられ生命と生活を奪われた相手国の人々の怒りなど、本質的な過ち、社会の矛盾、国家と個人の関係のおかしさ、国家としての課題の回避や無責任、対応の不徹底などが一層気になってきた。

過去のことばかりではない。

先行きの不安もある。陸上配備型迎撃ミサイル「イージス・アショア」の停止という事態があり、防衛相が設置場所の候補地・秋田、山口にお詫び行脚をした。地元はホッとしただろう。だが、肝心の停止の具体的な事情は分からないままだ。

それだけではない。この取り止めに代えて、浮上したのが「敵基地攻撃」への論議と対応を進めることだ、と言う。これは、重大で危険な方向だ。これまでの「自衛」「専守防衛」の姿勢にも、一歩足を踏み出しかけたリスクがあったが、さらに大きな政策の転換になる。他国からの攻撃の前に、相手を先制攻撃しようということになる。

相手国は当然、身構え、不信を抱き、対応策を急ぐ。日本への敵対感情が広がれば、外交関係を危うくし、軍事的緊張状態を招きかねない。過去の戦争の準備段階と同じ轍を踏もうというのか。平和と安定、とは何なのか。

メディアは、取りやめになったとはいえ、イージス・アショアのコストや技術的性能、さらには導入の経緯や判断について十分な報道をしていない。これまでも軍事防衛関係の予算措置は国家という名の機密下にあり、いわゆるプロに任され、国会や民間の専門的なチェックはほとんどなされていない。「限度」の基準もない。敵視される相手国の国民への思いや、外交関係への影響などへの言及も乏しい。こうしたきな臭さは、少し長い眼で見ると、かたちは変わりながらも、「戦前」を思い浮かべざるを得ない。プロ任せの見込み違いの失敗が、さらなる不安を招くことになるのか。

たしかに、戦前の報道管制下に苦しみ、ついには戦争支援の道に踏み込まざるを得なかった先人たちの時代とは違う。ただ、権力は常に強く、必ずしも歴史に学ばず、誤った道に踏み込む可能性がある。報道は強いようで弱く、弱いようで強く、その岐路はやはり長く、広い視野を鍛えていくことだろう。日々の取材活動はその修行でもあり、それだけにメディアに関わる人々への期待は大きい。これからの時代を生きる若い人、あるいはグループで歴史を学ぼうという方々に、この本をたたき台に是も否も合わせて議論していただければ、と思う。

刊行にあたって、折りからの新型コロナウイルスの蔓延で、日ごろお世話になっている早稲田大学図書館、国立国会図書館などが長く閉館状態になり、文献による最終的な確認、チェックができなかったことは残念で、ミスにつながることがなければ、と一寸気がかりである。

このような分厚で、愉快とはいえそうもない書を刊行してくださった書肆侃侃房の田島安江さんに心からお礼を申しあげたい。

二〇二〇年 七月

羽原清雅

〈資料〉

昭和二十年十一月二十九日

蘇聯軍占領下に於ける邦人の状況

―満洲（内蒙を含む）、北鮮、樺太及千島―

情報局企畫資料部資料課

部外秘

※原本（活字）には「部外秘」に加えて「極秘」の印が捺されている

目次

第一　概説
第二　各論
（一）滿洲（內蒙を含む）に於ける狀況
（二）北鮮に於ける狀況
（三）樺太に於ける狀況
（四）千島に於ける狀況
第三　結語
別添　主要歸還者の談話

「註」（イ）以下引用文の末尾に（軍）とあるは陸軍省軍務局より、（外）とあるは外務省管理局より、（內）とあるは內務省管理局より、（援）とあるは在外同胞援護會より、（新）とあるは新聞通信關係より入手せる資料なる事を示す。
（ロ）主要歸還者談は巻尾に別添せり。

第一　概説

終戰後外地に殘留を餘儀なくせられたる邦人は、其の安否を憂慮せられ居りたる處諸情報に依れば其慘苦の度最も甚しきは、蘇聯軍占領下の滿洲（內蒙を含む）、北鮮、樺太（千島は比較的安靜なり）等に在留する邦人なりと判斷せらる。蓋し、右諸地域は
（イ）蘇聯軍の急速なる進擊に依り終戰と相前後して戰場化せること
（ロ）然も終戰當時迄敗戰を信ずる者無かりし爲退避の餘裕に乏しく、退避せる者も之を不用意且無秩序に行ひしこと
等の惡條件下に置かれたるのみならず、蘇聯軍の恣なる掠奪暴行が頻發し、剰へ之に便乘する滿洲人及朝鮮人の兇暴なる迫害も行はれたる結果、邦人の大多數は多年粒々辛苦の末築き上たる財產乃至生活基盤を一朝にして剝奪せられ、今や嚴寒の襲來を目前に控へて衣食住逼迫し、文字通り飢餓乃至凍死の危險に直面し居れり。

而して、右諸地域在留邦人の概數は、外務省管理局の調査に依れば

滿洲（關東州を含む）　一二二萬
北鮮　二五萬
樺太　四〇萬
千島　四千

にして、右の他、復員軍人の概數を

滿洲　約七〇萬
北鮮　不明（約四萬）
樺太　約二萬
千島　約四萬五千

と算定せば、其の總計は約二百七十萬に達するものと

思惟せらる。

然も蘇聯側は之等邦人を嚴重に占領地域内に閉鎖しつゝあり、殊に滿鮮國境の交通は九月一日以來歩行に依るものをも含めて一切禁止せられたるが、更に蘇聯側は滿洲に於ては滿鐵社員其他に對し生命財産保證の下に職場復歸の命令を發し、次で北鮮方面に避難せる滿鐵社員家族が之を聞込みて滿洲歸還を希望するや其輸送を蘇聯側が引受たりと傳へらるゝのみならず、北鮮を漂泊し居る滿鮮地方邦人避難民は之を殊更に虐待し、其間蘇聯軍は邦人に對し避難命令を出せし覺え無しとて避難民を認めず、却つて現地復歸を暗に強制し、又樺太に於ても蘇聯官憲は九月二十六日邦人商工業者に對し五日以内に開業すべき事を命じ、勞務者勤勞者に對しても卽刻原職に復歸すべき事を勸告せり。

之等の事例より推察するに蘇聯側は當初より占領地邦人の内地引揚を考慮し居らず、寧ろ之を現地に定著せしめ、從來の生業に從事せしめんとし居るものなるやに解せらる。

他面、武装解除せる日本軍將兵に關しては、樺太千島等に於ては、其一部を何れへかに輸送し去り（樺太、千島の項參照）北滿に於ても復員將兵就中將校及技術關係者等を北上せしめつゝあり、之亦日本軍民中利用價値ある者は飽迄利用せんとする蘇聯側意圖の片鱗を窺はしむるものと云ふを得べし。

然し乍ら、蘇聯軍占領下の邦人は各地共前途に絶望し、滿鐵社員等一部就職者を除き概ね内地歸還を熱望し、「一歩でも南へ」の焦燥に驅られつゝあり、若し之を永く放置せんか、事情こそ異れ往年の白系露人の如く、自暴自棄の流民と化し、日本民族として國民的節操すら喪失するの惧れ無きを保し難く、其の救出援護は正に焦眉の急となれり。

第二　各論

（一）滿洲（内蒙を含む）に於ける狀況

滿洲に於ける同胞の受難狀況は、之を大別すれば大略時間的には之を二期に分つを得べし。

第一期は、蘇聯の參戰より終戰を經て九月上旬に至る期間にして、外力に依る迫害の著しかりしを以て特徴とす。

卽ち、蘇聯軍の掠奪暴行が頻發せるに加へて、滿軍及滿人暴徒の騷擾各地に勃發せる結果、在留邦人の多數は金品財産を奪はれて窮民化し、地域によりては相當數の死傷者すら出せる期間なり。

第二期は九月中旬以降の期間にして、財産を喪失せる在留邦人の内面的窮迫が時日と共に深刻を加へつゝある時期なりとす。卽ち、九月中旬以降蘇聯憲兵隊或は「ゲ・ペ・ウ」の監視嚴重となりたる爲、各地の治安は良好に向ひたるも、食物其他の配給が停止せられ銀行預金の引出も嚴に制限せられ居るの關係上、既に財産を奪はれ所持金を費消し盡せる邦人の大多數は、其の衣食住を維持すべき資金の枯渇に喘ぎ、現金さへ有れば入手し得る食糧、燃料等を眼前に見乍ら飢餓乃至凍死の危機に脅えつゝあるものなり。

其の間に生起せる政情民情に關する主要事件を略述すれば左の如し。

（イ）政情

（1）滿洲國政府

滿洲國政府は八月十四日頃より全く機能を失ひたるが、首都新京に於ては翌十五日より滿人街各所に青天白日旗が掲げられ、宮中禁衞隊を初め軍官學校、高射砲隊其他滿軍の反亂あり、政府要人は殆ど抑留せられたり（外）。

八月二十二日「ハバロフスク」放送は滿洲國皇帝が蘇聯軍に抑留せられたる旨を報ぜり（外）。

張國務總理以下滿洲國政府各大臣は蘇聯領「チタ」に拉致せられたりとの說も有りたる處、下級滿系官吏は現職に滯留し居る趣なり（援）。

滿洲國政府の解散後日系官吏は全部退職協和會も解消せり（外）。

（2）蒙古聯合自治政府

蒙古聯合自治政府首席德王は九月二日午後空路重慶に赴きたり（北京四日發同盟）（新）。

德王は當初內蒙奥地要害の地に籠り外蒙軍と折衝せんとの意向を有したるも在留邦人の避難開始せらるゝや之と共に北京に南下し、次で重慶に赴きたるが蒙軍總司令官李守信も重慶に赴き第十路軍司令の職を與へられたり（別添蒙古聯合自治政府顧問神吉正一談參照）（援）。

（3）日本軍將兵に對する處置

九月五日「モスクワ」放送に依れば、赤軍は同日山田關東軍司令官竝に秦參謀長の抑留を公表せるが、他方、九月六日新京發十月十八日博多に上陸せる新京憲兵隊員淸水軍曹及平河伍長の談話に依れば、山田軍司令官及秦參謀長は海軍武官府に軟禁せられ、佐官以上は兵舍に軟禁、尉官以上は抑留、兵は武裝解除後强制勞働に從事せしめられ居る由なり（援）

（ロ）民情

（1）各種事業

在滿邦人事業の中樞を爲す滿業に關しては、其の傘下會社株式投資額二〇億圓、他に貸付金二十億圓ある處、數多の投資會社中操業しつゝあるは製鐵、西安炭礦、満洲自動中（奉天工場）の三社のみにして、他は全然休業状態なり（九月十二附高崎満業總裁特使書簡）（軍）。

蘇聯が日本側資産中移動可能なる部分を蘇聯內に移送し居る事實に付ては、重慶側は確實なる目擊者ありと稱し居れり（十月二十九日重慶發ＡＰ電）（新）。

（２）蘇聯兵の不法行爲

一般邦人に對する蘇聯兵の不法行爲は、進駐當初に於て殊に甚しく、新京に於ける婦女子暴行の如きは九月初旬迄の期間に於ては一日平均三〇件に達したる由にして婦女子は男裝丸坊主となれり（援）。

奉天に於ても婦女子は斷髮男裝して室內に籠り、各隣組自警團の男子が蘇聯兵の來るを見て警報を發するや直に附近の畑等に逃避せり（援）。

奉天より到着せる旅客の談に依れば、不法行爲を抑壓せんとの蘇聯軍司令官の努力に拘らず掠奪、發砲及强姦は依然其の跡を絶たずと（十月十一日北平發ＡＰ電）（新）。

尚、中央正規軍は概ね軍規嚴正なるものゝ如し（軍）。

（３）一般生活状況

一般邦人は主として比較的治安良好なりし南満方面就中新京より旅順大連乃至安東に至る鐵道沿線諸都市內の一定地區に逐次集結し、蘇聯兵の不法行爲及満人の迫害等に對する自衞態勢を整ふる一方、日本人居留民團の如き自治組織を樹立して相互扶助に努め居るが如く、一般治安も九月中旬以來各地共比較的平靜に向ひたる模樣なるが、衣食住の困難は時日と共に深刻性を加へつゝあり。

元來満洲は本年不作と稱せらるゝも、現金さへ所持すれば、後記程度の相場にて食糧及燃料は兎に角入手し得らるる處、問題は邦人の多數が金品掠奪現金沒收等に依り貧窮化せる一方、中央銀行が蘇聯に押へらえて満洲國紙幣の發行が停止せられ、預金の引出も極度に制限せられ居る爲、物資購入の支拂手段を有せざる點にあり。

但し日系官吏及新京在住の特殊會社員は、終戰後俸給一箇年分の先拂を受け、又、満鐵社員は職場復歸令に依り一率の俸給を以て三年間の勤務を課せられ（軍）、其の生活を一應支へ得るが如きも、邦人の一部は早くも殘り少き資産投賣に收入の途を求めざるを得ざるに至りしものの如し。

現に九月下旬には奉天市春日町に邦人露店立竝び衣類道具等を賣却しつゝあり、其の賣價も一般相場に比すれば殆ど捨値にして、背廣三揃七〇圓乃至八〇圓と傳へらる（援）が、如きは、在留邦人窮状の一端を如實に物語るものと云ふを得べし。

（ハ）各地状況

（1）新京

八月十五日より滿軍の暴動生起せり（外）（（イ）政情（1）滿洲國政府の項參照）。

八月十七日日本人居留民團組織せられ、駐滿大使館指導の下に在留民保護に當る事となれり（外）。

八月二十日蘇聯軍進駐し來り、日本軍の武裝解除を開始せり（援）。

邦人は大體敷島區に集結し、相互間に極力生活の途を講じ得るも、衣料住宅は或は徵發或は掠奪せられ、食糧燃料は漸次欽乏し、加ふるに所持金の枯渇するあり、邦人の困窮甚しきものあり（外）。

新京に於ける保有食糧は、九月初旬現在に於て四〇日分程度に過ぎず、白米は一升二〇圓乃至二五圓、砂糖一斤三五圓なり（援）。

其後、之等食糧の相場は下りたるものの如く、九月十二日頃米一升二〇圓、高粱一升七圓、砂糖一斤二〇圓、牛肉一斤三〇圓見當にて、金さへ拂へば何程にても入手し得られたる模樣なり（軍）。

燃料は全く配給なき爲、九月初旬既に各戸毎に防空壕、板壁、床板、障子、襖、天井裏等を破碎し、以て燃料の確保を圖りたり（援）。

最近に於ては治安稍々良好なるも、日本人婦女子に對する暴行は跡を絶たず（軍）。

滿人の日本人に對する態度は一般に惡からず（軍）。

（2）奉天

八月十九日蘇聯軍空挺部隊が入城し、日本軍が一齊に武裝を解除せらるゝや、滿人暴徒蜂起し、倉庫、大商店等を襲擊、掠奪、放火し、街上、驛構內等の邦人の金品をも强奪せり、滿蒙、喜久屋兩百貨店全燒し、奉天驛前の商店街も被害を蒙れり（外）（援）。

工場地帶なる鐵西地區に於ては、滿人暴徒が邦人住宅、工場等を襲擊、邦人中に相當の死傷者を出せる模樣なり（外）（援）。

其後邦人は大和地區に集結して安全を期し居り、八月末以後は一般に平靜に歸したる模樣なるも、食糧は不足し居れり（外）。

邦人は食糧を現金或は物品等を以て辛じて滿洲人より購入し居れり（援）。

終戰當時は白米一升五〇圓なりしも、九月下旬には白米一升二五圓乃至二〇圓、高粱一升一〇圓程度となれり（援）。

九月下旬既に寒冷を增したる爲防空壕等を破壞して燃料としつゝあるも、燃料の入手困難にして越冬に大なる危惧あり（援）。

石炭相場は九月下旬一噸七〇〇圓程度なりしものゝ如し（援）。

奉天に滯留する避難邦人は十一月現在約二十萬なり（新）。

（3）ハルピン

終戰に至る迄市街平穩、在郷軍人は一戰を交へんとして意氣軒昂たりしも軍に依り行動を阻止せられたり（援）。

八月十五日滿軍叛亂し邦人相當數慘殺せられたりと傳へらる（援）。

市內滿人街にも騷擾あり、青天白日旗を掲げて反日「デモ」を行ひたる者も有りたり（外）。

九月初旬以降邦人に對する强制勞働は隣組單位の勤勞奉仕に轉化し、一週間位宛交代にて勞役に服し居る模樣なり（援）。

在留邦人は在來の家屋に生活し居れり（軍）。

ハルピンに滯留する避難邦人は十一月現在約七萬なり（新）。

（4）吉林

最も平穩に推移せり（援）。

八月下旬新京牡丹江方面より邦人約六千名移入す（援）。

（5）牡丹江

一般邦人は八月十三日新京方面に脱出せるが、在郷軍人は總武裝抗戰せり（援）。

（6）チチハル

邦人の一部は八月十三日頃脱出せるも、大多數は殘留せり（援）。

（7）ハイラル

消息不明、蘇聯軍の進擊急速なりし爲退避不可能なりしものと認めらる（援）。

（8）承德

數千の邦人は其住居より放逐せられたり（援）。

（9）古北口

蘇聯軍約一萬、外蒙軍騎馬部隊一千殺到、邦人中に死傷者ありたる見込（援）。

（10）張家口

八月十九日より二十一日迄の間に在留邦人約二萬は平津方面への引揚を完了せるが、婦女子を最初とし政府要人を最後とせり（援）（新）。

一部邦人は自由意思に基き現地に留り其後安全に生活を續け居る模樣なり（援）。

在留邦人の引揚終るや現地民は殘置物品を搬出せるも暴力を以て掠奪せる事實なし（援）。

中共軍（八路軍）は殘留邦人の生命財產を保護せり（新）。

(11) 厚和

八月十六日及び十七日婦女子を先として平津地方に引揚げたり（援）。

男子は概ね防衛召集中なるも、天津迄引揚たる後除隊せり（援）。

(12) 包頭

婦女子、居留民男子、軍の順位を以て引揚實施せるが、第二次輸送列車以後不通となりたる爲、獨身婦人、民間男子、官吏等殘存せり（援）。

(13) 錦州

日本軍將兵のみならず一般邦人も勞役に從事せしめられ居る由なり、食糧配給なし（外）。

錦州に滯留する避難邦人は十一月現在約四萬人なり（新）。

(14) 撫順及鐵嶺

軍官家族にて満員なり（外）。

(15) 旅順及大連

戦線より遠ざかり居りたる關係上治安は概して良好なるも食糧には不足し居る模様なり（外）。

九月五日「ハバロフスク」放送に依れば旅順港の在留邦人は强制立退を命ぜられたり（新）。

(16) 安東

治安は大體良好にして食糧も相當ある模様なり（外）。

治安良港にして邦人は商賣を爲し居れり（軍）。

當初満洲より特殊會社關係の避難者約四萬集結せるが、其後十萬程度に增加せり（外）。

八月下旬當時六箇月分の食糧を保有し居りたる模様なり（軍）。

(17) 通化

終戦前より邦人に對する迫害は漸次增加し居りたるも、八月二十九日蘇聯軍の進駐せる後は状況更に惡化せり（外）。

(18) 琿春

蘇聯軍の包圍下に陷り、一部脱出者を除き玉碎の覺悟を以て抗戦せる模様なり（援）。

因に間島地方に於ける戦鬪は激烈なりし模様なるが、日本軍の武装解除後は鮮人及満人の暴行掠奪行はれたり（外）。

(二) 北鮮に於ける状況

北鮮に於ける邦人の状況は蘇聯參戦より終戦を經て現在に至る迄惡化の一路を辿りつゝあるものと認めらる。

蓋し蘇聯軍將兵の暴虐は満洲に於けるものに比し優るとも劣らざるのみならず、鮮人の對日感情は満人の夫より遥に惡く、蘇聯の威を借る赤化新政權（人民委員會）の領導下に、共産系の治安隊、赤衛隊等が跋扈跳梁し、邦人軍官民に對し報復的迫害乃至彈壓を加へ居れり、而して一般鮮人中にも多年の屈辱を晴らすは此の時とばかりに惡辣なる邦人壓迫を敢てする者少からず、在留邦人の生活は急激に窮迫の度を加へつゝある處、其の中に於ても最も悲慘を極めて居るは滿洲よりの引揚民及北鮮各地の原住地より離脱せる避難民なり。

（イ）政情

蘇聯軍の進撃は、終戰後其の歩度を早め、八月二十四日には平壤に到着し、九月初旬には北鮮一帶に亙り概ね進駐を了したるが、其の間各地の日本軍の武裝を解除し、日系知事、警察關係上級官吏等を抑留する一方、隨所に共産系鮮人より成る人民委員會、執行委員會、建國準備委員會、政治委員會等を組織設置せり、尚之等の諸地方政權は其の後平壤の人民委員會を中心とする北鮮新政權に統合せられたる模樣なり（外）（內）。

而して蘇聯軍及北鮮新政權は、一切の行政的權限竝に交通、通信、産業の諸機關を接收せるが、殊に蘇聯側は重要工場施設等を日本軍將兵及一般邦人を使役して解體し、本國向輸送しつゝあり（外）（內）（軍）。

又、北鮮新政權は蘇聯軍の指導の下に行政權竝に司法權を驅使しつゝある處、「ゲ・ペ・ウ」的存在なる其の治安隊及赤衛隊は、舊日本軍の軍衣袴を著用し、軍刀、銃を携へて檢察を行ひ、日本軍人特に憲兵竝に警察官に對しては報復的に暴行（拉致、監禁、拷問等）を加へ、一般邦人に對しても治安確保を名として種々の亂暴を働き居れり（內）（軍）。

（ロ）民情

在留邦人の生命財産は、蘇聯軍將兵の不法行爲、北鮮新政權の壓迫、鮮人就中共産分子の迫害等の下に置かれ極度に不安なる狀態にあり

蘇聯軍の掠奪暴行は、進駐當初最も甚しく、各地に於て集團的暴行すら行はれ、鐵原に於ては在留婦女子全員を警察署演武場に収容して凌辱せり（內）とさへ傳へらるゝ處、上級司令官の禁制に拘らず、其の後も引續き婦女子にして夜間連行せらるゝ者相當數有るものゝ如し。

男子は、蘇聯軍竝に同軍の許可を得たる治安隊、赤衛隊等の爲に殆ど強制勞役を課せられ居れり（軍）。

邦人企業は概ね接收せられたる模樣にして、現に日本窒素産業、朝鮮電業等は接收せられたり（外）。

共産分子の乘取りたる各地勞働組合は、企業主、工場主竝に其の幹部に對し、莫大なる退職手當乃至生活

保證金を强要し、之を提供せざれば素より提供せる者に對しても從來鮮人勞働者を苦しめたりとの故を以て、恐喝、毆打、甚しきに至りては投獄等の迫害を加へつゝあり（軍）。

邦人の在宅中、人民委員會或は勞働組合幹部の住宅乃至事務所として沒收せられるもの少からず、然も立退に際しては家財道具一切の持出乃至賣買を禁止せらる（軍）。

食糧は、地域に依り十月頃迄は配給ありたるが如きも、十一月以降概ね配給停止せられ自由販賣となりたり、而して邦人への物品賣買及物々交換の禁止せられ居る地域は素より、購入の自由なる地域に於ても金品掠奪等に依り貧窮化せる邦人は、食糧燃料等の購入に難澁し居れり（内）（外）（軍）。

醫藥は殆ど皆無にして罹病せば死を待つの外無し（内）。

尚、在留邦人中滿洲引揚民及び北鮮避難民は、蘇聯軍が北緯三十八度の線を境として一切の交通連絡を遮斷せる結果、大部分着のみ着の儘（中には薄き夏着の儘の者すらあり）の悲慘なる狀態にて强制勞働に服し居り、内地歸還の日を空しく待望しつゝ、飢餓と寒氣と過勞の爲に每日數十人宛死亡し居る模樣にして蘇聯軍占領下に於ける邦人中最も速かに救出を要するものと思考せらるゝを以て、以下特に其の狀況を摘記詳述すれば左の如し。

（八）滿洲引揚邦人北鮮避難邦人の狀況

北鮮に滯留中の滿洲引揚邦人は現在約十五萬に達す（軍）るものと認めらるゝ處、其の大多數は極めて僅少なる時間を以て其の原住地より退避せざるを得ざりし爲、家財道具は素より日常身廻品すら殆ど携行し居らず、然も避難途上に於て蘇聯軍將兵、鮮人官憲（治安隊、赤衞隊等）、滿人鮮人等の爲再三金品を奪掠强要せられたる結果、所持品特に衣服寢具等に窮乏し居り、現在北鮮各地日本人世話會の斡旋に依り學校、寺院、遊廓料理屋等に集團生活を營みつゝあるも、之等建物も逐次接收せられつゝある一方、之等收容所は蘇聯軍將兵及鮮人無賴の徒の掠奪暴行の對象と成り、時としては夜間泥醉せる蘇聯兵闖入し來り、適當なる婦女子を物色して拉し去る事すらあり、而して、抵抗すれば自動小銃を以て威嚇射擊を爲す爲、夫或は親が傍にあるも如何ともする能はず（軍）（内）。

場所に依りては、集團收容所の邦人婦女子中十六歲以上六十歲迄の者が每日交代割當にて慰安婦として要求せられ居る趣なり、而して當初は娘の身代りとして母親の交替するものもありしが、目下は之も認められず、之等婦人の八割は性病に罹り、二割は妊娠し居る由なり（軍）。

又、男女共强制勞働を課せられ居る處、地方にありては農家手傳ひ、都會にありては便所、電車の清掃等の最下級勞務に服せしめられ（軍）（內）、然も其の日給は一圓五〇錢乃至一圓七〇錢なるを以て、物價騰貴の折柄殆ど何の足しにもならず（軍）（新）。

所持金は全部新政權に沒收せられ、一日二圓乃至三圓の計算にて支給せられ居る處、平壤に於ては獨身者五〇〇圓、家族持（人數の如何を問はず）一、〇〇〇圓を交付せられたり、然も差當り一人一箇月の生活費としては一〇〇圓必要にして、嚴寒となれば其の倍額を要する趣なるに付、遲くも明春迄には避難邦人は手持金全部を費消し盡すものと認めらる（軍）（內）。

他方、北鮮最北部特に咸境北道の在住邦人は、蘇聯軍が進擊し來るや、會寧、茂山白岩方面の山地帶に避難したるが、食糧に窮乏し、總數約十萬の中八、九萬は初秋以來徒歩にて南下を開始せるものの如く、九月十日現在迄に興南府に辿り着きたる者約三千、清津、咸興、城津、元山等にも相當數が逐次到着しつゝある模樣（外）（內）なるが、其の多くは避難途上に於て一物を餘さず掠奪に遭ひ、滿洲引揚民と同樣に飢餓と寒氣とに苦しみ居れり（軍）（內）、（援）。

（二）各地狀況

（1）平壤

蘇聯軍は八月二十四日進駐せり（外）。

八月二十六日人民委員會設立せられ、二十八日、二十九日の兩日に亙り公共機關及重要工場を一齊に接收せり（新）。

蘇聯軍は九月七日より邦人男子十六歳以上六十歳迄の者を戶別的に檢索し、「トラック」を以て連日何れかへ運び去り始めたり（新）。

武裝解除後平壤に集結せしめられたる日本軍將兵に對せる配給量は一日八勺と傳へらる（內）

十月現在に於ける物價は、玄米六「キログラム」二二圓、味噌一貫一〇圓、醬油一斤五圓、鹽一斤四圓なり（軍）。

（2）元山

蘇聯軍は八月十八日夕刻戰艦三隻を以て入港、翌十九日より上陸を開始せり（軍）。

元山在留邦人は本來二萬三千なりしが、北方より南下避難し來れる者を加へ、十月下旬現在三萬三千に達せり（軍）。

食糧配給は當初二合程度なりしも其の後不確實となりたる爲一般邦人は一日一合程度の高粱雜炊を二回に分けて啜りつゝあり（軍）。

穀類は自由販賣せられ居り、當初一升二〇圓なりしも十月初旬には一升一二圓乃至一〇圓に低下せるが、邦人は十月初旬より一切の買出を禁止されたる爲購入するを得ず（軍）。

衣類は掠奪竝に供出の爲幾許も殘りいらず（軍）。

邦人住宅は蘇聯軍竝に鮮人指導階級の爲相次いで接收せらる（軍）。

燃料は煖房は愚か日毎の炊飯にも事缺く狀態なり（軍）。

十月二十三日脫出せる者の言に依れば、飢餓及寒氣の爲死亡する者毎日二〇名を數ふ（軍）。

九月上旬蘇聯軍より强制勞働の通達あり、右に從事せる者に對しては一日三合三勺の穀類加配あり、勞務は蘇聯押收資材の本國送還、工場よりの資材搬出、道路作業竝に淸掃、神社の破壞等なり（軍）。

（3）興南

邦人二、三萬程度が集結し居る模樣なり（内）。

九月初旬脫出せる者の言に依れば、當時九月二十日迄の配給ありたるが、前途の見透し困難なる爲一日一合の割合にて食ひ延ばし居る由なり、但し其の後も雜穀少量の配給は有りたるものと推測せらる（内）。

副食等の購入は禁止せらる（内）。

（三）樺太に於ける狀況

（イ）政情

蘇聯軍は終戰の大詔渙發後も爆擊、進擊を續行せるが、八月二十二日停戰協定成立後事態は一應平靜に復せり。

内地との交通は八月二十四日以降停止せられ、同日ラヂオ受信器は全部沒收、内地との通信連絡も同二十七日以降杜絶せり（内）（新）。

蘇聯側は九月二十六日大津樺太廳長官を南樺太長官とし、概ね從前の行政機構を踏襲しつゝ軍政を施行せり（内）（新）。

蘇聯側の九月二十六日附命令第一號は左の通りなり。

（1）商工業は本命令の日より五日以内に開業すべし。

（2）勞務省勤勞者（事務及工務職員）は卽刻原職に復歸すべし、命令に反せる者は軍法に依り處罰す。

（3）農作業の中馬鈴薯は十月十八日迄に市町村長の責任に於て收穫し、次の如く配分すべし、蘇聯軍四割、民需四割、種子二割、但し收穫未了分は蘇聯の國有に歸すべし（新）。

武裝解除後の第八十八師團將兵は豐原、上敷香、内路、大泊附近等に集結後夫々學校等に監禁、概ね勞役に從事せしめられ居る模樣にして（軍）三根木師團長は豊原警察署内に拘禁せらる（内）（新）。

大泊市民の談話に依れば、八月下旬、蘇聯側は汽船二隻に満載せる日本軍將兵を何れへか輸送せり（軍）。

警察官は警部補以上が拘禁せられ居れり（新）。

（ロ）民情

八月二十日頃一應拘禁せられたる一般邦人は同二十八日頃より逐次釋放せられたり（新）。

九月二十日迄の預金は一箇月二〇〇圓に其の引出を制限せられ居る處、其れ以後に預入れたる貯金の拂出は無制限なり（新）。

金融取引は總て日本貨幣に依り行はる（新）。

終戰直後樺太廳は十一月分迄の米を配給せるが、蘇聯側に於ても朝鮮羅津より約十六萬石輸入する旨言明し居れり、右にして實現せば一人當り一日二合八勺と見ても來年六月迄は不安無きやに思惟せらるゝも單なる口約なるを以て前途樂觀し難し（内）（新）。

蘇聯軍兵員の増加するに伴ひ寢具衣類欽乏せるものの如く、甚しきは白晝「トラック」を以て一般民衆の寢具衣類等を搬出する事すらあり（内）。

蘇聯軍は其の生活程度極めて低き爲見る物悉く彼等の貪慾の對象とならざる無く、當初は强制買上の方法に依りたるも漸次所持金の無くなるに伴ひ、金品の强奪事件増加せり（内）。

蘇聯軍上級指揮官の禁令にも拘らず同軍將兵の婦女子に對する暴行は白晝に於てすら行はれ、婦女子は男裝して其の災を避けんとしつゝあり（内）。

内地連絡船杜絶前に引揚を了したる者は七萬五千（北海道五萬、内地二萬五千）にして、其の後も若干脱出し來りたる者あり（内）。

（ハ）各地狀況

（1）豊原

九月中旬現在豊原には約一萬の蘇聯軍（兵團長ボイコノフ大將）進駐し居りたり（新）。

蘇聯軍の命令に依り商工經濟會跡に物資調整委員會設置せられたり（新）。

燃料は辛じて越冬し得べし（軍）。

（2）大泊

九月二十二日頃二日間に亙る大火あり、目貫市街燒失す（軍）。

九月初旬現在蘇聯驅逐艦四隻、特務艦七隻、潜水艦四隻、輸送船六隻が入港し居りたり（新）。

九月初旬現在男子の殆ど全部は港灣荷役に從事し三人以上の團體外出、午後六時以後の戸外歩行は禁止せらる（新）。

市民は全部赤の腕章をつけ各戸には赤旗を掲げ居れり（新）。

蘇聯兵跳梁し居る爲婦女子は大部分男裝す（軍）。各地の戰災者一時に集中せる爲保有食糧の大半を食盡せり（軍）。

（3）眞岡

蘇聯軍は八月二十日上陸せるが、之に對し日本軍が一齊砲火を以て報いたる爲砲爆撃を受け市街の半分は燒失、一般邦人八百名が死亡せり（内）（新）。

（四）千島に於ける狀況

蘇聯軍は八月二十八日擇捉島、九月一日色丹島及國後島に上陸、志發島其の他にも若干の將兵を駐屯せしめたり（新）。

蘇聯軍司令官は九月十五日全千島の蘇領化を宣言すると共に要點左の如き布告を發せり。

今後許可すべき事項

（1）水產業、林業、牧畜等は從來通り。

（2）國民學校は蘇聯軍司令官の命令に依り許可す。

今後制限付にて許可せらるゝ事項及廢止事項

（1）通行は午前六時より午後七時迄とす。

（2）六浬以上の沖合漁業は禁止す。

（3）警察機關及日本制式村役場は廢止す。

（4）蘇聯軍駐屯地區は許可證を所持せざる限り通行を禁止す（新）。

在住邦人の談話に依れば、混成第四旅團主力（色丹島）竝に其の一部（志發島）は九月十日何れかへ輸送せられたり（軍）。

國後警察署長佐藤警部以下大部分の警察官も九月初旬蘇聯軍艦に依り何れか護送せられたるが、浦鹽に於て勞役に服し居るやの情報あり（新）。

蘇聯軍は日本軍の保有食糧其の他を接收して之を一般邦人に配給し居り、主食配給糧は充分にして道路改修、漁撈等の協力勞働に出務する男子には一日五合、洗濯、炊事等に協力する女子には一日三合の配給あり（新）。

蘇聯側は國民學校に於て兒童の露語教育を開始する一方、一般住民に日用會話用語を印刷配布して露語普及に努めつゝあり（新）。

蘇聯軍の軍規嚴重にして、邦人の生命財產に異狀なく、婦女子凌辱事件も殆ど絶無なり（新）。

第三　結語

以上の情報を綜合するに、蘇聯軍占領下諸地域に於ける邦人は（比較的狀況良好なる千島を除き）、文字通り塗炭の慘苦の底に沈倫し居り、其の救護又は援護は刻下の急務なる處、此等諸地域を完全に閉鎖し在留邦人の現地定着を企圖し居るかの如き蘇聯側態度に鑑るも此の措置は極めて至難にして、外務省始め關係當局屢次の努力にも拘らず未だ何等事態の改善を見ざる次第なるが、然も本件は我國官民として凡ゆる手段を敏速に實施すべき國家的重大問題たるを失はざるに依り、今後尙何等かの手を打つ餘地無きや參考に資すべく、茲に現在迄の交渉經過及援護狀況を記述し、以て結語に代へんとす。

本件に關する交渉は、東京のみならず中立國、南京、京城等に於ても行ひ來りしものなるが、其の概要は左の如し。

（一）東京に於ける交渉

（イ）九月初旬在京瑞典公使館を通し駐日蘇聯大使館に邦人保護方を申入たる處、同大使館は國交斷絶を理由に取合はず、聯合軍再考司令部附蘇聯代表も其の權限無しとして之を拒否せり。

（ロ）聯合軍最高司令官に對し、

（1）東京新京間の無線連絡及航空連絡

（2）在留邦人の必需品購入資金入手

（3）滿鮮の列車運行及其の石炭入手

（4）大連北鮮への配給

等に關して申入れたる處、配船に付ては具體的決定を受理次第實施する旨の回答ありたるも、其の後北緯三八度以北への軍人官吏の旅行は蘇聯側が同意せざる旨通告し來れり。

（ハ）吉田外相は九月二十九日聯合軍參謀長「サザーランド」中將と會見せるが、其の際同參謀長より邦人保護問題は蘇聯側に傳達する以外何等の「インフルエンス」を及ぼし得ず、日本側依賴に關して未だ蘇聯側の回答無き旨の言明ありたり。

（ニ）十月在京ローマ法王廳代表が在滿法王廳機關の安否を問合せ來りたる際我方より邦人保護に付援助を得たき旨要望せり。

（ホ）終戰連絡中央事務局は十月二十七日井口總務部長名を以て蘇聯軍占領下に於ける邦人の慘狀に關する情報を聯合軍最高司令部宛に通達せるが、右に對し十一月一日同司令部高級副官補佐官「アレン」大佐より同情報を米國の關係當局に送付せる旨の回答ありたり。

（二）中立國に於ける交渉

（イ）日本の利益代表國たる瑞典に對し蘇聯軍占領下に於ける邦人の保護に關する我方の要求を蘇聯に傳達方以賴せる處、蘇聯は瑞典に對し日本降伏の結果日本の利益保護問題は根據を失ひたる旨回答せる爲、瑞典は其の利益保護事務は終了せるものと思料する旨申越せり。

（ロ）瑞西赤十字國際委員會に對しても在滿邦人の保護方を申入たるが、赤十字側は從來共蘇聯とは聯繫無かりしを以て寧ろ米英側を動かす方が宜しからんとの消極的態度を示したり。

（三）南京に於ける交渉

我方より何應欽總司令部に對し在滿邦人救濟善處方を懇請せる處、同司令部は十月十五日東北行營主任熊式輝に對し邦人救濟及歸還に便なる都市港灣等に邦人を集中せしむる等の善處を打電せり。

（四）京城に於ける交渉

（イ）終戰後の朝鮮總督府援助の爲京城に駐在中なりし外務省龜山參事官は九月十七日蘇聯總領事竝に米軍司令部「ニューマン」大佐を訪問、滿洲避難邦人救濟竝に在平壤蘇聯軍司令官との會見の爲平壤に赴きたき旨依頼し置きたるが、十月に至り東京の聯合軍最高司令部より龜山參事官の平壤行は之を認めずとの蘇聯軍司令官の回答を我方に連絡し來れり。

尚龜山參事官は其の後米軍當局より歸國を命ぜられたり。

（ロ）朝鮮軍當局に於ても蘇聯軍占領下に在る將兵及其の家族等の救出に付數次に亙り參謀長、參謀副長以下を平壤又は咸興に派遣し、蘇聯軍と交渉せしめんとしたるも不能に歸し何等の解決を見るに至らず、又、米第二十四軍司令官「ホッヂ」中將は聯合軍最高司令部訓令に基き九月末以降蘇聯軍と交渉中なりしも十月三日に至り蘇聯軍との交渉は不可能なる旨言明せり。

右の如く蘇聯の態度は極めて頑強にして、蘇聯軍占領下に在る邦人の内地引揚は目下全く見透し付かざる狀態なる處、蘇聯側が北緯三八度の線を以て一切の交通通信を遮斷し、殊に軍人官吏の北上を嚴に拒否し居る關係上、之等邦人の救護は差當り各地日本人世話會の相互扶助乃至自衞行動に專ら委ねられ居る觀あり、然も之等の日本人世話會は何等の背景も有せず極めて無力なる爲、積極的活動は不可能にして充分なる成果は到底期待し得ざるものあり、其の間京城日本人世話會滿洲班は、十一月一日大陸戰災救護委員會として新發足し、演劇團等を編成して北鮮に潛入せしめ、諸情報を蒐集する一方避難邦人の救濟に努力し十一月八日迄に約六〇〇〇人を救出せりと稱し、更に米軍より朝鮮近海運輸株式會社の機帆船三十二隻の使用を許可せられたるに依り之を以て北鮮よりの救出を策せんと計畫中なる旨報告し居り（軍）。

斯る非合法的乃至潜行的救護運動が如何なる程度に成功し、何時迄持續し得るやに付ては多大の疑問有るべきも、一個の試みとしては注目に價するものありと認めらる。

「別添」

主要歸還者談

第一、内蒙情報

蒙古聯合自治政府顧問・蒙古通信社長

神吉正一氏談

張家口

八月十七日　敵機（蘇聯）飛來銃撃す
蘇軍及外蒙軍徳化に南下進撃す
日本人は未だ在住者避難態勢整はざるを以て蘇蒙軍を日ノ丸峠にて阻止す

八月十八日　敵機三來襲爆撃す
敵地上部隊は張化に侵入す
八路軍軍使來り根本軍司令官に對し内蒙八路軍引渡方を要望せり、之に對し司令官は重慶軍との直接交渉には應ずるも八路軍との直接交渉には應じ得ず、然れども蘇聯を通じての八路軍への引渡方申入に關しては應ずる準備ある旨を回答せり、
在住日人は長期持久の態勢をとらんが爲食糧配給をなす

八月十九日　日本軍司令部より平津方面への引揚命令あり
在住日人を學校に集合せしめ引揚に關する支持を與ふ
一部南下引揚開始す

八月二十日　在住日人の大半引揚げたり

八月二十一日在住日人殘餘、政府要人等引揚を了す
對蘇作戰の爲上海より張家口方面に進出しありたる惠部隊（内田銀之助中將）日人引揚にトラック四十臺を以て協力す
在住日人引揚終るや現地民殘置せる物品を搬せるも暴力を以て掠奪せる事實なし
在住日人の一部は自由意志に基き現地に留りたり、之等殘留者は其後安全に生活を續けあり

厚和

婦女子は八月十六日、十七日兩日張家口を經て平津地方に引揚たり

男子は殆ど全部防衛召集にて應召中なりしも之等召集中の者は大同－大原－天津に至り現地除隊せり

包頭　婦女子、居留民男子、軍の順を以て引揚輸送を計畫第一回輸送列車にて婦女子の大部分張家口に引揚げたり

第二回引揚列車を差向けんとしたるも輸送不可能となる

傳作儀軍地盤を鞏化しつゝあり

大同　閻錫山は日本人の生命財産を保護するを以て引續き在住可なる旨通告せり

大同炭礦接收問題を繞り閻錫山、傳作儀間に意見の衝突を見たり

在住日人引揚せんとしたる時には列車の運行停止しあり孤立に陥りたり、其後電業、松葉組、其の他有志を除き移動せり

在住希望者多数ありたるも閻錫山側に於て技術者、年齢若き者、華語をよくするものゝ三條件を以て選擇之を決定せり

德王消息　終戰となるや日本側より獨自の行動を採られ度き旨通告せり

德王は内蒙奥地要害の地に籠り外蒙軍と接渉せしとの意嚮を有したるも日本人の避難開始せらるゝや之と共に北京に南下更に重慶に赴き未だ歸らず

李守信　重慶に赴き第十路軍司令の職を與へらる

第二、熱河情報（十月三十日蒙古通信社長より聽取）

杉目　江

1、脱出者　熱河省興隆縣　吉田副長談

經路

八月十九日　興隆發―（トラック）（徒歩）―蓮化―（徒歩）―馬蘭峪―（徒歩）―三河―（徒歩）―通州―（トラック）―北京

狀況

八月十八日　終戰を知らず朝禮中岸谷省次長より電話にて十九日承德に引揚げすべき連絡を受く

同地駐屯部隊（一ケ大隊）に此旨連絡せるところ同部隊亦始めて終戰を知り軍官民一體となり引揚實施に決定

豪雨の爲承德に出ること不可能なるを以て北京に向ふに決定す

八月十九日　朝引揚行動開始

副縣長以下二六七名は一ケ大隊の護衛を受けトラックに分乗出發せり、泥濘の爲トラックの乗行不可能となり荷物を放棄六十餘歳の老婆、妊婦、子供等も混り間道を求めつゝ徒歩行一日平均七里の行軍を以て北京へ一路南西進す、十日間を要し北京到著、途中子供三名の死亡者を出せり

本行軍間に於て得たる情報

1、岸谷亮一郎省次長自決

行軍中岸谷氏愛用の毛皮敷物を運ぶ滿人を發見問訊したるところ該滿人の語るところによれば、「岸谷次長は金夫人、令嬢と共に服毒自決敢ない次長公館より持出したるものなり」との事なり

2、皆川富之丞警務廳長以下挺身一心隊日系警察官殺害さる、引揚者一行蓮化より唐山へ出るべく行軍中皆川廳長以下の殺害經過を記したる封書を拾得此の事實を知りたるものなり、本書面に依れば「唐山附近に活躍中の一心隊三千は事態の變化により奉天方面に轉ずる事となり之の旨を皆川廳長部下の集めを示達せる處部下既に動揺し之に随はず、廳長は大命なり出動せよと命じたる處部下滿軍一隊長突如廳長を射殺す、之に呼應せる滿軍は日軍二百五十名を悉く慘殺せり」と、引揚者一同は此の報により唐山に向ふを止め馬蘭峪に向ひたり

2、脱出者　**凜平縣坂本總務科長談**

八月十三日　省より引揚に關する連絡あり、始めて蘇聯參戰を知る

八月十四日　婦女子を通化、安東方面へ乗車引揚せしむ

八月十五日　殘餘婦女子引揚

八月十九日　總務科長を管下引揚連絡竝に情報蒐集の爲殘留せしめ日系官吏引揚に決す

八月二十日　突如蘇軍侵入し來り就務中の縣廳に亂入日系職員を拉置す

満服を纏ひ就務中の總務科長を行政科長

(満系) 庇ひ避難經路竝立寄先を照介し脱走に成功せしむ

附近満人宅に數日ひそみ情報蒐集に努む

副縣長以下日系官吏は抑留の後古北口に送られ再び護送せられて承徳に拉置せられたり

凛平に最初入りたる蘇軍は良値にして暴行、掠奪等なかりしも、二、三日後入り來りたる兵は満人婦女に對し暴行したる爲、婦女は縣城より遁走せり

蘇軍は直接掠奪はせざるも満人を煽動しそうして官廳、會社等を襲はしめたり、煽動に乘りたる満人は官廳、會社のみならず満人住宅をも掠奪したり、掠奪されたる満人は亦掠奪する等掠奪の波紋は日を逐つて擴大せり、又八路軍に示唆せられたる満人暴徒は特務警察關係者、警察隊長、満軍隊長者を求めて殺害し、廣範圍の惨殺行はれたり

同縣に入懇しありたる開拓團(約四十名)は七名脱出に成功したるのみにして殘餘は殺害せられたる算大なり

承徳　數千の日人、住宅より放逐せられ泥濘、雨中に寒氣に慄へ死の寸前を彷徨しあり

蘇軍承徳入場の際之を出迎へたる満軍は武装せる儘なりし爲蘇軍の射撃を受け多數の死傷者を出せり

古北口　蘇軍約一萬外蒙古軍、女子騎馬隊約一千と共に雪崩を打つて殺到せり、日人及満軍殺害せられ死體散在す

第三、北鮮脱出記（昭和二〇、一〇、一七）

山内信一手記

八月二十一日臨江發

八月二十五日平壤著

自八月二十六日至九月三日間

驛構内貨車中に宿泊す

此の間朝鮮人保安隊及赤衞隊(何れも日本軍の武器にて武装しあり)の爲脅迫され貨車中の荷物主として軍需品を悉く掠奪さる

九月四日　疎開本部會報にて「ソ」聯兵の爲日本人女子二名強姦さる依りて婦女子の外出を禁示す」との達あり

九月七日　商店街に於ける日本人商店の商品は「ソ」

聯兵自動車にて掠奪頻々たり

九月八日　日本人男子は「ソ」聯軍に於て見付け次第拉致せらる依つて外出は勿論屋内に在りても押入、其の他に潜伏を餘儀なくせらる

本日余の宿泊せる九州屋旅館横井戸流し場にて洗濯しありし日本女三名中一名（十八才）は「ソ」聯兵につかまり防空壕内に連行され强姦さる

九月九日　豫てより懇意なりし鮮人軍屬某（本名本山武助）に依り其の郷里なる元山行を計畫し同地にて乗船歸國を豫定せしも元山に於ける治安狀態は極めて不良との情報ありしを以て之が計畫を放棄す

依って第二案として大同江を南下、鎭南浦より船にて脫出の豫定にて情報を収集するに在平壤師範學校生徒は豫てより鎭南浦より船にて脫出の計畫を樹て鎭南浦の船頭を大同江岸に招致し交渉せるに同船頭の談に依れば在鎭南浦滿洲關係疎開家族は男女別々に抑留せられ男子（十六才以上、六十才迄）は勞役に使用の目的にて他に連行せられ女子は毎夜「ソ」聯兵來り二十時より翌朝八時頃迄連行暴行を加へありて之が爲自殺者續出しあり又特殊慰安婦に使用の目的にて毎日六十名を飛行機にて移動せしめありとのことにて暗然として日本民族亡ぶの感を深くし淚を禁ずるを得ず已むなく鎭南浦行を取止む

九月十日　鮮人軍屬某（匿名柳信滿）の情報によるに今朝未明「ソ」聯兵二名何者にか殺害せられし爲大同江岸及市内外一般に警戒嚴重にして脫出不可能とのことなり

「ソ」軍の日本人に對する態度益々險惡となる

同日十六時頃余の旅館九州屋に「ソ」聯軍二名臨檢の爲來りしを以て余以下八名屋根上に匿し漸く拉致を免る

九月十一日　余等一行五名は二班に分れ鮮人に變裝し友人鮮人軍屬（匿名本山武明）を案内人とし大同江橋を渡り辛ふじて平壤を脫出徒歩にて京城に向ひ南下す

九月十二日　途中本街道に存する中和の治安不良にて日本人相當抑留せられあるとのことなりしを以て右方山地を迂回し黒橋を經て黄

州に到著す途中本山平壤に歸る
黑橋に於ては治安隊の爲所持品全部（洗面具を携帯するのみ）の檢査を受け左記證明書を交付さる

證明書
氏名　山田信一
年齢四十一才
右者所持品調査（＊＊＊＊）證明（＊＊＊＊）
壇化二七八年九月十二日
黑橋治安　印

尚金錢は齒磨粉中、煙草中、其他に隱匿し掠奪を免る
途中に於ける食事は芋其の他を購入す

九月十三日

黄州發沙里院に夕方到着
日本人會に連絡せるに状況極めて險惡なるを以て今夜出發せよとのことなりしも夜間行動困難なりし爲朝鮮人旅館に一泊す

九月十四日

旅館主の談によるに新幕開城の間危險なる爲道案内を要とのことにて金千圓に道案内を雇傭す
同夜旅館裏日本人住宅を「ソ」聯兵襲撃せる様子にて子供が母をかばう泣言及女の悲鳴頻りなりしを聞き暗然とす
道案内の案内にて沙里院發山地間道傳ひに開城に向つて南下す
途中四粁行程の山麓にて追剝に遭遇して道案内人逃亡す此の地にて巻脚絆同金錢二百六十圓を掠奪さる
餘の同行者は靴上衣笠に金錢五百三十圓を掠奪さる
而し約五粁前進するに又六人一組の追剝に遭遇し全員衣類全部を掠奪され裸體とされしを以て追剝の著用しある「ぼろ」衣を懇願して貰ひ受け著用
途中南下中の日本人二人と合流し相談の結果更に海州に迂回南下することとし山地間道を南下同夜新岩向つて鮮人宅に一泊す
同夜宿舎主人より脅迫を受く金八十圓を差出し懇願す

九月十五日　朝更山又山を强行軍し助〇に於て「れいせん」江を渡河し漸く三十八度線を越え山中に一泊す

九月十六日　途中土城より六粁手前の部落附近は「ソ」聯兵掠奪のため危險なりとのことなりしを以て再び山中に入り京畿道に迂回路をとり土城に入る
土城には米軍進駐しあり星條旗を見て初めて安心す

九月十七日　土城發開城驛に到著汽車に乗車せるに保安隊來り日本人は下車すべしとのことにて下車し再び徒歩にて南下することとし日本人宅に一泊す

九月十八日　開城發

九月十九日　京城著
當地にて本願寺に収容せられある、日本人女子（全員斷髮し男装しあり）來り滿洲内の情況を質問す又山下參謀夫人來り同樣質問す、同夫人の談によれば關東軍女子軍屬南下の途中十七名强姦され十四名慘殺され三名は辛ふじて死を免れ目下同夫人避難先にありと

九月二十五日　本日迄乗車券入手の爲待期す

十月一日　今朝京城發夜釜山著
釜山發仙崎上陸す

第四、北鮮脫出記（十月上旬の北鮮事情）

（元山滯在間八月二九日―一〇月一〇日）

某氏

一、行政關係

1、人民委員會及勞働組合
共產黨員を以て組織し「ソ」軍の意圖の下に行ふ。

2、保安隊
鮮人を以て組織す、憲兵の如き行動を爲す舊日本軍の軍衣跨を著用し軍刀を佩ひ銃を携行す。「ゲ・ペ・ウ」的存在にして治安確保を目的とするも實力を有するを以て亂暴を働き市民には或は「ソ」軍よりも憎惡視さるものあり。

3、日本人世話會
罹災せる日本人の自治團體として設けられたるも何等の背景も有せず折角の努力にも不拘受動的立場を持するの外無く無力なり。

二、食糧配給

1、鮮人には二合數勺の高粱の配給有り又內地人には當初鮮人よりも二勺減の割にて配給あり

たるも其の後は配給せずと宣言さる然れども間歇的に若干配給さるること有りて確乎たる方針無し。

2、配給機構は左の如くなるも市場に於ては穀類販賣され白米にして初期に於ては五升百圓の高價なりしも十月初旬に至りて六十圓、五十圓と價下りを見せあり但し日本人は十月より買出禁止の爲購賣するを得ず。

三、日本人の情況

1、避難民は前述世話會の斡旋にて寺院、遊郭、料理屋等に集團生活す「ソ」軍としては避難命令を出せし覺えなしとし避難民を認めざる方針をとり現地復歸を唱ふ。

九月中旬よりは避難民の流入を禁ぜらる然れども北方に於て生活を失ひし者「一歩にても南へ」の氣持より潛行流入する者多し。

2、八月の暑き最中を生命からがら脱出せる者にして著替を有する者殆ど無く現金を有する者亦少し、又若干携帶しありしも途次に於て惡質なる鮮人の掠奪を受けし者多し、通帳を有するも金融機關停止され現金に換ふるのよしなし。生活は漸次窮迫を告げあり世話會の斡旋により布團、金錢の供出配給を行ひつゝあるも「燒石に水」の狀態なり。

3、十月初に於ては日本人に對し戰敗國民として自肅の態度見えず又購賣力旺盛にして物價騰貴すとの理由により一切の買出は禁止され外出も亦禁止さる、對策として世話會人民委員會を通し配給等の方法に依り最小限度の生活を維持せんとし申請中なり榮養不良にて死亡者續出す殊に幼児に多し。

4、毎日の食事は一日二回高粱の雜炊にて一日一合程度のものを啜る其れも亦今後の配給事情確定せざるに依り萬一の場合に備へ食ひ殘しつゝある現狀なり。

5、九月中旬より「ソ」軍より强制勞働の通達あり「ソ」聯押收資材の本國還送荷役、工場よりの資材搬出、道路作業、神社の破壞、清掃各種使役に從事す此の勞働に從事せるものに對しては一日「三合三勺」の穀類特配有り。

6、日本人にして食糧不足なる爲埠頭の米荷役に際しては米を窃取し持ち歸る者多く又燃料不足の爲空箱を叩き壞し薪代用として肩に擔ぎて持ち返る者あり勞働終了時にはゾロゾロと苦力の行列の如く門を出て之が往事の朝鮮指導者たりし日本人なるかと疑はしむるものあり。

7、避難民収容所には暴行、掠奪に來る者多く中には「ソ」軍憲兵も交り居れり、時計、萬年筆は悉く掠奪す、婦女子に對する暴行は甚だしく夜間泥醉せる「ソ」兵入り來り適當の婦女子を物色し拉し去る。

抵抗せば自動小銃にて威嚇射撃をなし傍に夫或は親其の状を観るも如何ともする能はざる状態なり初期に於ては城歸地區に於ては最も甚しく抵抗せる婦女子に對しては足に釘を打付けて暴行せりとか聞く。

8、保安隊の軍人檢擧嚴しく特に憲兵、警察官に對しては往事共産黨員に彈壓を加へし故を以て最も甚し。

其の取調に際しては深更避難民収容所に來り男を全部一箇所に集め、蹴る、擲る、軍刀を抜き峯打ちを食はす等の拷問を數時間に亙りて爲し且山を掛ける事巧にして引掛りて白状せる者は之を拉致し監禁す斯の如くにして拉致され未だ還り來るものあらず斯の如きこと數日連續せり。

9、元山地區には避難民約七千在り、城津、咸興、清津地區にも多數集結しあり各地とも勞働に服しあり、北に至るに隨ひ暴行の程度酷なりとの由。

清津地區に在りては食糧不足の爲勞働從事者に對しては大豆を給しありと。

10、歸還船の近日廻航されるとか或は國境は北緯四十一度の線に改計を見近日中に米軍到著するとかの流言蜚語亂れ飛び民心安定せず食糧の窮乏と現金の缺乏、嚴寒の襲來とにより益々其の度を加へ歸國の日の一日も早からん事を夢に迄見居る状態なり。

元山在住日本人市民は初期に於ては自家に生活しありしも人民委員會、勞働組合、勞働黨の幹部の住居或は事務所として其の主要なるものは沒収され立退を命ぜられ立退に際しては家財道具の賣買は絶對禁止され不動産は一切差押へられ、日本人としては三十八度以南に脱出すること不能にして連日保安隊及「ソ」兵は遊び半分的威嚇發砲を耳にしつゝ堪へ難きに堪へ、忍び難きを忍び状況の好轉するを待ち焦れあり。

銃聲を聞かざる日一日も無き状態が如きなり。

四、鮮人の状況

舊日本帝國主義打倒、朝鮮民族解放、朝鮮建國等の宣傳に迷はされ對日感情惡し。

最近に至りて「ソ」軍の治下に在りては職無く収入の道なく窮迫するに至るを以て米領に越境する者逐増す。

「ソ」軍に對しては「亂暴で程度の低い譯の分らず屋」との感じを抱き居れり。

第五、北鮮脱出記（八月二十六日―十月二十八日）

鈴木治助氏

八月二十六日

午前四時婦女子四十一名と安東を出發す。
安東は終戰直後、滿人に掠奪せられ、邦人十二萬（内四萬避難民）内心恟々たるものありしも、八木玄八氏の手腕に依り表面平穩に歸れり。卽ち「ソ」軍進駐に備へ、日本人會より十萬圓を出さしめ又滿人十五名、日本人藝者十五名を以て接待役として不時の事故に備へ、食糧は六箇月分確保しあり。（註九月十日迄日本兵士警備しありし由なり）
十一時三十分沙里院にて下車せしめらる。

九月二日

沙里院地區守備部隊武裝解除、吾等一行は二九〇五二部隊（北鮮にて解隊せる特攻隊）兵士と沙里院の農事試驗場に収容せられ同勢六十名となる。

九月六日

「ソ」聯戰車隊、守備隊の掠奪頻繁にして、男女共裸にしたる後金品、被服を押収す。就中、腕時計に對する執着心強し。

九月七日

「ゲ・ペ・ウ」の將校來り女を強要す。吾が拒絶に遭ひ一旦引上げしも再び來り男を一室に監禁し、「チチハル」より來りし看護婦二名を連行す。内一名は脱出し來りしも他の一名は遂に三名により強姦さる。


八月二十六日より十月五日に至る沙里院抑留中の状況左の如し。

鮮人の日本人に對する反感は想像以上にして、今迄の屈從感を晴すは此の秋なる熾烈強固なる敵愾心に燃え、赤軍の暴状と共に鮮人の暴行は邦人をして悲哀の涙に暮れしむ。

初め蒲團二〇〇枚及金四十五萬圓寄附を強要す。

沙里院の邦人家宅は盡く泥足下に在りて、金品、家具は掠奪、人心動揺し、爲に三十人、四十人と一箇所に集團して、事態を注視しあり。又近村の小部落にては日本人は抑留され、財産、家、林檎園は鮮人の没収する處となれり。

食糧は居留民に對して十月一杯從前の如く配給ありしも避難民に對しては配給なく、共産黨の許可を得ざれは外出も困難なるを以て五升四十五圓(後二十五圓)の米を買ふ手段なく、頭初は解散せし守備隊の補給米及苦心の結果入手せる闇米を以て飢を凌げり、吾々に對する苦役は赤衞隊、治安隊が「ソ」軍の許可を得て日本人會を通して割當を行ひ、汽車の石炭運搬、鮮人宅の肥料汲み、農園の高粱刈等を行はしめ、時としては六十名に對し五貫目の芋を呉れることもあり。一方「ソ」聯軍の吾に對する態度は嚴重なる掠奪、暴行嚴禁の上級司令官布告に拘らず酷烈なり。卽ち「ゲ・ペ・ウ」が慰安婦に對し二百圓を渡し花柳界を解散せしめたる結果一般人に對する強姦事件頻發し、某女學校長は、女學生三年生の己が娘を眼前にて、又中津旅館にては六十歳の老婆に對しても暴行を行ふ等のことありて、婦人は總て男裝せしめ縁の下に隱匿し、爲に夫は打擲せられ半殺になること屢々あり。

物品に對しても同然にして、駐在の「ソ」兵三、○○○名は築城の如きは行はず部隊にて工場機械を搬出し、將校は家族連にて赴任し、飯釜、ミシンの類は固り、トラック二臺づつ位ひ運び有りて、兵も亦己が物欲を滿し、腕時計を腕一杯に附けたるを誇り、或は掠奪品を金に替へて遊び、將校以下日本將兵の被服を著し、從前のぼろ服に比し面目一新されたる感あり。「トラック」の如き一九二八年型の「フオード」を使用しあり。

朝鮮人は掠奪による富と獨立萬歳の甘酒に醉ひ痴れ、終日遊楽に耽り、商店は掠奪品を竝べて吾が世を謳歌しあり(註・砂糖一斤二十五圓)(獨立準備委員會と赤衞隊)(日本兵より掠奪せる武器被服を著用す)との勢力爭も亦盛に行はれ銃聲を聞く。斯る非道の場所に座死せんよりは一歩にても故國に近き處にて死せんと一同意を決し

十月六日

「ソ」軍憲兵隊司令官に面會し、旅行券の交付を求む。

十月七日

「ソ」軍の掠奪極度に達し、鮮人は鮮人にて暴行を加ふるを以て一同に青酸加里を分配し明日出發に決す。此の間赤衞隊、治安隊の檢査其の度を加ふ。

十月八日

幸に旅行券交付せられたるを以て午後四時沙里院發。新幕驛に著くや此の列車に日本人有りと鮮人呼號したる爲「ソ」聯兵威嚇射撃を行ひ、下車、避難所に北京行豫定の邦人三名と收容せられ鮮人

の炊飯を強制さる。よつて婦女を隠し、若き男率先して之に赴く。

十一時頃、女を強要すべく、鮮系共産黨を手先として來るを以て、時計四個、金五百圓を出して難を免る。

話によれば、此の新幕近郊の掠奪も、各地と同然にして、四〇分以内に乗車せば内地に歸還せしめむと稱し沙里院に連行、然る後財貨を奪ひし由なり。赤衛隊長に出發を（共産黨の護衛隊）交渉せし處、二、〇〇〇圓寄付すれば、諸君の希望を容れん。然らざれば平壌に連行せんと。依つて掠奪を免れし金を出し集め許可を得、赤衛隊の傭ひ來りし車二臺に女、子供及び若干の手廻品を積み出發す。

途中至る處、治安隊の檢察を受く。これより山に寝、大根、いり米を噛り、飢えを凌ぎつゝ、彼等の眼の届かざる如く行動し、十四日頃金郊山の見ゆる「チョツポ」に著く。

三十七、八里の難行軍の爲、女、子供の歩行困難にして、舟航の他なく、鮮人の强慾に合計六千三百五十圓を投じ、川の隅に在る「ソ」聯兵の眼を盗み開城の手前に到著す。開城にて米隊長に事情を具陳依頼せる結果、本願寺に入り日本人會により握飯を分配せらる。

列車の運行狀態不明なるを以て驛に集合せし處、驛の清掃を行はば四時の頃の貨車に乗車せしめんとの確答を得、直ちに清掃を開始し、四時の汽車にて出發す。

十月十五日

京城著、終戰事務局より一日二合の配給を受く。

十月二十六日

正午の復員列車にて出發。途中釜山の二、三手前の驛にて停車せるを以て、各自一圓宛據出し、汽關車を運行せしむ。

十月二十八日

出帆、六千七百の定員に八千七百と云ふ狀態なり。

十一月一日

仙崎著。

滿洲に就て。

一、奉天驛前の貨物は滿人により掠奪さる。

二、滿鐵の社員に對しては、生命財産を保證（俸給は一率）するを以て三年間働くこと。

三、安東―新義州鐵橋閉鎖。

四、九月一日迄は滿洲より脱出するを得たり。

第六、元山方面ノ實狀ニ關スル報告竝意見具申

第五十一海軍航空廠書記　山口惠三

昭和二十年十一月六日

私は元山工場に勤務致して居りまして終戰以後十月二十二日まで元山の自家にありて抑留状態で通して居りましたが食糧としては少量の雜穀を得「ソ」軍及朝鮮人徒黨に依る盜難竝に戰禍よりの避難同胞への救助の爲に殘りし衣類も少なく日毎に募り行く寒氣は相當多量の薪炭を必要と致しますが、之も終戰直後より抑留状態にありし日本人には求める事も出來ず、終戰當時保有して居りました薪炭も二ヶ月餘を過したる今日、日毎の炊飯の爲、その殆んどを消費し、殘りの幾許かを以て今後何日まで保ち得るかの現状でありますが故に、食糧の欽乏と薪炭の入手不可能は飢と寒さで現在の死亡者だけで、一日二十名を數える状態で、今後尚之等の餓死凍死が向寒と共に增加の一途をたどる状勢に立到りましたので、何とかして早急に內地送還船を廻して頂き度と十月二十三日身を朝鮮人に偽裝し、北緯三十八度の「米ソ」國境線を突破し、鎭海の本廠たる第五十一海軍航空廠に至り、分工場の實情を報告し且、北鮮在留邦人の內地送還を廠長と共に鎭海軍警備府參謀長に御願せしも、元山は「ソ」聯占領軍制地下に付、鎭警としては何等の打べき手段なきを以て中央に連絡して直ぐ故當方に於て中央に對し連絡廻船方を陳情しあるも差支ないとの由で卽刻上京御願に上りました次第であります。

軍人竝に軍關係状況

「ソ」軍の元山への進駐状況は、元山港附近の居住朝鮮人より洩聞したのでありますが、八月十八日夕刻戰艦三隻を以て入港、翌十九日元山稅關棧橋より少數の短艇にて上陸したるを始めとし、引續き上陸を開始、附近の陸軍に對し武裝解除をなし、更に八月二十二日輸送船五隻入港、一部は鐵道を以て北緯三十八度に向け南下したそうで、海軍には八月二十一日武裝解除の通告あり、翌二十二日より小銃彈藥等の明渡し、二十三日軍人、將校、下士官兵（文官雇員、傭人、工員等の軍屬を除く）全部を航空隊に集結を命じ、同日「ソ」軍陸海軍も海軍各廳に進駐し、九月一日迄で航空隊にて軍人は武裝解除の儘抑留、九月二日准士官以上汽車便下士官兵は徒歩及汽車にて北に異動せられ、聞く處に依れば、元山を離るゝ約三十里陸軍所屬たりし漣浦の飛行場の附近に集結抑留中とのことにして、勞役等又は以後の行動に關しては一切不明であります。軍及軍關係の工場竝に重要工場事業場等の器具、機械及材料等は如何なる微細なる物をも一切之を本國向け輸送中にして之等の勞役に多數の日本人が使はれて居り、その代償として就勞者に對し少量の米を交附致して居ります。私もその勞役に服しましたが、物品の送先は明白ではありませんが、次の通り記入して貨車に積込んで居りました。CCK.TOTP.MOK 何でも「ウラジオストク」へ送るのだと言つて居りました。

軍人家族としては元山特別根據地隊九〇一空元山派遣隊元山航空隊、五十一空廠元山分工場で婦女子三〇〇名武装解除の際、元根司令官と「ソ」軍との申告事項中、警戒隊として軍人一七名合して三一七名中清里の海軍官舎に一集團となり、軍屬（文官、雇傭人、工員）は尚下洞に二六五名一集團にして居住、元山在留邦人約二萬三千北方の戰禍より八月十五日迄脱し來る者約七千以後に侵入せる者と合し約一萬總計約三萬三千の邦人が殆ど抑留生活を致して居ります。

終戰直後朝鮮人は自由解放獨立萬歳を絶叫し、町の辻々は各所に集團が見受けられ、邦人の通行は誠に危險に至り以後現在に至るも婦女子の外出は全んど見掛ぬ有様で、鼠輩徒黨は家人の隙を伺ひて物品を盜み、品物を賣つて呉れと稱して家屋に立入り、隙を見て家屋周邊に有る物品を盜み「ソ」軍兵士が時計を慾するのを利用しては連行の上「ソ」軍と共に邦人家屋に侵入家財を强奪し、之を山分け若くは果物と交換する等の惡辣なる方法を教えたる爲「ソ」軍兵士自身が邦人家屋に容赦なく侵入、貴重品、衣類、金員を强奪するに至り引ては娘にも目を付け强姦に及ぶと言ふ惡結果に至りたので、之の魔手より逃れんとあたら緑の黑髪を五分に斷ちたる婦女子も少なくないのでありますが、今尚かゝる犯行は姿を斷ち難いであります。

裕福なる家とみては、日銀券を持參して鮮銀券と交換せしめ、その家の金員の有無を調査し、その夜五、六人にて强盜に押入るとか、電氣の檢查と稱して電球を檢查し、六〇ワット以上の燈電社に對しては電燈違反として金員を徴する等多種多用の方法を以て詐僞、

赤軍（ソ聯）―人民委員会〈行政權〉―
電工部（工業機械關係）
施設部（不動產關係）
食糧部（糧食關係）
民警隊〈司法權〉
（審理・司法・人事・兵器・會議の各部）
共產靑年隊
（文化・宣傳の各部）
――愛國班を通じて赤化を宣傳す

竊盜、強盜等赤軍又鮮人よりの被害は次ぎ次ぎと免がれ得ざる次第であり、行政司法が「ソ」軍の指揮に依り共産系の鮮人に移つてからの邦人に對する壓迫は誠に耐え難きものでその團體は系統での赤軍指揮下にあり總て共産系のしかも勞働組合の組合員より選出組織して居る關係上質も惡く、職權亂用此の上もなく、朝鮮人同士の内でも非常なる怨嗟の聲を聞く狀態でありまして、終戰直後より各工場主營者事業主竝にその各幹部は總て此等の機關を利用する鮮人從業員より爾後の生活保存料として不相當なる全員の強要を受け、巻上げたる後に於ても朝鮮人を嬲め苦しめたとの故を以て、何等辯解の餘地なく留置場に抑留をなさしめ、今日に至るも未だ入獄致して居り入獄に至らざる者と雖も鐵拳の報復手段及恐喝に民警隊を連行して邦人家屋に押入る狀態であります。

赤軍及三團體の居所の爲、邦人家屋は次ぎ次ぎと追ひ出しを喰いしかも家具、應接セット等一切を其の儘殘し一品たりとも持出出來ず、何日までに移轉せよとの事を敢て行ひ、且つ稅金は從前通徵收、物價騰貴は日本人の暗み値に因すると稱し、邦人への物品賣買禁止、物々交換禁止となり、加ふるに外出禁止等日本人の生命財産保全とは公表しつゝ有形無形の壓迫は次ぎ次ぎと相重なりつゝありまして、米穀類は「ソ」軍進駐と同時に根こそぎ「ソ」聯で抑へ本國へ輸送せしめたる故、食糧としては雜穀少量を衣類は盜難及避難者竝に人民委員會等の諸團體へ供出せしめられたるに付殘量幾許も無く、逐日寒氣は加はるに燃料煖房はおろか日毎の炊飯の消費にも耐え難き實況下にして爾後一、二ケ月を此の儘に推移する事は飢と寒さに餓死凍死するを側邊に見ては遂に節操も保ち得ず、心も荊び自暴自棄に陥ち入ることは必定でありまして、今年の冬を越すことは全滅を期する事とありますれば、一日一刻も早く内地送還の船を派して頂く外には絶對に救出の道はないと信じます。依つて私が身を挺して御願に上京せし所以も茲にある次第であります。

第七、最近に於ける北鮮避難邦人の狀況談

宇田淺次氏（關東軍報道部附屬）

一、說明者　在京城大陸戰災者救護委員會

二、大陸戰災者救護委員會の性格

同委員會は京城日本人世話會の滿洲班として活動中なりしが、世話會の無力にして且滿洲よりの避難者救濟に關する熱意尠く又近く南鮮邦人の内地引揚者等に依り浮足立てるを以て之より獨立し、滿洲關係者、關東軍所屬軍人軍屬及朝鮮在住協力

者に依りアーノルド軍政長官の公認を得て十一月一日新發足せるものにして演劇團等を編成し、北鮮に入り情報を収集し、避難民の救濟に努力しあるものにして其の情報は概ね正確なるものと判斷せらる。

三、（1）北鮮に在る滿洲よりの避難者現在約十五萬従來よりの在住邦人約六〇萬ありて同委員會の十一月八日迄に救出せるもの約六〇〇〇人なり。

（2）避難民は餓と寒さと過勞の爲、死亡するもの日に數十名を數へ安東に於ては、十一月八日迄に死亡せるもの約三〇〇〇名に達し婦女子特に乳幼児多し。

（3）集團収容中の邦人婦女子十六歳以上六十歳迄の女子は毎日交代割當にて慰安婦として要求せられあり。

當初は娘の身替りとして母親の交替するものありしが、目下は之も認められず、之等婦人の八〇%は性病に罹り二〇%は妊娠しありと。

（4）强制勞働は農家にありては稲刈りに都會にありては便所掃除、電車の清掃等に服せしめられあり。

日給は一圓五十錢にして高物價の現在如何ともし難い。

四、狀況概ね右の如きも何處も同じ金の威力は相當にして金さへあれば脱出も生活も比較的容易なるが如し。

五、尙同委員會に於ては朝鮮近海運輸株式會社の機帆船三二隻の使用を米軍より許可せられたるを以て之に依り北鮮よりの救出を策せんと計畫中なり。

六、滿洲内治安は概ね平靜に歸しつゝあるものゝ如きも餓と寒さを凌ぐに困難しあり。

七、正規中共軍は概ね軍紀嚴正なるものゝ如し。

附録、京城大陸戰災者救護委員會情報

報告（聽取）　新京　武井勝治郎

一、間島省兩江口及安關附近の狀況特に大甸子開拓團の片見大甸子の開拓團は附近五ケ團を集結し、戸數二〇〇戸に集結しあるも近く明月溝に集結を命ぜられあり。

米の収穫期前にして食糧は「ポーミー」包米（玉蜀黍）の外なし。

家財道具は全部（九分迄）滿人に掠奪せられ炊事に支障あり、衣類は子供の者に至る迄掠奪せられあり。

滿人を主體とする治安隊は朝鮮人を含み相當に活

躍しあるも我に良好ならず。

（以上九月下旬の狀況）

沼田林業　近村氏談

一、敦化（九月十四日）

二、收容可飛行場に　八、〇〇〇名（家族）女子は格納庫内へ

パルプ工場　二〇、〇〇〇名（日軍）

三、〇〇〇名（家族）男女別に取扱、女子三三名自殺す、理由は暴行拉致

小學校　七〇〇名（家族）主として一般家族慰安所充當

教會　二、〇〇〇名位

米價一斤　四圓―五圓程度

三、龍井

日本人各收容所に入る他は敦化に入る　Ｐは八月十八日入る

（於平壤　十月二十五日）四三九　小杉技手

一、收容所

1、若松小學校（疎開地區本部）二、〇〇〇名

2、華頂寺　一、〇〇〇名

3、第一中學校　一、五〇〇名

4、賑町料理店（分散）三、〇〇〇名

5、在　不明　七、五〇〇名

6、在住民家屋　不明　（註）總本部目下無し

二、疎開者の情況

1、金銭

所持金は全部沒收し一日に二圓の計算にして一〇圓位に儘めて交付せられる（疎開本部より交付）獨身者五〇〇圓、家族持（人數の如何を問はず）一、〇〇〇圓を交付せられたり

金錢的には明春迄は持續の豫定　一ケ月の生活費一〇〇圓は必要

寒冷となれば　二〇〇圓は必要ならん

2、物資

米　六kg　二一圓（玄米）

現在は野菜を以て配給品の不足を補足しあり

味噌　一貫　一〇圓

醬油　一斤　五圓

鹽　一斤　四圓

3、配給

雑穀混入の米　三〇〇ｇ（七歳以上）
二〇〇ｇ（七歳以下）
六割は雑穀を混入しあり
勞働組合に加入し「平壤勞働組合」の腕章を附し
出動する
○男女共に主として清掃人夫　一圓七〇錢
○婦女子は主として「マッチェ」電車除夫　二圓
五〇錢
『良民法』交付　十月二十五日
「住宅配給」勞働組合に加入し良民證を交付せら
れたるものに配當せらるゝものと考ふ

三、其の他
赤腕章の巡業官も婦女子を要求す、一般に金品を
強奪する
注意
1、三八度
2、平壤脱出の困難性
3、疎開本部の指示
4、荷物に對する執着
六〇〇名中五〇名死亡す
男子二〇名は招致歸還せず
女子一名強姦せらる
順安にて三名強姦せらる

報告（聽取）憲兵伍長　今野勝博

經路
八月十三日　五叉溝を出發、八月十七日ハマコウダに
到着、九月七日トルハチにて敵に降伏せ
るを承知す、其の間一、七〇〇はソロン
にて戰者三〇〇と交戰、參長は西口で戰
死す
九月七日　トルハチハ四名―ハルピン（敵軍用列車
にて九月十日到着）
九月十一日　ハルピン二名―新京（客車にて九月十二
日到着　八島小學校へ）
九月二十四日新京―奉天
九月二十四日新京―奉天―安東（客車にて九月二十七
日到着）
十月十日　安東―義州（客車）―白馬（十月十五日、
二名）―宣川（客車、一名）―石根（客車）
―南川（歩行、一夜九連城下流ヨリ渡河）
―開城（客車）―京城
五叉溝の日人約一〇〇〇名を安東に殘したる外全部日本
へ八月十一日引揚ずみ

トルハチの開拓約二〇〇名は敵の軍用列車にて交渉の上ハルピンに到り現在は新京の八島小學校に在り

ハルピン軍官民家族は全部引揚完了

在住民は在來の家屋に生活しあり

逃亡者及希望者は収容所にあり（ハルピン以北の引揚者を含む）

註　武装解除兵を（階級章を附したるのみ）特に技術者及將校を北上せしめあり

新京—治安稍々良好、人種を問はず主として日本人婦女子に暴行を加ふ

在住人民は宿營をなしあり、滿人は日本人に對し一般に良好なる感あり

（註）糧秣、衣服、燃料を困難しあり、八島小學校に四、〇〇〇名（新京以北）白菊若干不明（同）

撫順、鐵嶺—軍官家族にて滿員

奉天—八路軍に日本人を募集する最低四〇〇〇圓、日本軍の階級以上に募集する

安東—良好なり、日本人は商賣しあり

●著者プロフィール

羽原清雅（はばら・きよまさ）

1938年東京生まれ。早稲田大学第一政治経済学部政治学科卒。朝日新聞入社後、政治部記者を経て政治部長、西部、東京本社各編集局次長、西部本社編集局長、広報担当、西部本社代表などのあと帝京大学教授。現在新宿区教育委員。

著書　『沖縄報告』（共著・朝日新聞社刊）、『結党四十年―日本社会党』（共著・行政問題研究所刊）、『国会』（同所刊）、『茨城昨今』（筑波書林刊）、『日本社会党―盛衰の50年は何だったのか』（朝日新聞調査研究室刊）、「野党の多党化と社会党の動き」（『現代日本政党史録』第３巻所収・第一法規刊）、『政界六〇年―松野頼三』（編纂・文藝春秋刊）、『津和野を生きる―四〇〇年の歴史と人々』（文藝春秋刊）、『「門司港」発展と栄光の軌跡　夢を追った人・街・港』（書肆侃侃房刊）、『今井素牛日記』（編纂・文藝春秋刊）、『落穂拾記―新聞記者の後始末』（オルタ出版室刊）、『津和野人　岸田蒔夫―その転変の生涯』（同出版室刊）

論文　『小選挙区制度導入をめぐる政治状況―その決定に「理」は尽くされたか』、『ある編集者の軌跡　中山泰昌』（上・下）、『トカラ・十島村の「格差」と地域の政治』など（いずれも帝京大学文学部社会学科「帝京社会学」所載）

日本の戦争を報道はどう伝えたか

戦争が仕組まれ惨劇を残すまで

2020年8月15日　第1版第1刷発行

著　者　羽原清雅
発行者　田島安江
発行所　株式会社 書肆侃侃房（しょしかんかんぼう）
〒810-0041　福岡市中央区大名2-8-18 天神パークビル501
TEL 092-735-2802　FAX 092-735-2792
http://www.kankanbou.com　info@kankanbou.com
編　集　田島安江
装幀・DTP　前原正広
印刷・製本　モリモト印刷株式会社

ISBN978-4-86385-410-9 C0036